WALDEMAR DE GREGORI
MARÍA STELA LECOCQ MÜLLER

CIENCIA SOCIAL GENERAL

Un paradigma emergente en las Ciencias
Sociales con fundamento en la TOH
de A. R. Müller y CSP de W. Gregori

Brasília - DF
2019

® W. De Gregori & ACSP

1ª REVISIÓN y APORTES: Hugo Cobos
2ª REVISIÓN Y APORTES: Sigifredo Ospina
3ª REVISIÓN: Salvador Rofes

DIAGRAMACIÓN: José Salcido B.

G821	Gregori, Waldemar De; Müller, María Stella Lecocq Ciencia social general. Un paradigma emergente en las Ciencias Sociales con fundamento em la TOH de A. R. Müller y CSP de W. Gregori Brasília DF, 2019. 193 p. 16 x 23. 1. Ciencias Sociales-Historia. 2. Filosofía de la Ciencia. 3. Interdisciplinariedad. 4. Paradigmas. 5. Proporcionalismo. 6. Cambio social.

ISBN:

DERECHOS DE ESTA PUBLICACIÓN PARA:
Waldemar De Gregori y Academia Internacional de Cibernética Social Proporcionalista – ACSP.
Cond. Solar de BSB Qd. 02, Cjto. 16, C/17
71680-349 – Brasília DF
www.triadicmind.com
wgregori@gmail.com

CONTENTS

PREFACIO

Probablemente, este libro será visto como una agresión a los muchos científicos, tanto de exactas como de sociales, a jefes de los departamentos universitarios de cada especialidad, y a los presidentes de las respectivas asociaciones profesionales (ver un intento de clasificar Ciencias Exactas y Sociales en el Glosario).

Esa no es para nada la intención de los autores. El objetivo es únicamente ofrecer principios y herramientas generales para dar más cientificidad y efectividad a las muchas e importantes Ciencias Sociales y Humanas, conectándolas con la física quántica, después de establecer un método y un metalenguaje unificadores para servir de base o puente entre todas ellas.

Los tiempos que corren reclaman contribuciones mayores de las Ciencias Sociales y Humanas, en colaboración con las Ciencias Exactas, para solucionar los problemas que amenazan con la extinción de la especie. Algunos de esos problemas son la obsolescencia del Estado y de la política con su anti-racionalidad; la obsolescencia de las religiones; la despiadada dictadura del poder económico que, aunque sea proveedor de tantos bienes satisfactores reales, genera necesidades artificiales, genera una brecha creciente entre ricos y pobres, genera desempleo, violencia, corrupción, desconfianza social por la falsificación de casi todo; y genera, absurdamente, la destrucción acelerada del ambiente por el furor maximocrático de los subgrupos oficialistas más altos en transformar en dinero todo lo que aún existe en el planeta.

Para enfrentar eso, necesitamos de más actitud científica generalizada, como la de la Ciencia Social General -CSG- y, menos, de creencias unilaterales, de intuitivismo político y empresarial tradicionales. Los tres "motores" cerebrales, sus tres culturas y sus tres subgrupos protagonistas requieren de más integración, más colaboración, más reconocimiento y respeto mutuos y equilibrados. Faltaba un paradigma y una propuesta para viabilizar esa reconciliación/consiliencia, abandonando y superando individualismos y unilateralismos atrincherados y destructivos.

Las Ciencias Físicas y Naturales han solucionado ya gran parte de sus problemas, aunque sin considerar las cuestiones sociales correlacionadas. Por eso, esta joven Ciencia Social General acepta buscar sus raíces en la física cuántica y demás Ciencias Exactas, al tiempo en que propone convivir armónicamente con ellas y ser su extensión hasta las neurociencias y las humanidades. El avance científico tiene el soporte de la informática y crea algoritmos en toda la extensión de los saberes, también en los sociales y humanos, liberando las Ciencias Sociales y Humanas de su prisión antropocéntrica.

Las bolsas de valores, la meteorología, las empresas, y hasta algunos deportes confían sus decisiones a algoritmos para prevenir pérdidas o quiebra; sin embargo, ni las ciencias ni los negocios tienen un algoritmo para prevenir perjuicios ambientales y sociales o para prevenir trapazas, corrupción y falencia ética, debidas a la ambición maximocrática.

Entre las epidemias y pandemias como la peste negra, la gripe española, el SIDA, la drogadicción, el dengue, la malaria, el ébola, la fiebre asiática, la fiebre porcina, Covid-19, etc., la peor es la fiebre monetaria que está invadiendo y devastando todas las instituciones y personas.

Por eso, la CSG, integrada en la red de todos los saberes, propone un algoritmo universal, matemático, llamado proporcionalismo, basado en Pitágoras, Fibonacci, Leonardo Da Vinci, Carl Gauss, John Nash, John Kenneth Galbraith, Daniel Kahneman, Richard Thaler, Ladislau Dowbor y los miembros del Movimiento de Creatividad Comunitaria y Movimiento de Cibernética Social Proporcionalista:

https://www.proporcionalismo.com/

Ni el ambiente, ni la política, ni el mercado, ni la humanidad pueden sobrevivir sin ese algoritmo proporcionalista que frena cualquier proceso que avance hacia el abismo. ¿O será que las revoluciones y guerras tendrán que continuar haciendo el papel de algoritmo limitador de la guerra de los subgrupos en su hubris (desmesura, maximocracia, crematística, ruptura o ausencia de límites)?

La primera parte del libro presenta una simpática biografía de Antonio Rubbo Müller, por su hija María Stela Lecocq Müller, siguiendo los 14 subsistemas sociales de la Teoría de la Organización Humana (TOH), que son la clave de la revolución creadora de A. R. Müller.

La segunda parte trae un breve histórico de la trayectoria científica de A. R. Müller desde estudiante en la recién-creada Escuela Libre de Sociología y Política, su doctorado en Oxford y su actuación en la, después, Fundación Escuela de Sociología y Política de São Paulo, un instituto complementario de la Universidad de São Paulo (USP).

La tercera parte presenta la adaptación de la teoría de A. R. Müller para su aplicación en la organización comunitaria de periferias urbanas de Rio de Janeiro y São Paulo, que se llamó Movimiento de Creatividad Comunitaria y, después, Cibernética Social Proporcionalista, con expansión internacional.

"En el transcurso de los últimos años, emergió un consenso mundial de la necesidad de un abordaje más socialmente inclusivo. Sin embargo...ningún cuadro de referencia emergió para guiar tales políticas y tal práctica" (Fórum Económico Mundial, 2017). http://www3.weforum.org/docs/WEF_Forum_IncGrwth_2017.pdf

La cuarta parte relata el desarrollo de herramientas y experiencias de la Cibernética Social Proporcionalista en las Américas, que la llevaron a consolidarse como Ciencia Social General, bajo la hipótesis de volverse el substrato científico general, interdisciplinario, para todas las Ciencias Sociales y Humanas: "Un abordaje más socialmente inclusivo".

La quinta y última parte resume el desarrollo de los penúltimos (nada es último, definitivo) instrumentos y postulados básicos de la Ciencia Social General para superar el exagerado especialismo académico, para aplicarlos en la reconstrucción social post-capitalista, post-socialista y post-teocrática de este ciclo de transición histórica.

Este libro se complementa con Gramática del Dinero (copiar y poner en Google):

https://play.google.com/books/reader?id=B9dVKQAAAEAJ&pg=GBS.PA0

con Manifiesto de la Proporcionalidad (copiar y poner en Google):

https://play.google.com/books/reader?id=kVQNKQAAAEAJ&pg=GBS.PA0

¡Esperamos llegar a tiempo!

Brasília, 2019
W. Gregori

PRIMERA PARTE

INTRODUCCIÓN A LA PRIMERA PARTE

Esta es una pequeña biografía para dar continuidad a la vida:

1) de un gran hombre, en la primera parte, y

2) de un gran científico social, en la segunda parte y restantes. La primera parte es escrita por su hija María Stela Lecocq Müller. Empezó con un blog, lanzado con ocasión de los 100 años del nacimiento de su padre: http://antoniorubbomuller.blogspot.com/2011/01/antonio-rubbo-muller.html#comment-form

Este blog está adornado de amor filial y de admiración de exalumnos. Al leer la primera parte y visitar el blog de María Stela Lecocq Müller, se penetra en un ambiente familiar sano y atractivo, vivido por una hija apasionada por el padre; y al leer los mensajes dejados en el blog, se recupera un ambiente educativo excepcional, que puede ser resumido por el título de un filme antiguo: Al Maestro con Cariño, protagonizado por Sidney Poitier, un maestro que, más que temas académicos, enseñaba a vivir.

La segunda parte está escrita por W. Gregori, uno de sus exalumnos y el mayor divulgador de la obra del científico social, A. R. Müller, desde los orígenes hasta la revolución creadora de la Ciencia Social General.

Antes de A. R. Müller, las Ciencias Sociales, presentándose como "científicas", no pasaban de ser un discurso difuso y cada vez más sofisticado o de "ensayos de filosofía social", en el intento de explicar y domesticar la organización comunitaria y la convivencia de los diferentes grupos. Y las tales Ciencias Sociales y Humanas se multiplicaron en especialidades abusivas e inútiles, como si tuvieran por matriz la fábula jainista de los ciegos y el elefante (cada ciego agarrado a una parte del elefante, sin saber que era un elefante, la describía según su percepción parcial): el que tocó la pata dijo que aquello era como un pilar; el que tocó su cola dijo que aquello era una cuerda; el que tocó su trompa dijo que aquello era como la rama de un árbol, etc.

Había, claro, el esfuerzo del mundo socialista por profundizar la cuestión social desde la dialéctica y algunos conceptos básicos elaborados por K. Marx y F. Engels, en la búsqueda de alguna solución mejor que la del mundo capitalista. Tal esfuerzo, que también se presentaba como "científico", no alcanzó a ir muy lejos, porque no pasó de los conceptos básicos de análisis, puestos por sus autores. Aunque eso haya significado un avance en la explicación de lo social, no avanzó en la domesticación de la problemática de la organización y convivencia humanas.

Lo que ha faltado a la multiplicidad de las Ciencias Sociales y Humanas capitalistas y a la teoría general de la historia marxista-socialista, hasta ahora, ha sido los instrumentos, las herramientas de acción para intervenir en la realidad social, como cualquiera de las ciencias exactas tiene y hace. El avance en esta instrumentación se debe a la genialidad de A. R. Müller, con su Teoría de la Organización Humana –TOH– o teoría de los 14 subsistemas sociales específicos. Por eso, A. R. Müller es el iniciador de las Ciencias Sociales y Humanas post-capitalistas, post-socialistas y post-sacrales, con W. Gregori como continuador. Otros seguirán.

A continuación, María Stela Lecocq Müller presenta clips de la vida de su padre, usando la teoría que él creó: los 14 SUBSISTEMAS; después, W. Gregori presenta la TOH, sus usos y desarrollos posteriores en Cibernética Social Proporcionalista.

A. R. MÜLLER, EL HOMBRE

(datos biográficos por la TOH)

S01. SUBSISTEMA DE PARENTESCO. Vida familiar, parientes, barrio de residencia.

Antonio Rubbo Müller nació en Jundiaí, estado de SãoPaulo, Brasil, el 18 de marzo de 1911. Hijo de padre de ascendencia alemana, Maximiliano de Oliveira Müller y de madre de ascendencia italiana, Olivia Rubbo Müller. Su historia tiene que ver con la inmigración italiana y alemana al Brasil, durante el siglo XIX.

Además de sus padres, su familia de Jundiaí se reducía a la cuñada, Tía Chicha, viuda de su único hermano Jaime, que falleció en 1955, y los sobrinos Jaiminho, María Helena y Eliana. Más tarde, sus padres vivieron por muchos años en Cajamar, cerca de la ciudad de São Paulo, donde fallecieron.

Su matrimonio con Nice Magalhães Lecocq, de la ciudad de São Paulo, fu el 31 de enero de 1942, con quien tuvo tres hijas: María Lucia, María Stela y María Dulce; y los nietos: Marcelo Müller (1970) hijo de María Lucia; Daniel Müller Pardal (1979) y Martin Müller Pardal (1981) hijos de María Stela; y Klaus Müller Duailibi (1981), Mónica Müller Duailibi (1983) y Natalia Müller Duailibi (1985), hijos de MaríaDulce.

Ejemplo de padre y amigo, siempre amó el barrio en que prácticamente vivimos toda la vida, en São Paulo. Inicialmente y por algunos años, en Jardín Europa; después nos cambiamos para el Jardín América, cuando yo era muy pequeña. Era la casa que mis abuelos maternos habían construido en 1937, en la Calle Terra Nova. ¡Calle deliciosa, llena de árboles, pájaros y sin otra salida! La vida privada de la familia siempre fue muy discreta y reservada. Algunos pocos alumnos especiales eran invitados para conversatorios e intercambio de ideas.

S02. SUBSISTEMA DE SANIDAD. Salud y padecimientos. Hospitales y tratamientos.

Por ser una persona muy calmada y equilibrada, él no se enfermaba... Por lo menos ¡no recuerdo haberlo visto con un resfriado o dolor de cabeza! Fumaba moderadamente y ejercía elegantemente el hábito de prender el cigarrillo de las damas.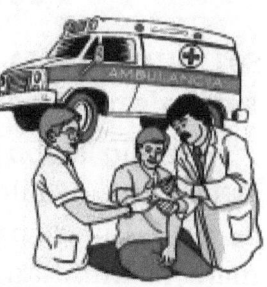

Él veía al ser humano como un ser holístico, sistémico... apenas físico, pero con mente superior. Recuerdo bien que cuando alguien de la familia se quejaba de dolor, gripe, etc., él decía: "¡Ah, eso es psicosomático!". Hoy día comprendo que podía ser así, pero era bien difícil comprenderlo siendo joven y con dolor o malestar...

En el verano de 1980, se le diagnosticó un cáncer de próstata. ¡Por Dios... mi mundo se vino abajo! Por primera vez en la vida lo vi ansioso, hasta algo impaciente... Los primeros meses fueron difíciles para él y para nosotras cuatro: mi madre, mis dos hermanas y yo... No sabíamos cómo manejar la situación.

Seis meses después, él dijo: "vamos a ver quién es más terco... ¡el cáncer o yo!" Y, de aquel día en adelante, ¡él lo superó! Volvió a trabajar, siguió con sus proyectos, manejaba su coche Opala (aunque el médico le rogaba que no lo hiciera, por la sonda que entonces empezó a usar).

Así pasaron siete años más, con algunas visitas al hospital para radioterapia y control. Y prosiguió hasta la recaída. El 6 de agosto de 1987, falleció en el Hospital Sirio-Libanes. Se fue como vivió: calmado, tranquilo y, lo mejor, sin sufrimiento.

S03. SUBSISTEMA DE MANUTENCIÓN. Hábitos alimenticios. Bebidas. Vestuario. Rutinas de comercio y consumo.

¡Mi padre adoraba comer (creo que heredé eso de él)! Siempre tuvimos una alimentación abundante y sana: muchas frutas, legumbres, verduras y menú muy variado. Le encantaban los aperitivos de lupino, aceitunas, chicharrón bien crocante, acompañados de un buen vino o de cerveza. Las comidas eran sagradas: todos a la mesa, bien puesta y en los horarios de siempre.

Las comidas duraban bastante. Al final, era la hora en que cada cual relataba sus novedades. Era tan bueno, ¡qué nostalgia!

Él mismo hacía las compras en el Mercado Central. Mi hermana y yo, a pesar de ser pequeñas, éramos las encargadas de los palmitos, que no eran como hoy en día, en potes. ¡Era el palmito natural, extraído del meollo de la palma, redondo, grande y pesado! Para nosotras, era muy importante cargar los palmitos.

Mi padre tenía el hábito de vestirse siempre de traje completo, literalmente: saco, pantalones, chaleco y corbata, hiciera frío o calor. Él vivió en Inglaterra y parece haber asimilado ese hábito inglés antiguo. Recuerdo bajar de São Paulo a las playas, en verano. Y él... ¡manejando el coche en su traje de rayas"! Yo lo veía raro y además ¡no transpiraba!

Hasta que un día me contó el secreto. "Todo es cuestión mental: ¡Yo construyo mi microclima y no siento calor!" ¡Qué poder mental!

¡Otra!: también le encantaba usar sombrero panamá o boina.

S04. SUBSISTEMA DE LEALTAD, SOLIDARIDAD. Amistades. Trato con los amigos(as). Altruismo. Amores. Asociativismo.

No recuerdo a mi padre con amigos íntimos. Él era un tipo solitario. Disfrutaba quedarse en su gabinete (como él llamaba su oficina en la casa), trabajando o leyendo. Tenía muchos conocidos y era siempre muy bien recibido en todas partes, porque él también era muy caballero, cortés y generoso con todos.

Los amoríos con mi futura madre, Nice Lecocq Müller, empezaron en 1941. Ella con 21 años y él con 30. Se conocieron en una excursión al sur de Brasil, en bus. El flechazo de "cupido" fue una empanada - "empanada de viento"- repetía siempre, ¡riéndose mucho! Se casaron el 31 de enero de 1942, en São Paulo. Llevaron una vida familiar amorosa, hasta el final.

S05. SUBSISTEMA DE RECREACIÓN. Descanso, ocio, diversiones, juegos, deportes. Chistes. Arte.

Le gustaba trabajar, dar clases, investigar, etc. ¡Pero no renunciaba a la recreación! Nunca lo vi triste o aburrido. Sabía, como nadie, superar las dificultades de la vida con calma y muuuuuuucha paciencia.

De joven, practicaba tenis, navegación a vela en la presa de Interlagos y remo en el río Tietê. Le gustaba mucho el fútbol. Juraba no ser hincha de ningún equipo, pero se quedaba pegado a la tele cuando jugaban el São Paulo Fútbol Club o la Selección de Brasil.

Le encantaba echar chistes y acompañar bromas. Él siempre las comprendía... con retraso. Después, de repente, comenzaba a reír mucho; ¡y era por un chiste o broma de media hora antes! Él lo justificaba, siempre riendo, diciendo que la culpa era de la "sangre alemana".

Su mayor frustración fue no haber logrado nunca aprender a tocar un instrumento musical. Pero gozaba mucho la música, principalmente la clásica; de la popular, tenía su vals favorito: "Rapaziada do Braz" (es la música de fondo de mi blog). Cuando éramos jovencitas, él siempre asistía con nosotras al programa "Conciertos para la Juventud". Más tarde, cuando empezó el Festival de Invierno, en la ciudad turística de Campos do Jordão, él siempre iba a las presentaciones.

Le encantaba ir de paseo a Campos do Jordão (sierra) y a Ilhabela (playa). ¡Fue todo un privilegio haber pasado vacaciones increíbles con él, mi madre y mis hermanas!

S06. SUBSISTEMA VIAL (Comunicación y Transporte). Lenguas. Escritos. Lecturas. Telecomunicaciones. Viajes. Coches. Motorista.

A pesar de ser descendiente de alemanes, él no aprendió a hablar el alemán. Pero hablaba el inglés (británico) y el italiano, a la perfección.

Siempre lo recuerdo en su oficina, dactilografiando sus esquemas en muchas hojas; después las pegaba una tras otra y luego las doblaba. Para leerlas, se abrían como un acordeón; los alumnos las llamaban "sábanas".

Así como lo vi, fue toda su vida. Creo que su mayor ocupación fue escribir la Teoría de la Organización Humana (TOH). Recuerdo que la terminó en unas vacaciones en Campos do Jordão, cuando yo aún era niña, porque hubo celebración.

Leía muchos libros y tenía una biblioteca con muchos volúmenes, que regalamos después de su fallecimiento.

Me encantaba estar en su oficina. Estantes cargados de libros, objetos indígenas, cerámicas, estatuas, piedras, máscaras. Esto porque la investigación para su tesis la hizo en comunidades indígenas, del grupo lingüístico Jê. Me gustaba hojear los libros sobre los indígenas. Tenían imágenes y fotos maravillosas.

Mi padre disfrutaba conducir coches. Cuando niña, recuerdo un pequeño coche inglés, azul claro, de la marca Singer. Por dentro era muy confortable: asientos enormes que más parecían un cómodo sofá. ¡Lo amaba! Él mantuvo este carro hasta cuando no pudo encontrar un repuesto para la marcha atrás. Aun así, ¡siguió durante meses andando solo hacia adelante!

Después de este coche, él compró un Chevrolet Opala, más moderno.

¡Viajar con mi padre manejando era, literalmente, una aventura! Él manejaba bieeeeeeen despacio (lo cual siempre irritaba a otros conductores). Decía que era una tontería correr tanto y, luego, tener que frenar por el semáforo rojo. Pero sabía cómo cronometrar la velocidad y recorrer toda la Avenida Brasil, sin tener que parar en un semáforo.

Lo peor era en las carreteras. Además de conducir tan despacio, se perdía observando todo: campos, montañas, ríos, árboles, las flores, el cielo... ¡menos la carretera! En un viaje hacia el litoral norte, por poco vamos a dar debajo de un puente en la antigua carretera de los Tamoios, porque él, distraído con el paisaje, no se dio cuenta de un desvío que había. "¡Müller, mira el puente!", gritó mi madre"

S07. SUBSISTEMA DE EDUCACIÓN. Estudios, carreras. Docencia. Investigación. Ciencia. Publicaciones.

A. R. Müller fue alumno de la primera promoción de la entonces Escuela Libre de Sociología y Política de São Paulo, fundada en 1933, futura Fundación Escuela de Sociología Política de São Paulo (FESP), que vino a ser un Instituto de la Universidad de São Paulo (USP).

Graduado con distinción, fue enviado a la Universidad de Oxford para hacer el doctorado y prepararse como docente de la FESP. Tuvo que interrumpir los estudios debido al inicio de la segunda guerra mundial, por falta de seguridad en Londres, bombardeada diariamente por los alemanes.

Retomó los estudios en 1948, terminando en 1951. Fue alumno de Alfred Reginald Radcliffe-Brown y de Edward Evans-Pritchard, en la Universidad de Oxford, donde se doctoró en Antropología Social.

Al volver, primero fue profesor en la FESP y, después, director de la Escuela de Postgrado en Ciencias Sociales, donde trabajó toda la vida, en el segundo piso de la Calle General Jardim, 522, Vila Buarque, São Paulo. Su nido y trinchera.

Él amaba aquella escuela y lo que hacía allá.

Tenía alma de investigador. Fuera donde fuera, estaba siempre atento a todo y a todos. Hablaba con los pescadores, quería saber sobre la región, leyendas, folclore, bailes, etc... Siempre amó al ser humano y tenía mucho respeto por todos, independientemente de creencia, etnia o condición social. Aún muy pequeña, me encantaba oír sus conversaciones con las personas. Él era, también, un óptimo oyente.

Le gustaba escribir sobre todo... sus pensamientos y, hasta, poesías (sin publicar). La publicación principal fue la de su tesis de doctorado, su obra mayor: Teoría de la Organización Humana, que tuvo complementos publicados o mimeografiados separadamente, llamados "Epítomes" y "Adendos".

Publicó también:

Memorias del 1er Panel Nipo-Brasileño (1954), en coautoría con su colega en la FESP, Prof. Hiroshi Saito; Ritos Caboclos del Estado de São Paulo (1956); Reglas Básicas de Expresión (1956); Artículos explicativos de la TOH, en la revista Sociología y en la revista Academus, de la propia FESP.

Como conferencista en congresos y en giras tratando de divulgar la teoría de su creación vale registrar: Antropología Social Teórica y Aplicada en el Instituto de Investigaciones de la Facultad de Filosofía Ciencias y Letras de la Universidad de Paraná (1958);

• Sociología y Antropología Social, en la Pontificia Universidad Católica de Rio Grande del Sur (1959);

• Introducción a la Antropología Social Teórica y Aplicada, en la Universidad de Tucumán, Argentina (1959);

• Introducción práctica a la Teoría de la Organización Humana, en la Facultad de Filosofía de la PUC de Porto Alegre (1960);

• Introducción práctica a la Teoría de la Organización Humana, en la Facultad de Filosofía Ciencias y Letras Inmaculada Concepción, de Santa María, RS, donde encontró su futuro discípulo y mayor divulgador, Waldemar De Gregori.

S08. SUBSISTEMA PATRIMONIAL. Renta, propiedades. Manejo de dinero, bancos, inversiones.

Creo que la cuestión monetaria no era su lado fuerte... Mi madre se dedicada más al asunto que él, que era un intelectual clásico. Pocos científicos fueron ricos.

Pero teníamos casa de verano en Campos do Jordão (sierra) y casa de playa en Ilhabela (SP), además de la residencia en el barrio Jardín América.

Mi padre no era persona materialista, o que se preocupara por el mañana. Vivía siempre el momento presente, aquí y ahora. Tenía una fe interior muy fuerte con relación a todo lo de la vida.

S09. SUBSISTEMA DE PRODUCCIÓN (Extractiva, Agroganadera, Industrial, Artística). Profesiones, empleos. Hábitos de trabajo.

Antes de ingresar en la Escuela Libre de Sociología y Política, fue funcionario del célebre ferrocarril Santos-Jundiaí, construido por el gran emprendedor brasileño, Barón de Mauá. El cheque del salario era un Hollerith, que se complacía en mencionar como innovación de la época.

En 1942-1943, fue Asistente del Agregado Agrícola en el Consulado General de los Estados Unidos.

El trabajo para él era como el aire para respirar. Cuando no estaba en la escuela de sociología dando clases, conferencias, etc., estaba en su oficina, en la casa, siempre leyendo y escribiendo.

Cuando se quería relajar, su hobby era la jardinería. Adoraba sus orquídeas, cortar el césped y cuidar el huerto.

S10. SUBSISTEMA DE RELIGIOSIDAD. Creencias y prácticas religiosas, espirituales.

Él nació en una familia católica. Pero no iba a misa y mi madre tampoco. Parece que la ciencia lo dejó escéptico.

Su religión era el amor: amor al prójimo, a la naturaleza, a los animales y a las plantas. No era una persona supersticiosa, ni prejuiciosa.

Acostumbraba a llevar a sus alumnos a sesiones afro-brasileñas de umbanda, de espiritismo y otras manifestaciones de creencias espirituales, con el solo propósito de investigación.

Creía en el poder mental. A su manera, él meditaba todos los días.

S11. SUBSISTEMA DE SEGURIDAD. Fuerzas Armadas. Paz, calma, cabeza fría. Agresiones, violencia, guerra.

¡No recuerdo haber conocido a alguien tan calmado como él! Era tan tranquilo que, muchas veces, era cansón. Cierta vez, perdió el embarque para un viaje a Nigeria, en el aeropuerto de Congonhas (São Paulo), y tuvo que aguantarse un "regaño" del trabajador del check in.

Nosotras queríamos salir al aeropuerto unas 3 horas antes; y él con toda la mayor calma, tomando un cafecito, fumando su cigarrillo... Pero, como siempre, todo resultó bien: ¡Logró embarcar para Río de Janeiro, a tiempo de tomar, allá, el mismo vuelo a Nigeria!

Aprendí con él a tener paciencia y calma. ¡Pero no tantas como él!

Siempre se preocupó por la seguridad de la familia, aunque, en aquella época, São Paulo era una ciudad bastante segura. No había la violencia de hoy en día. Las casas eran de muros bajos, con muchos jardines; los vecinos se conocían por sus nombres y los niños jugaban en la calle.

Que yo sepa, él nunca sufrió agresión física... talvez sí verbal. Pero era tan discreto que nunca lo vi reclamar nada. Era un pacifista.

S12. SUBSISTEMA POLÍTICO-ADMINISTRATIVO. Partidos y posiciones políticas. Administración Pública. Ciudadanía.

Nuestra casa siempre recibía visitas de políticos. Le gustaba hablar de política. A mí no, por eso nunca participaba. Pero recuerdo varios políticos visitando a mi padre, quien era un conservador llevado por el sentimiento paulista de la derrota en la revolución de 1932.

Sentía orgullo ejerciendo su ciudadanía. Nunca rehusó representar a Brasil en misiones culturales, encomendadas por el gobierno. Por eso tenía pasaporte diplomático.

S13. SUBSISTEMA JURÍDICO. Justicia, disputas jurídicas. Legalidad. Documentación. Derechos autorales.

No recuerdo a mi padre involucrado en disputas jurídicas, de derechos autorales o testamentos...

Cuando era solicitado, iba de buena voluntad a ser parte de un jurado. Su única batalla jurídica fue la defensa de la legitimidad de la FESP que había sido aprobada en 1934 por el gobierno del Estado de São Paulo, por decreto del presidente Getulio

Vargas en 1936 y por el Decreto-Ley N.º 9.786 del gobierno federal. En 1938, fue incorporada a la USP, como un instituto anexo de la misma.

Sin embargo, las autoridades paulistas del Ministerio de Educación, durante la dictadura militar de 1964-1985, que siempre negaron y quisieron destruir la herencia getulista (el legado de la revolución de Getúlio Vargas, de 1930, que consideraban anti-paulista), exigían un nuevo proceso de revalidación de la FESP, al cual su Director General, el Dr. A. R. Müller, se resistió bravamente.

S14. SUBSISTEMA DE PRECEDENCIA. Mérito, dignitarios y su ranking en los ceremoniales. Etiqueta. Títulos, distinciones.

Durante su vida, A. R. Müller recibió muchos homenajes, títulos, medallas, etc. Participó en varias entidades científicas y recibió muchos títulos honoríficos: Gran Premio de Honor, de la Sociedad Gente de Arte del Sur, La Plata, Argentina; Medalla de Plata de servicios relevantes, en el 1er Congreso de Sociología de Paraná; Medalla de Honor de la Asociación Latinoamericana de Sociología.

Durante años, mantuvo sesiones de etiqueta social y ceremonial, al estilo británico, en un caserón de la FESP, cerca al estadio de Pacaembú, para que sus alumnos adquirieran modales de "gentleman inglés".

Después de su fallecimiento, la alcaldía le rindió homenaje dando su nombre a una escuela municipal de educación infantil (EMEI), en el Parque São Lucas, São Paulo, capital.

Pero, de lo que más sentía orgullo era del cargo de director de la Escuela de Postgrado de la FESP.

RECONHECIMENTO DESDE 1933

***

Sinceramente, creo que el cargo que mejor ejerció fue el de PADRE.

Estoy muy agradecida con Dios, con el universo, por el privilegio de haber nacido hija de tal padre y de tal madre. ¡Gratitud eterna, graaaaaaaaacias!

María Stela Lecocq Müller

SEGUNDA PARTE

INTRODUCCIÓN

Este trabajo es tan solo un gesto de reconocimiento y gratitud al gran hombre y científico Antonio Rubbo Müller, mi maestro, a quien debo mi carrera. No es una Historia de la Escuela Libre de Sociología y Política de São Paulo, después Fundación. La Historia de la FESP está mejor registrada en *La Escuela de Sociología y Política de São Paulo, edición conmemorativa de su 25° aniversario* (BERLINCK Y FERRARI, 1958) y en *La Escuela Libre de Sociología y Política: Años de Formación, edición conmemorativa de su 65° aniversario en 1998*, solo publicada en el 2001, con segunda edición en el 2009 (KANTOR, MACIEL & SIMÕES).

La FESP es aquí mencionada y homenajeada en sus más de 80 años de existencia, sólo como el contexto académico y político en que se desenvolvió Antonio Rubbo Müller, donde empezó como office boy. Y terminó por dar inicio a la transición de las Pre-Ciencias Sociales y Humanas hacia una Ciencia Social y Humana integrada en una matriz de todas las posibles subespecializaciones (lo cual se verá más adelante, en los desdoblamientos de la obra de Müller en "Cibernética Social Proporcionalista").

La transición aún está en marcha, entorpecida por los que tienen interés en un statu quo obsoleto, pero rentable. Es un problema de endoculturación (implementación de innovaciones), de cambio de paradigmas (enfoques mentales de la realidad), que sucede en las revoluciones científicas, como fue demostrado por Thomas Kuhn (1975).

Cierta vez, convencido de la importancia de la TOH, pregunté al Prof. Dr. A. R. Müller, director del posgrado:

- ¿Por qué no introduce Usted la TOH en el bachillerato de la FESP?

- Porque los profesores perderían su empleo y los alumnos perderían el derecho a la ideología marxista que justifica su rebeldía adolescente.

En cuanto a los profesores, concordé. En cuanto a los alumnos, quedé algo ofendido y desconfiado, por mis afinidades con Paulo Freire y las luchas sociales. Müller nunca condenó abiertamente al capitalismo, ni al marxismo; más tarde entendí el por qué y concordé: era posible ir más allá de un capitalismo basado en ideologías, pasadas como ciencias sociales (ciencia política, economía y sociología más que otras) y era posible ir más allá de un marxismo-socialismo basado en ciencias sociales más avanzadas, pero insuficientes, y superables por la TOH y sus muchos desdoblamientos.

Era una profecía convertida en utopía con las herramientas para reconstruir la convivencia social de forma más lúcida, proporcional, pacífica y más feliz.

Este trabajo es un testimonio de la revolución de las Ciencias Sociales y Humanas y un homenaje a su autor pionero, Prof. Dr. Antonio Rubbo Müller.

A. R. MÜLLER,
EL CIENTÍFICO SOCIAL. HISTORIAS

En 1959, yo era un estudiante de teología en el Seminario Palotino para América Latina, en Santa María (RS, Brasil). Por las tardes, frecuentaba la Facultad Inmaculada Concepción (hoy UNIFRA), cursando Letras Anglo-Germánicas.

Un cierto día, la directora del curso me pide que presente mi reseña de "Lecciones de Abismo" de Gustavo Corção, en un seminario que habría con un profesor visitante de São Paulo. Sin saber cómo sería, fui al salón donde se realizaría el seminario.

En la apertura, la directora convocó a los participantes de la mesa y los presentó: Prof. Dr. Antonio Rubbo Müller, director de la Escuela de Posgrado de la Fundación Escuela de Sociología y Política de São Paulo, y su asistente, Osmar. Éste apareció con una serie de aparatos –un cronómetro tipo despertador, una banderita en un pedestal, un rotafolio (como los calendarios de mesa) que presentaba el título APARATO REFASEADOR UNIVERSAL POR EL GRADIENTE PEDAGÓGICO...

Tomando la palabra, el Prof. Dr. Rubbo Müller dijo que estaba ahí para presentar su Teoría de la Organización Humana que cambiaría las Ciencias Sociales; y deseaba hacer una demostración de su método didáctico. Se escuchó un nombre raro: Seminario Panto-Iso-Crático y Pansófico... o Seminario PIC.

Hecha la apertura del Seminario, el Prof. Rubbo Müller convocó el orador del día: el alumno de Letras, Waldemar De Gregori, para presentar una reseña de "Lecciones de Abismo" (diario de un hombre diagnosticado con leucemia y con un pronóstico de 3 meses de vida). El asistente Osmar accionó el cronómetro, informando que yo tendría 25 minutos para la presentación, pasándome la banderita con el pedestal para indicar que yo estaba con el liderazgo y la palabra. Pasó una hoja del rotafolio que mostró el título: ORADOR.

Estaba por terminar mi presentación a los más de

cuarenta participantes, cuando el cronómetro disparó. Osmar informó que yo tendría tres minutos para cerrar. Concluí. La banderita fue pasada al Prof. Dr. Rubbo Müller.

Osmar pasó otra hoja del rotafolio y apareció: CRÍTICA REFERENTE A LA TAXONOMÍA. El Prof. Müller dijo que yo había abarcado los sistemas específicos S01-Parentesco, S04-Lealdad, S06-Vial, S07-Pedagógico, S08-Patrimonial, S10-Religioso y S14-Precedencia; y había omitido los sistemas específicos S02-Sanidad, S03-Manutención, S05-Recreación, S09-Producción, S11-Militar, S12-Político y S13-Jurídico. No entendí nada (se refería eso a su Teoría de la Organización Humana en 14 subsistemas sociales específicos, usados aquí, en la primera parte de su biografía, por su hija, María Stela).

En seguida, informó que pasaríamos a la fase de "sabatina", aclarando que sería una vuelta de preguntas al orador: sólo preguntas, sin comentarios, sin inducción de respuestas. Pidió al asistente Osmar que ajustara el cronómetro en veinte minutos y que volteara una hoja más del rotafolio, que mostró: SABATINA. Y fue dando la palabra a cada uno para preguntas, que yo respondía inmediatamente.

Terminado el plazo de la "sabatina", anunció la fase de "opiniones", aclarando que se trataba de pareceres, críticas, sugerencias sobre el tema presentado por mí. Pidió al asistente ajustar el cronómetro en veinte minutos y, voltear una hoja más del rotafolio en que apareció: SIMPOSIO-OPINIONES. Informó que yo debería apuntar las opiniones para sólo contestar o comentar al final. Fue dando la palabra a cada uno; y yo escuchando y apuntando.

Cuando el cronómetro se disparó, me pasó la banderita y la palabra para mis comentarios, pidiendo al asistente ajustar el cronómetro en 10 minutos y voltear una hoja más del rotafolio. Apareció: EXPLICACIONES PERSONALES DEL ORADOR. Terminé mis comentarios y le regresé la banderita del liderazgo.

"Ahora pasaremos a la fase del debate", informó el Prof. Dr. Rubbo Müller: consiste en seleccionar temas sugeridos y no agotados en la presentación, y que los presentes quieran debatir. Pidió que los presentes inscribieran temas. Después de tres temas inscritos, con el nombre de sus proponentes, puso en votación la priorización u orden de debate. Anunció el debate sobre el tema más votado, pidiendo al asistente mover el rotafolio. Apareció: MESA REDONDA. Convocó a la mesa el proponente del tema más votado, concediéndole tres minutos para encaminar la discusión. Y le pasó la banderita.

Hecho el encaminamiento, el asistente accionó el cronómetro y el Prof. Müller ofreció la palabra a quien quisiera entrar a debatir el tema, por un minuto (sólo 3 ponentes). Agotado el plazo, pidió al proponente del tema que formulara una síntesis y una o dos conclusiones. Hecho eso, repitió el proceso con los demás temas inscritos.

Expuestos los temas, avisó que, antes del cierre, haría recoger, firmar y archivar la documentación pertinente. Entonces, declaró cerrado el Seminario Panto-Iso-Crático -PIC- e invitó para los dos próximos seminarios, uno con presentación de la memoria de investigación y otro con presentación de la autobiografía de uno de los presentes, usando los 14 subsistemas sociales específicos.

Estuve en ambos. Fui entendiendo y admirando la dinámica innovadora, disciplinada y participativa de esa didáctica de aprendizaje interdisciplinar en equipo, que funcionaba como tutoría grupal, complementando la tutoría individual del orientador de tesis. El mismo proceso es descrito como SIP -Sistema de Instrucción Permanente, adaptado para uso de la Maestría en Hospitalidad (turismo) de la Universidad Anhembi Morumbi de São Paulo (PELIZZER & DENCKER, 2009).

Otra versión del mismo proceso es aplicada en pregrados y maestrías de la Universidad Cooperativa de Colombia, sobre el cual hay una publicación por la red planetaria Entovation -Enterprises Innovation- (GREGORI, 2006).

El contraste con las clases expositivas de profesores tradicionales, vertiendo conocimientos prefabricados en la cabeza de alumnos pasivos, era formidable. Y entendí que el sofisticado título "Panto-Iso-Crático" quería decir: oportunidades iguales para que todos participen en el liderazgo y en la construcción del conocimiento científico, en solidaridad con todos. Y que "Pansófico" significaba: "todos los saberes", o que el seminario era inter o pandisciplinar.

Pero eso "fue un río que pasó en mi vida" (como dice la canción) pues, al regresar a las clases de teología y de letras anglo-germánicas, tuve que aguantarme el viejo esquema de alumnito frente a profesores sabelotodo. Aguanté y olvidé.

En junio de 1961, fui invitado a retirarme del seminario. En el impulso, fui a parar a São Paulo, en búsqueda de grupos idealistas; y me matriculé en la Facultad de Filosofía Ciencias y Letras de la USP, en la calle María Antonia, para continuar mi curso de Letras Anglo-Germánicas, graduándome al final de 1962.

El libro *Maria Antonia: Uma Rua na Contramão* (SANTOS, 1988) describe el tormentoso momento de la situación nacional en que me encontré. Continuaba apasionado por el grandioso ideal del cristianismo, reconociendo que le faltaba una adaptación al mundo urbano y moderno, pero recelaba - tenía motivos recientes- de las instituciones que lo monopolizaban. Tenía ya la firme convicción de la incompatibilidad de "mi cristianismo" con el capitalismo y sus relaciones promiscuas con el protestantismo y judaísmo que, más tarde, identifiqué como "imperio judeo-anglo-estadounidense".

En agosto de 1961, de paso de Punta del Este a la Habana, el Che Guevara visitó Brasil por unas 24 horas. El presidente Jânio Cuadros recibió y condecoró al "comunista", desafiando al imperio. Tuvo que renunciar al día siguiente. Nuestros mítines se repetían en Largo San Francisco, frente a la histórica Facultad de Derecho, bajo los chorros de los cañones de agua de la policía.

La calle María Antonia está en el barrio Vila Buarque, un barrio universitario. Ahí estaban la Universidad Mackenzie, la Escuela de Sociología y Política, la Facultad de Economía (donde despuntaba un joven economista, Delfim Neto), la Facultad de Arquitectura y Urbanismo. Y la Facultad de Filosofía, Ciencias y Letras. Todas con centros académicos muy politizados y aguerridos. Universitarios e ideologías en choque entre sí y con los policías.

Terminado el curso de Letras, y contaminado por ese clima, fui a tomar el examen de ingreso a la Facultad de Derecho del Largo San Francisco, donde la militancia marxista era más estridente. Primer examen: latín y portugués. ¡Demasiado fácil y motivante para un recién graduado en Letras!

Por la noche de ese mismo día, fui a una conferencia sobre folclore, invitado por un amigo folclorista que apreciaba mi capacidad de transcribir, para el pentagrama, melodías italianas que había recogido en un viaje a la ciudad de Cafelândia, al interior del Estado de São Paulo. Arriba, en el palco, una media docena de figurones. Y yo, esforzándome por identificar, de lejos, una persona que no me parecía desconocida.

Al final de la conferencia, baja del palco aquella persona y me saluda:

- ¿Cómo está Ud., Waldemar?

- ¡Profesor Müller!

- ¿Qué vino a hacer a São Paulo?

- Dejé la vida religiosa y comencé exámenes de ingreso a la carrera de Derecho, esta mañana.

- Ud. tiene cabeza para algo especial. Venga a verme mañana, por la mañana. Y me pasó su tarjeta: Escuela de Sociología y Política. Calle General Jardim, 522 – Vila Buarque, São Paulo.

Me acogió con su tradicional afabilidad y calma. Recordamos nuestro encuentro en Santa María, RS. Me garantizó que yo sería un óptimo sociólogo y argumentó hasta convencerme. Analizó mi currículo de estudios y me prescribió algunas materias del pregrado, como complemento -antropología, estadística y demografía- para asistir por las mañanas. Por la tarde, estaba ya matriculado en la Maestría, dirigida por él. Por la noche, yo daba clases de portugués e inglés.

Al iniciar la Maestría, por la tarde, me reencontré con el Seminario Panto-Iso-Crático -PIC-. Por las mañanas, en el pregrado, volví al anticuario didáctico de las clases-conferencia, donde predominaba el adoctrinamiento marxista. En la Maestría, había de todo, dado que discusiones de cualquier tipo eran libremente inscritas y debatidas en la fase de MESA REDONDA, respetándose cualquiera de las posiciones de los proponentes, así como sus conclusiones.

LA ESCUELA LIBRE DE SOCIOLOGÍA Y POLÍTICA
DE SÃO PAULO -ELSP - DESPUÉS FESPSP

El clima cultural de los años 1961 a 1964 repetía el clima cultural de los años 1930 a 1932 de Brasil. Estaba en juego la hegemonía del Estado São Paulo y del "Triángulo de las Bermudas" brasileño. Esta expresión fue usada por el General Golbery do Couto y Silva y por el eminente político Ulysses Guimarães, refiriéndose a las élites del triángulo formado

por los estados de Rio de Janeiro-São Paulo-Minas Gerais, que concentraron las funciones de la antigua metrópolis portuguesa: colonialismo interno en lo artístico-religioso, científico-informacional y político-económico.

Ya sabemos que la amenaza "comunista" del 61-64 fue superada por la dictadura militar, eminentemente paulista, como casi una revancha por los reveses de 1930-32. En 1930, hubo la victoria de la revolución de los estados/departamentos de Minas Gerais y Rio Grande do Sul, contra São Paulo, comandada por Getúlio Vargas, de Rio Grande del Sul; en 1932, los paulistas se alzaron para retomar el poder, bajo el pretexto de "revolución constitucionalista". Fueron "injustamente" derrotados; pero, inconformes, trataron diversas veces de retomar el poder (con el golpe militar de 1964, bajo el pretexto de detener el avance del comunismo, recuperaron su hegemonía).

¿Mientras tanto, cómo reaccionaron las élites empresariales e intelectuales paulistas a esas derrotas? "No es a São Paulo que nosotras no entendemos; ¡nosotras no entendemos el Brasil"!

Primero, hicieron un diagnóstico correcto:

"Varios y diferentes son los factores... De entre ellos, todavía, se destaca naturalmente, por su carácter básico, la falta de una élite numerosa y organizada, instruida bajo métodos científicos, a la par de las instituciones y conquistas del mundo civilizado, capaz de comprender, antes de actuar, el medio social en que vivimos" (BERLINCK, 1958).

Segundo, tomaron la decisión que correspondía a ese diagnóstico: fundaron la Escuela Libre de Sociología y Política de São Paulo, bajo el liderazgo de Roberto Simonsen, por insistencia de su secretario, Cyro Berlinck (la cita de antes es del discurso de inauguración de Simonsen, en 27 de mayo de 1933). El lema de la Escuela resumía su ideario: SCIENTIA ROBUR MAXIMA "El conocimiento es la fuerza mayor (o el poder superior)".

Antes, se enseñaba sociología como una materia en las escuelas de Derecho; pero no había un centro de formación sistemática de sociólogos para entender el Brasil. La Escuela Libre de Sociología y Política fue pionera. Sin embargo ¡era una "escuela paulista"!

En 1941, fue fundada la División de Estudios de Posgrado, actual Escuela de Posgrado de Ciencias Sociales, responsable del primer programa de posgrado en ciencias sociales de Brasil, formando la primera generación de investigadores en las áreas de sociología, política y administración pública. En realidad, estaba formando una élite intelectual y líderes como Darcy Ribeiro, Florestan Fernandes, Fernando Henrique Cardoso, Ruy Barbosa Cardoso, Sérgio Buarque de Holanda, Oracy Nogueira, Ruben Borba de Morais, Mario Vagner Vieira da Cunha, Virginia Leone Bicudo, Manoel Tosta Berlinck, José Pastore, Luiza Erundina, etc.

Según Rubbo Müller, el modelo fue copiado de la London School of Economics, de orientación práctica, fundada en 1895 por los fabianos, que formaba los principales líderes político-administrativos del imperio británico y de sus colonias. Según otros, el modelo sería del currí-

culo de la Sorbona. La iniciativa era ambiciosa: la Escuela Libre de Sociología y Política sería la semilla de una futura universidad, con la presencia de profesores de la cultura anglosajona.

Ahí actuaron Horace B. Davis y Samuel H. Lowrie, quienes enseñaron y desarrollaron las primeras investigaciones sobre estándares de vida de los trabajadores de São Paulo, en las cuales participó el joven Antônio Rubbo Müller, alumno de la primera promoción de la Escuela Libre. Emilio Willems investigaba la integración de los inmigrantes alemanes en el sur. Camilo Cecchi investigaba la inmigración italiana. La figura central, sin duda, fue Donald Pearson, centrado en estudios de comunidades.

Para realizar su sueño de convertirse en una universidad, la Escuela Libre empezó a enviar sus mejores alumnos a Inglaterra y a Estados Unidos. Uno de ellos fue Antônio Rubbo Müller que, más tarde, tendría a su profesor de Oxford, Alfred Reginald Radcliffe-Brown, como colega profesor en la Escuela Libre. Otro fue Oracy Nogueira, enviado a los Estados Unidos quien, más tarde, tendría a su profesor, Donald Pearson, como colega profesor en la Escuela Libre.

Radcliffe-Brown (de Oxford) y Donald Pearson (de Chicago) entraron en competencia que terminó con el retiro del primero, después de 3 años. De ahí en adelante, Donald Pearson lideró la Escuela Libre. Reformuló el pregrado, creó la división de posgrado y consolidó los rumbos científicos en los estudios de comunidades, problemas raciales, sociales, indígenas, interculturales; además, dio inicio a la revista Sociología, trajo recursos del Smithsonian Institute, etc.

A pesar de tan buenas iniciativas y brillantes personajes, la Escuela de Sociología y Política siempre fue enana.

- ¿Por qué?

- Porque había dos bloques de líderes en competencia en la élite paulista.

El primero era el de empresarios y directivos de instituciones de enseñanza superior, como los de la Escuela Libre de Sociología y Política, seguidores del modelo de la London School of Economics, capitaneados por Roberto Cochrane Simonsen, creador también del IDORT -Instituto de Organización Racional del Trabajo, en São Paulo.

El segundo era de intelectuales y políticos, capitaneados por Júlio Mesquita Filho, del periódico "Estadão" y su yerno, el interventor (un gobernador nombrado) Armando Salles de Oliveira, adeptos de la línea cultural francesa.

Menos de un año después de la fundación de la Escuela Libre con sus docentes anglo-americanos, el gobernador Armando Salles y otros reunieron todas las instituciones aisladas de enseñanza superior -IES- existentes y crearon la Universidad de São Paulo (USP), incluyendo la recién nacida Facultad de Filosofía, Ciencias y Letras, con docentes franceses. Esta y la Escuela Libre de Sociología Política fueron rivales en sentido intelectual e ideológico-político.

Esto se hizo en 1934. ¡En 1534, los españoles ya habían fundado la Universidad de San Marcos, en Lima, Perú, la primera de América Latina!... Los portugueses solo fundaban colonias, nunca universidades...

El sueño de la Escuela Libre de transformarse en universidad fue abortado. Tanto así que, en 1938, fue absorbida sólo como un instituto anexo a la USP.

- ¿El futuro de São Paulo y de Brasil hubiera sido el mismo, en caso de que hubiese prevalecido la concepción de formación de élites por la matriz anglo-americana, sobre la matriz francesa de la USP y de las Universidades católicas? São Paulo y el Triángulo de las Bermudas brasileño tuvieron que socorrerse, después y por fin ¡de un gobierno dictatorial con soporte y línea anglo-americana, para salvar su hegemonía! Además, cercaron y persiguieron a la FESP y sus métodos de todas las maneras posibles. Pero la FESP resistió bien y sólo perdió el doctorado y la maestría luego de que el Prof. Dr. Rubbo Müller se retirara de la dirección y el pregrado casi se cerrara. Pero logró rehabilitarse.

La creación profundamente innovadora del Prof. Dr. Müller, que era el diferencial de la FESP, fue abandonada. Sin embargo, sobrevivió fuera de ella. Y la FESP cayó en la mediocridad general de las Ciencias Sociales y Humanas.

EL LEGADO DEL PROF. DR. RUBBO
MÜLLER Y SU EXPANSIÓN

Parece que la comunidad académica de la FESP y de São Paulo no se daban cuenta de la tremenda innovación que el Prof. Müller implementaba en la Escuela de Posgrado. En los diversos documentos consultados, poco o casi nada es mencionado. El Dr. Manoel Tosta Berlinck, hijo del director, Cyro Berlinck, fue quien le hizo algún reconocimiento. En las memorias de la Historia de la Antropología, de la fundación de la FLACSO (Facultad Latinoamericana de Ciencias Sociales), de los Congresos nacionales e internacionales de Sociología, de Didáctica de las Ciencias Sociales, siempre estaba A. R. Müller como figura de proa. Después, parece que se encogió, como encogió la FESP.

- ¿En qué consiste la tal "TREMENDA INNOVACIÓN"?

Primera tarde en Maestría. El Prof. Rubbo Müller abre la sesión, se presenta y pide que todos se presenten, solicitando que usen el título de Magister antes del nombre (la presentación es una de las fases/etapas del Refaseador (un rotafolio) que marca, hoja por hoja, el proceso del Seminario Panto-Iso-Crático).

En seguida, pasa a la fase del orador (él mismo), anunciando que presentaría los primeros pasos de su Teoría de la Organización Humana (de aquí en adelante TOH). Ajustó el cronómetro para marcar treinta minutos.

Informó que la TOH había sido el tema de su tesis doctoral de Antropología Social, en Oxford; y que, en aquel entonces, la Antropología Social se preocupaba en entender las comunidades tradicionales y modernas, para una mejor preparación de los vicegobernadores y funcionarios británicos de las colonias. Hasta aquel momento, habían logrado describir las comunidades por el sistema de parentesco, sistema religioso y sistema económico (en lo que correspondía a la teoría socioeconómica de Adam Smith, en su libro La Riqueza de las Naciones, de 1776).

Entre los sistemas que los científicos sociales ya mencionaban, constaba el "sistema económico". Las experiencias demostraban, todavía, que el mencionado "sistema económico" no era un sistema social específico; era un conjunto mayor, formado por ciertos subsistemas sociales más afines al tratamiento monetario tradicional (MÜLLER, 1957).

Esta cita es importante porque, como veremos adelante, la teoría general y el lenguaje dominantes de las Ciencias Sociales y Humanas son aún de Adam Smith, que organiza la realidad en dos partes: social y económica o socioeconómica. La única capaz de sustituirla o mejorarla es la TOH: sustituir Smith por Müller.

En 1941, después de un año en Oxford y ya profesor en la FESP, se le ocurrió al doctorando Rubbo Müller, hacer la pregunta más importante de su vida académica y que fue su tesis de doctorado:

- ¿Cuántos más de esos subsistemas faltarían para describir cabalmente un sistema-comunidad menos complejo, como el de los indígenas?

Estudiando sistemas-comunidad autóctonos incas y del grupo lingüístico Jê, fue agregando subsistemas: militar, manutención, precedencia...hasta llegar a 14, que llamaba "sistemas sociales específicos" del sistema general comunidad. Eso fue publicado, por primera vez, bajo el título "Sobre Paradigmas en Antropología Social" (1947). Y mostraba el siguiente gráfico:

TEORÍA DE LA ORGANIZACIÓN HUMANA (TOH), EN 14 SUBSISTEMAS

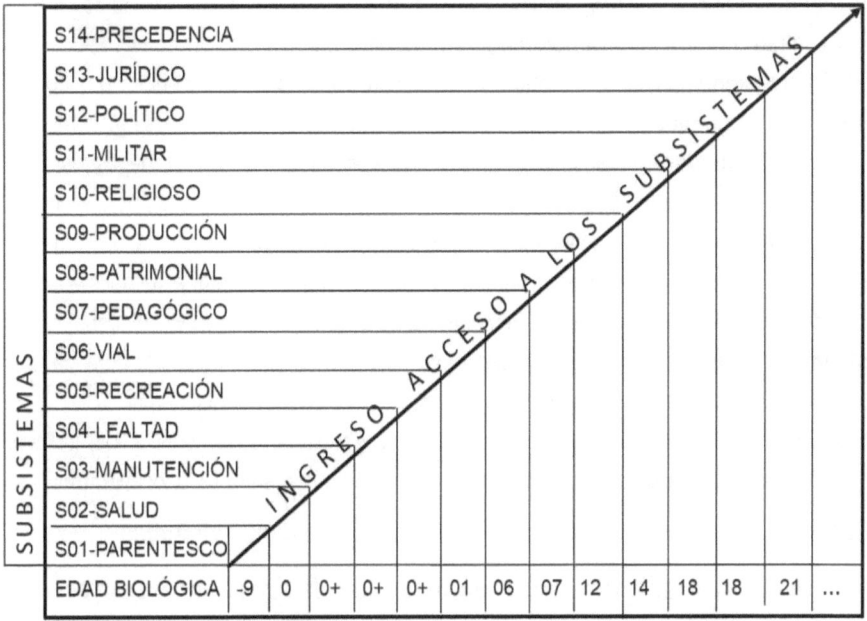

SUBSISTEMAS													
S14-PRECEDENCIA													
S13-JURÍDICO													
S12-POLÍTICO													
S11-MILITAR													
S10-RELIGIOSO													
S09-PRODUCCIÓN													
S08-PATRIMONIAL													
S07-PEDAGÓGICO													
S06-VIAL													
S05-RECREACIÓN													
S04-LEALTAD													
S03-MANUTENCIÓN													
S02-SALUD													
S01-PARENTESCO													
EDAD BIOLÓGICA	-9	0	0+	0+	0+	01	06	07	12	14	18	18	21	...

Cuadro 1. Los 14 subsistemas en "orden biográfico" (leer desde abajo)

Y dio una breve explicación del contenido de cada SUB-SISTEMA, en orden biográfico, desde la concepción hasta la memoria pos-vida, así:

S01 Parentesco – concepción, sexualidad, familia, géneros, demografía, comunidades.

S02 Salud – alumbramiento, hospitales, farmacias, profesionales, cementerios.

S03 Manutención – lactación, abasto, ferias, comercio, cocina, dietas, consumo.

S04 Lealtad – vínculos, amor, lealtad, unión, confianza, asociaciones, cooperación.

S05 Recreación – juguetes, diversión, artes, descanso, clubes, vacaciones, turismo.

S06.1. Vial/Comunicación – hablar, información, Internet, medios, marketing, correo.

S06.2. Vial/Transporte – caminar, circulación, vías, terminales, equipos, depósitos.

S07 Educación – aprendizaje, escuelas, educadores, manuales, investigación, ciencia.

S08 Patrimonial – gastos, negocios, propiedad, bancos, bolsa, correctoras, seguros.

S09 Producción – hacer trabajos, profesión, energía, empresas, oferta de satisfactores.

S10 Religioso – catequesis, rezos, templos, libros sagrados, ritos, fe y promesas.

S11 Militar – servicio militar, fuerzas armadas, policías, cárceles, violencia, defensa, paz.

S12 Político – ciudadano, organización social, Estado, gestión del bienestar.

S13 Jurídico – documentos, leyes, moral, justicia, tribunales, poder legislativo y judicial.

S14 Precedencia – salir del montón, maximocracia, fama, mérito, reconocimiento.

Cuadro 1.1. Cada subsistema con un mínimo de su contenido típico

Esos 14 subsistemas específicos fueron puestos en ese orden didáctico para mostrar la secuencia del desarrollo biológico del ser humano y la edad aproximada de su ingreso o acceso a cada uno de ellos, desde los menos 9 meses de gestación en el S01-Parentesco... hasta la mayoridad jurídica, seguida la búsqueda de progreso y fama en el S14-Precedencia-ranking por el resto de la vida. Sirve también como ayuda para memorizar. Y prosiguió ilustrando cada subsistema, así:

Ustedes todos fueron concebidos en el S01; vieron la luz en el S02; comenzaron a amamantarse en el S03; establecieron vínculos afectivos en el S04; comenzaron a juguetear y sonreír en el S05; con más o menos un año de edad ensayaron el hablar y el caminar en el S06; después fueron a un jardín de infancia o escuela en el S07; luego, se impuso la mesada y la alcancía en el S08; al crecer, comenzaron en el servicio de la casa y, quizás, en el trabajo familiar, por el S09; conforme la religión de la familia, hubo iniciación religiosa en el S10, que es de militancia religiosa; los muchachos rinden servicio militar a los 18 años, militancia patriótica; a los 18 años, todos se volvieron electores en el S12 (ahora a los 16); con la mayoridad a los 18 o 21 años, todos se volvieron sujetos de derechos y deberes plenos en el S13; de ahí en adelante, todos se esfuerzan para tener un lugar al sol, conquistar méritos y fama en cualquiera de los sistemas anteriores, registrados en el S14.

Con la miscelánea que yo tenía en mi cabeza llena de teología, filosofía, lenguas y literatura, me quedé asombrado por la claridad y rapidez con que el Prof. Müller hacía una biografía. Y me preguntaba: ¿Será así realmente?

En seguida, él empezó a situar los 14 subsistemas en la escuela misma, en 5 minutos:

Esta escuela está dentro de una comunidad de vecinos del S01; dispone de baños masculinos/femeninos, servicio de limpieza, buen aire y buen clima del S02; al fondo de la casa está una cantina del S03; las relaciones de amistad, confianza y amores entre ustedes y la escuela son del S04; los recreos, las fiestas, las vacaciones de la escuela son del S05; el cuadro de avisos, nuestra comunicación, la revista, los carros parqueados aquí son del S06; el curso que están siguiendo es del S07; las tasas que están pagando como inversión para el futuro son del S08; los trabajos del curso, la confección de apostillas, el mimeógrafo son del S09; aunque la escuela sea neutral, los estudiantes cuelgan por ahí invitaciones para ceremonias religiosas y pueden ostentar sus símbolos del S10, libremente; la reja allá al frente, el vigilante y los extintores de incendio son del S11; la Dirección de la escuela y los líderes estudiantiles son del S12; el reglamento de la escuela es del S13; el buen nombre de esta escuela de posgrado y su bella arquitectura es del S14.

Así terminó la exposición. El refaseador (rotafolio) adelantó una hoja para indicar la hora de la SABATINA. Llovieron preguntas y respuestas durante treinta minutos. El refaseador pasó una hoja adelante para indicar el SIMPOSIO/OPINIONES, por quince minutos. Después, COMENTARIOS Y CONCLUSIONES DEL ORADOR.

¡Fenomenal, pensé! Si es así, yo quiero eso para mí. Quiero

ver "orden" en el desorden, quiero saber identificar y clasificar, rápidamente, la inmensa variedad de eventos de la vida. Quiero ver el entrevero de la realidad de manera tan diáfana y transparente como el Prof. Müller. Quiero ver de manera clara lo que está oculto bajo la ebullición de los fenómenos. Quiero saber desentrañar y ver los detalles que se esconden bajo el concepto "socioeconómico", siempre difícil a la hora de organizar investigaciones, reseñas, estudios de la realidad, etc.

Cómo cae bien la reciente frase de Edgar Morin: MÁS VALE CABEZA ORGANIZADA QUE CABEZA LLENA. La Antropología Social británica, así como la Sociología francesa (que eran, decía Müller, la misma cosa, bajo nombres diferentes por la rivalidad entre Inglaterra y Francia) habían acumulado una enormidad de datos sueltos. ¿Qué hacer con ellos? Todas las ciencias tienen una prehistoria así, fragmentada, desdoblándose en especializaciones dispersas, hasta que aparece alguien para hacer la síntesis. Fue lo que hicieron Aristóteles, Tomás de Aquino, Isaac Newton, Immanuel Kant, Adam Smith, Charles Darwin, Karl Marx/Engels, Einstein para la astronomía y la física, Murray Gell-Mann para la física cuántica, etc. Y Müller lo hizo para las Ciencias Sociales y Humanas.

Y comencé a reorganizar el enmarañado teológico, filosófico y literario de mi cabeza -mi síntesis- para nunca más abandonar este "cuadro de referencia" (cuadro conceptual), como el Prof. Müller llamaba sus 14 subsistemas de cualquier sistema.

Tener cuadros de referencia gráficos (este y otros que veremos), trabajar con ellos y no sólo con lenguaje discursivo, esta fue una TREMENDA INNOVACIÓN para las Ciencias Sociales y Humanas. Las ciencias físicas y biológicas, desde hace mucho inventaron su lenguaje matemático y sus instrumentos tecnológicos que son extensiones o ampliaciones del potencial de los sentidos. Pero las Ciencias Sociales nunca habían pasado de múltiplos discursos literarios o ensayísticos sobre la realidad, por falta de lenguaje e instrumentos propios, descriptores, condensadores y procesadores de los elementos componentes de la realidad. De ahí su atraso y escasa utilidad práctica. Con Müller, empezamos a tener lenguaje y cuadros de referencia que son extensiones y ampliación de nuestra mente para percibir, chequear y modelar la realidad.

Después del choque de esa primera e histórica clase participativa, el Prof. Müller anunció la clase de la tarde siguiente: clase de campo para observar e identificar los 14 subsistemas instalados en el sistema comunidad, que el denominaba "paisaje".

Casi grité: ¿cómo así?

En la tarde siguiente, nos pusimos a esperar frente a la escuela. Llegada la hora, el Prof. Müller (más que británico también en eso) nos invitó a partir, diciendo: nos estamos alejando del S07-Pedagógico, instalado en nuestra propia escuela. Al entrar a la calle, fue avisando: estamos ingresando en una instalación del S06. Apuntando hacia una plazuela que había al frente dijo: S05, subsistema de recreación. Pasando frente a un edificio de apartamentos, apuntó el dedo e informó que era una instalación del S01-Parentesco. Más adelante, cruzamos con un bar: S03-Manutención. Después, avistamos una Notaría y él: S13-Jurídico. Al lado, un puesto policial: S11-Militar. Algunas instalaciones repetían subsistemas ya identificados antes. Pero él escogía calles donde sabía que existían instalaciones que ilustraban los subsistemas. Llegamos a la iglesia de la Consolación y él preguntaba: ¿De qué subsistema es esta instalación? Ya comenzaba a ser más fácil la cosa y todos gritaron: S10-Religioso. En un espacio al lado de la iglesia, había unos bancos de madera y una parejita a los besos. La pregunta vino: ¿De qué subsistema es esta bella escena? Algunos ya sabían que era del S04-Lealtad. Entonces él contó los sistemas ya vistos, repitiendo sus nombres: ¡nueve! Faltan cinco ¿cuáles son? Él ayudaba repitiendo el nombre de los cinco, y pidiendo que ubicáramos alguno de ellos. Pronto avistamos una farmacia, identificada como siendo una instalación del S02-Sanidad. De ahí a poco, una agencia bancaria, del S08-Patrimonial. Y un monumento, del

S14-Precedencia. Y una repartición pública, del S12-Político. A lo lejos, una alta chimenea humeante de una industria, del S09.

De regreso a la escuela, nos divertíamos señalando y nombrando instalaciones propias de cada subsistema. Frente a la escuela, con una frase de su sabiduría "el ecúmeno (parte habitada del paisaje) contiene los 14 subsistemas en aparente caos; pero la TOH los ubica y los pone en orden" y concluyó la clase de campo.

¡Caramba, eso ahora! Entonces los 14 sistemas eran un lenguaje para el sistema-persona, el sistema-empresa y, ahora, para el sistema-comunidad. Era un lenguaje transdisciplinario, una fusión interdisciplinaria, un metalenguaje que servía para todo, que podía unificar diferentes campos y conocimientos que antes eran separados. Fue mi encuentro con la tan hablada e incomprendida inter y transdisciplinariedad, ahora viabilizada. ¡Sentí una como revelación, un rayo de luz!

En las tardes siguientes, teníamos clases de relaciones internacionales; cultura y estudio de relaciones étnicas; industrialización, urbanización y sindicalismo; ideología y utopía; creatividad; etnología y sociología; municipalismo, etc., con otros profesores, brasileños y norteamericanos.

Supimos, entonces, que el Prof. Müller actuaba sólo dos veces por semana. Pero ahí había democracia académica. Era un modelo de cogestión. Hacía una ruptura con las clases de siempre. Convivían dos eras académicas diferentes.

En la semana siguiente, nuevo encuentro con el ícono de la innovación en la Escuela de Posgrado de la FESP. El Prof. Müller como orador. Ni bien empezó, lo paramos con un vendaval de preguntas ¡casi reclamaciones!

- Usted afirmó que su cuadro clasificatorio era exhaustivo, o sea, que agotaba todo de una persona, institución y comunidad. Uno decía: no encontré dónde ubicar "ambiente"; otro quería saber cómo quedaba la cuestión de la cultura y, de la oferta y demanda; otro planteaba que no había cómo clasificar "Historia"...

- Es que falta conocer el mecanismo o los engranajes que

componen y con que funcionan los 14 subsistemas. Es el tema de hoy, dijo Müller, calmadamente: cada subsistema tiene su espacio/paisaje, tiempo, sus personajes y cánones para funcionar.

LOS 4 COMPONENTES DE LOS SISTEMAS Y SUBSISTEMAS SOCIALES:

1. Ecúmeno-paisaje
2. Diacronismo-tiempos
3. Personajes prestantes y fruitivos
4. Comportamientos y Cánones/reglas

S01-PARENTESGO	S02-SALUD	S03-MANUTENCIÓN	S04-LEALTAD/SOLIDAR	S05-REGREACIÓN	S06-VIAL	S07-EDUCACIÓN	S08-PATRIMONIAL	S09-PRODUCCIÓN	S10-RELIGIOSO	S11-MILITAR	S12-POLÍT/ADMINISTR	S13-JURÍDICO	S14-PRECEDENCIA

Cuadro 2. Componentes/engranajes de cada sistema y subsistema

"Los 14 subsistemas sociales revisten el paisaje con sus instalaciones, formando cada cual, su escenario típico. Serán 14, con diferentes nombres. Juntos forman el AMBIENTE físico, que fue lo que vimos en nuestra clase de campo".

"Los 14 sistemas sociales se turnan en el tiempo diacrónico; aunque actúen simultáneamente, cada uno de ellos tiene eventos y dominancia en determinados horarios del día, para un individuo; lo mismo sucede con los eventos de una institución y de un país que, sumados, se denominan HISTORIA".

"Las personas o personajes/actores actúan en los 14 sistemas, bajo 14 nombres y roles diferentes; y actúan como prestantes (que prestan un servicio u ofrecen una acción) o como fruitivos (usuarios o receptores que disfrutan el servicio o acción) formando jerarquías. Sumando todos los prestantes, se tiene el total de la OFERTA; y sumando todos los fruitivos, se tiene el total de la DEMANDA".

"Personas, instituciones y países desempeñan agendas o actividades en los 14 SUBSISTEMAS en búsqueda de su bienestar: eso es COMPORTAMIENTO; pero al cumplir agendas, lo hacen de acuerdo con determinados cánones y tradiciones de cada uno de los 14 subsistemas: eso es CULTURA".

En resumen, repitiendo: el espacio presenta 14 variaciones; o los 14 subsistemas se abrigan en 14 tipos de instalaciones y escenarios, con sus denominaciones propias. Basta leer en la vertical el cuadro referencial que sigue, hasta aglomerar todo en el concepto de "AMBIENTE-PAISAJE".

El tiempo en su perspectiva diacrónica se divide por los 14 sistemas; o los 14 sistemas ocupan 14 horarios propios, con sus denominaciones -mañana, tarde, noche, pasado, presente, futuro, división en años, siglos, milenios, eras, etc. Basta leer, en la vertical, el cuadro referencial que sigue, hasta aglomerar todo en el concepto de "HISTORIA".

Las personas desempeñan 14 roles/personajes diferentes como prestantes en los 14 sistemas y, otros 14 correlacionados como fruitivos, con sus denominaciones típicas. Basta leer, en la vertical, el cuadro referencial que sigue, hasta aglomerar todo en el concepto de actores o personajes de la OFERTA Y DEMANDA.

"Las personas cumplen agendas prestantes/fruitivas -ocupaciones, trabajo- en todos los 14 sistemas y normas correspondientes, con denominaciones generalmente en verbos. Basta leer, en la vertical, el cuadro referencial que sigue, hasta aglomerar todo en el concepto de CULTURA Y AGENDONOMÍA (y no ECONOMÍA, que es un concepto muy restringido, confuso y anticuado)".

Una lectura horizontal muestra los componentes con que opera cada subsistema: tiene inserción en un determinado espacio, en un determinado momento histórico, tiene sus personajes o actores en permanente interacción, y tiene agendas típicas en desarrollo, de acuerdo con cánones reguladores.

Salta luego a la vista que es una nueva manera de organizar "sustancias y accidentes", las categorías de Aristóteles: dónde: escenarios; cuándo: diacronía; quién, con quién, contra quién: personajes; qué, cómo, con qué, por qué, para qué: agendas que son comportamientos y sus cánones. No se trata de complicar; se trata de viabilizar una estrategia combinatoria de doble entrada: en la horizontal, lea cada subsistema desdoblado en sus 4 componentes; en la vertical, lea el nombre atribuido a cada componente en cada uno de los 14 subsistemas.

COMPONENTES SUBSISTEMAS	INSTALACIONES ESCENARIOS	DIACRONISMO CICLOS, RITMOS	PERSONAJES PRESTAN/FRUITIV	COMPORTAMIENTOS CÁNONES-REGLAS
S01-PARENTESCO	Casa, dirección, comunidad	Edad, ciclos, cumpleaños	Padre, madre, hijos, parientes	Sexual, casarse, criar hijos, tradición familiar
S02-SALUD	Hospital, laboratorios, cementerio	Enfermedades de la edad, horarios	Médicos, psicólogos, pacientes	Consultas, tratamientos, tecnología, muerte
S03-MANUTENCIÓN	Feria, cocina, restaurantes, mesa	Días de mercado horarios de comida	Comerciantes, feligreses, chef	Abastecer, cocinar, comer, vestir, beber, vitalidad
S04-LEALTAD	Clubes, puntos de encuentro	Citas, luna de miel, reuniones	Amigos, amantes, socios, cómplices	Quererse, apoyarse, demostrar fidelidad
S05-RECREACIÓN	Canchas, casinos lugares turísticos	Fiestas, vacaciones.fin de semana	Deportistas, artistas, concurrencia	Divertirse, descansar, gozar, ser feliz
S06-VIAL (comu-transp)	Redes, emisoras rutas, terminales	Horarios de emisoras, de viajes	Comunicadores, pilotos, viajeros	Entenderse, informar, circular, acercar
S07-EDUCACIÓN	Escuelas, bibliotecas, libros	Calendario escolar, educ. perman.	Educadores, estudiantes, investigad	Aprender, capacitarse, investigar, enseñar
S08-PATRIMONIAL	Tierra, bancos, bienes, dinero	Ciclos económicos, fechas de pago	Prestamistas, deudores, inversionistas	Comprar, vender, pagar, ahorrar, ganar sueldo
S09-PRODUCCIÓN	Fábricas, minas, campos, oficinas	Días de trabajo, horario laboral	Ingenieros, agricultores, trabajadores	Extracción, tecnología, manufacturas, productos
S10-RELIGIOSO	Templos, lugares sagrados	Calendario religioso, ritos por ciclo	Ministros, fieles, romeros, dioses	Trascender, meditar, elevarse, reverenciar
S11-MILITAR	Cuarteles, cárceles, armas	Servicio militar, toque de queda	Guardianes, protegidos, violentos	Proteger, defender, tener paz, guerrear, sobrevivir
S12-POLIT/ADMINIST	Territorio, país, fronteras, palacios	Calendario cívico, electoral	Gobernantes, ciudadanos, electores	Planificar, organizar, ordenar, liderar, desarrollar, lobby
S13-JURÍDICO	Tribunales, fórums, notarías	Mayoridad, plazos de tramitación	Jueces, abogados, reos, partes	Establecer derechos y deberes, sancionar
S14-PRECEDENCIA	Lugares de prestigio, museos	Fechas especiales, horarios nobles	Comisiones de mérito, homenajeados	Competir, despertar esfuerzo reconocer méritos
	AMBIENTE físico	HISTORIA calendarios	ROLES SOCIALES prestantes/fruitivos	AGENDONOMÍA cultura

Cuadro 3. Cada subsistema con su engranaje: los 4 componentes operacionales

Realmente impresionante la condensación de datos que se consigue vislumbrar por este cuadro referencial compuesto -el cuadro de los 14 subsistemas cruzado con el cuadro de los 4 componentes-. Y también sus posibilidades de "fertilización cruzada", como decía Müller, o sus combinaciones y cruzamientos.

Dijo Müller: la razón para dar nuevos nombres y ordenamiento a las viejas categorías de Aristóteles, usadas en cualquier análisis gramatical y sintáctico, es la posibilidad de un cuadro de doble entrada, cruzando líneas horizontales y columnas verticales, mostrando este otro cuadro referencial:

LOS 4 COMPONENTES	LOS 14 SISTEMAS
1. PAISAJE–dónde 2. DIACRONISMO–cuando 3. PERSONAJES quien, con quien, contra quien 4. COMPORTAMIENTOS qué, cómo, con qué, por qué, para qué, evaluación y resultados	S01-Prentesco, demografía S02-Salud, medicinas S03-Manutención, comercio S04-Lealtad, solidaridad S05-Recreación, espectáculos S06-Vial, comunic/transporte S07-Pedagógico, capacitación S08-Patrimonial, bancos S09-Producción, mano de obra S10-Religioso, creencias S11-Militar, violencia S12-Político, administración S13-Jurídico, leyes, tribunales S14-Precedencia, notoriedad

Cuadro 4. Ampliación de los componentes o estructura de cada subsistema

Enseguida, las categorías aristotélicas fueron sustituidas por términos propios de las Ciencias Sociales y Humanas:

LOS 4 COMPONENTES	LOS 14 SISTEMAS
1. PAISAJE–horizontes, comunidades, escenarios 2. DIACRONISMO–retrospección, actualidad, futurición 3. PERSONAJES-prestantes, fruitivos. Conmutaciones, jerarquías, ascendencia y subordinación 4. COMPORTAMIENTOS-cánones, 4.1. Agendas 4.2. Símbolos 4.3. Praxis 4.4. Valoración 4.5. Creencias 4.5. Sanciones	S01 – Parentesco, demografía S02 - Sanidad, medicinas S03 - Manutención, comercio S04 - Lealtad, solidaridad S05 - Recreación, espectáculos S06 - Vial, comunic/transporte S07 - Pedagógico, capacitación S08 - Patrimonial, bancos S09 - Producción, mano de obra S10 - Religioso, creencias S11 - Militar, violencia S12 - Político, administración S13 - Jurídico, leyes, tribunales S14 - Precedencia, notoriedad

Cuadro 5. Los 4 componentes segmentados en lenguaje de C. Sociales y H.

Por este cuadro, suficientemente segmentado, está resuelto el problema de montar cuestionarios para investigaciones en Ciencias Sociales y Humanas, dijo el Prof. Müller. Seguimos con las demás fases del Seminario, con más esclarecimientos y manifestaciones de optimismo profesional, respecto del uso de ese instrumento. (Hay un cuestionario con ese modelo, ya informatizado, para sondeo de comunidades; y otro de contabilidad familiar).

Después de esta clase, nuestras dudas y limitaciones sobre clasificación de fenómenos se disiparon y, al tiro, pasamos a creer en la capacidad de la TOH de abarcar todo (potencial exhaustivo). Pero faltaban otras revelaciones del Prof. Müller.

Con este cuadro, comencé también a entender mejor el concepto marxista de fuerzas productivas: "Espacio" incluye tierras, equipamientos, materias primas y otros recursos o capital fijo, inmovilizado; el "diacronismo" incluye el movimiento histórico del trabajo en sus ciclos ondulatorios de abundancia-exceso-inflación, y recesión-escasez-deflación (y "capital" como trabajo muerto/pasado); "Personajes" incluye los trabajadores de todos los niveles, prestantes y fruitivos, con sus conmutaciones, administración y disputas; "Comportamientos y Cánones" incluye todo tipo de trabajo y cadenas productivo-distributivo-consumidoras en los 14 subsistemas, mientras "praxis" incluye know-how, tecnología, organización y métodos, división de trabajo, procesos; "valoración/valores", incluye capital, productos, conocimiento, confianza, solidaridad; "creencias", además de ideologías, incluye paradigmas y teorías generales como capitalismo, socialismo; y "sanciones" de la vida y de la cultura incluye los resultados y su reparto justo o injusto, equitativo o desproporcional. Y mejora también los conceptos de oferta-demanda del viejo Adam Smith. Entonces ¿por qué no jubilarlos a ambos, a Smith y a Marx?

A partir de ahí, decidí mi tema de disertación de maestría: una base de datos en 14 subsistemas sociales para fines de planificación, usando fichas perforadas McBee como archivo (era la tecnología a mi alcance, en la época). Eso suponía la reformulación del sistema decimal universal usado para organizar la información de las bibliotecas. Con el sistema McBee, que era manual, no se podía. Pero con las computadoras de ahora, sí que se podría para superar la pobreza de los catálogos de las bibliotecas e, inclusive, de Google y otros buscadores. Tener como pista solo el nombre del autor (con tantos que hay) y sólo por título o asunto (infinitos; imposible agotarlos), se deja de recuperar mucha información y se pierde mucho tiempo.

El tema de la sesión siguiente, anunciado por el Orador, Prof. Müller, fue

"DESAMBIGUACIÓN

Las palabras para dar cuenta de los conceptos, en Ciencias Físicas tienen un sólo sentido técnico y muy estricto, casi eliminando toda posible interpretación equivocada, incompleta o confusa. La ventaja de ellas es que lidian con eventos discretos, matematizables, bien delimitados y casi estables o fijos. Y, en Ciencias Sociales y Humanas, sucede casi lo opuesto: mucha ambigüedad, confusión, imprecisión, falta de sentidos fijos, usos erráticos del mismo vocablo en las diferentes especialidades, etc., porque ellas lidian con eventos continuos, inseparables, funcionando en red, sin poder recortarlos uno a uno, como hacen las Ciencias Físicas. Por eso, la matemática tiene plena aplicación en Ciencias Físicas, mientras en Ciencias Sociales y Humanas es de poca valía, a no ser en la Estadística y, así mismo, solo para grandes números.

Los cuadros de referencia gráficos, como los ya presentados y otros, suplen y compensan, hasta cierto punto, la falta de la matemática y llevan a resultados inmensamente superiores al discursismo lineal que aún prevalece.

RELATIVIZACIONES para la desambiguación:
lo multifacético de todo

Cada palabra tiene un sentido o significado: primero, el típico o genuino (denotación), que es el que aparece en primer lugar en el diccionario y en el lenguaje general. Después, esa misma palabra será empleada con otros significados, que se dicen secundarios y metafóricos (connotación). El dilema aparece a la hora de clasificar algo. Como ejemplo, tomemos una alianza (anillo de boda, si no la ambigüedad se impone).

- ¿En cuál de los 14 subsistemas se clasificaría una tal alianza?

Alguien podrá decir que es un símbolo como un eslabón de la cadena impuesta a los esclavos.

¿Pero será este el sentido genuino, primero y más general de la palabra alianza? Quien hizo la afirmación anterior estaba mirando la alianza desde un ángulo preferido por él (fenómeno que se dice "RELATIVIZACIÓN": mirar desde un determinado ángulo o punto de vista). El ángulo o la relativización de su preferencia fue el del S12-Político: poder, dominación, esclavitud.

Sin embargo, la mayoría concordará que el sentido genuino de "alianza" es de símbolo de relación matrimonial. En este caso, la relativización hecha, nos lleva a clasificar la alianza en el S01-Parentesco: compromiso familiar.

- ¡Yo estaba pensando en el alto precio que tuve que pagar por las alianzas escogidas por mi novia, dijo alguien!

- En este caso, usted hizo una relativización por el S08-Patrimonial ¡precios!

- Entonces no habrá desambiguación alguna, ya que cada cual puede clasificar el mismo evento en cualquiera de los 14 subsistemas y, con eso, inviabilizar la intercomunicación; ¡Babel completa, reclamó alguien!

Veamos cómo salir de esa ambigüedad, dijo Müller. Preguntemos qué significados y contribuciones aporta la alianza matrimonial a cada uno de los 14 sistemas y, en seguida, qué retornos puede recibir de cada uno de ellos. Después, haremos lo mismo con otras "alianzas".

En el S01, la alianza emite señal de exclusividad; y recibe concordancia.

En el S02, puede crear alergias; y recibe tratamiento neutralizador.

En el S03, dice que aumenta el consumo; y el comercio vende.

En el S04, indica vínculo afectivo; y recibe envidia o aplauso.

En el S05, sirve para juguetear; y recibe bromas.

En el S06, informa estado civil; y recibe interrogaciones.

En el S07, significa que persiste la relación; y recibe investigaciones.

En el S08, expresa un valor; y recibe evaluaciones.

En el S09, habla de marcas; y recibe innovaciones tecnológicas.

En el S10, va a centros religiosos; y recibe la bendición.

En el S11, indica defensa de casados; y recibe garantías.

En el S12, promete más ciudadanos; y recibe privilegios.

En el S13, significa un contrato de deberes; y recibe derechos.

En el S14, transmite estatus; y recibe admiración.

Se puede representar eso al vivo: 14 estudiantes, en círculo, cada cual cargando una escarapela con el nombre de uno de los 14 subsistemas; denominamos este ejercicio de "rueda de la vida", en alusión a una memorable composición de Chico Buarque -Rueda Viva-. Cada estudiante informa qué ofrece por el subsistema que está representando; y cada uno de los demás 13 diciendo qué le ofrece como retorno.

El resultado de esos cruzamientos fue representado por una de las estudiantes favoritas de A. R. Müller, María Judith Hurtado, artista de Ecuador, en estas ruedas-vivas, principalmente en la urdimbre de la próxima página:

Cuadro 6. Rueda-Viva de los 14 subsistemas

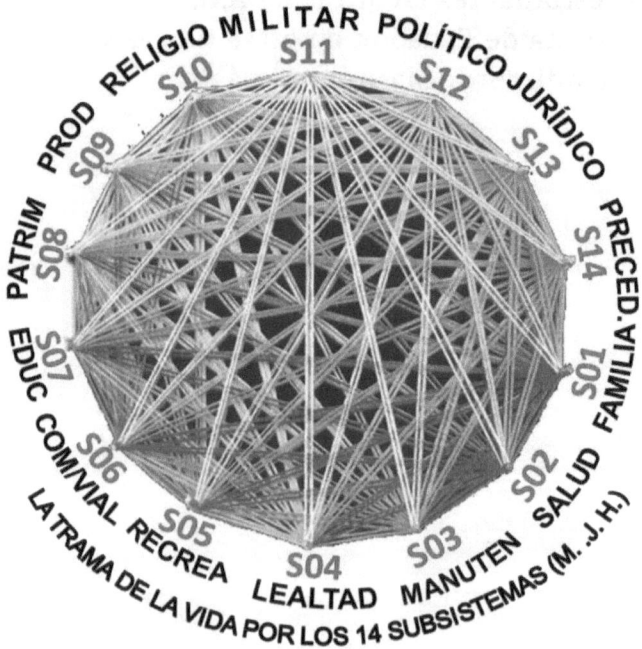

Una vez hechas las 14 relativizaciones, se elige archivar cualquier evento en el subsistema de mayor consenso. Si hay duda, se hace una segunda clasificación ubicando el subsistema más probable en el centro de la "rueda viva". Si quedara alguna duda al clasificar el evento en un subsistema, se le asocia a uno de sus componentes. Ejemplo, para clasificar la alianza como alianza política: se ubicaría en el S12, al centro de la rueda-viva, asociándole "personajes" y "praxis" políticas.

En la comunicación escrita, el contexto generalmente indica el significado atribuido a las palabras. En la comunicación hablada, en la eventualidad de que exista ambigüedad con palabras polisémicas (con muchos significados simultáneos) será necesario indicar desde cuál relativización estamos hablando y compartiendo el significado. Es la mejor aproximación a la desambiguación en el reportorio léxico de las Ciencias Sociales y Humanas. Con eso, nos estaremos acercando a un lenguaje compartido y a unas herramientas científicas para todas las Ciencias Sociales y Humanas.

¡Ah, bueno! De aquí en adelante, los textos de Ciencias Sociales y Humanas dejan de ser monólogos y pueden ser diálogos, dada la posibilidad de mejor comprensión recíproca por ese lenguaje compartido y esas herramientas comunes. La Ciencia Social llamada -DERECHO O LEYES- tendría que adoptar este cuadro de referencia, para evitar tantas interpretaciones subjetivas de abogados, jueces y tribunales...

Había un Seminario PIC, efectuado en los sábados. Este seminario era conducido por los maestrandos o doctorandos, con uno de ellos como orador. Ahí, los más adelantados, que habían venido de otras ciudades, presentaban proyectos de investigación, reseñas, informes de congresos, de entrevistas, monografías y disertaciones, etc., para recibir tutoría del grupo. Müller sólo intervenía para reorientar algún desvío del expediente o programa prestablecido. Este modelo era un embrión de lo que más tarde fueron los "Campus Avanzados" (los latinistas pronunciaban "campi"). En la práctica, como yo estaba formando grupos de Cibernética Social con la metodología del Prof. Müller, organizaba esos mismos grupos en Campus Avanzados de la FESP, para que hicieran su Maestría. La frecuencia era de 70% presencial, en los Campus (campi) Avanzados y de 30% presencial, en la sede de la FESP, en São Paulo. Este era el origen de los Seminarios de los sábados y, a veces, de los domingos y días festivos.

Con el tiempo y la práctica, los cuestionamientos se volvieron más severos en las SABATINAS; las CRÍTICAS y SUGER-ENCIAS también se tornaron cada vez más apropiadas y profundas en la fase de SIMPOSIO/OPINIONES. En las MESAS RE-DONDAS y DEBATES, se manifestaban cada vez más abierta y firmemente las opciones ideológicas y científicas de cada uno. Todo intercalado con repetidas clases de campo. Todos aprendiendo a comunicar y a escuchar con actitud científica, todos aprendiendo y enseñando, interdisciplinariamente.

CURVA DEL PERFIL DE UBICACIÓN

(posicionamiento en los 14 subsistemas)

- ¿Había Ud. escuchado eso antes? Cada uno/a tuvo que hacer el suyo durante una sesión del Seminario PIC.

- "Perfil de Ubicación" es la curva resultante de la ligazón de los ápices de desempeño y logros de personas, instituciones, países y del planeta, en los 14 subsistemas, en una larga secuencia diacrónica que da origen a los índices e indicadores. Tal cosa es solo posible cuando se tenga, previamente, un referencial sobre el cual se proyectan los parámetros y sus respectivos criterios de medida.

Será siempre necesario establecer, previamente, los criterios definidores de desempeño y logros en cada subsistema, en la vida adulta. Y, también, cuántos serían los grados, niveles, escalafones, posiciones en la jerarquía de cada subsistema y cómo sería la escala, así como sus ritos de pasaje: ¿sería por la acumulación económica, sería la genealogía hereditaria, sería el grado de reconocimiento social, serían competencias, talentos, títulos y viveza social? ¿Serían títulos de nobleza comprados? Cada subsistema tenía que aclarar eso, antes.

El Prof. Müller fue contemporáneo del torbellino mental, científico, político, económico -14 subsistemas- creado por el marxismo y por el experimento de la URSS. Sin embargo, nunca hacía referencia alguna a ese gigantesco esfuerzo de suplantación del capitalismo británico-americano, del cual Müller extraía ilustraciones para los 14 subsistemas, sin cuestionarlo. Por eso, a la hora de definir y elaborar un perfil de ubicación, nunca mencionó el concepto de clases, estratos o castas sociales.

Su abordaje era de "camadas del espacio social":

La camada superior constituye la élite; las camadas media e inferior constituyen la masa; y la camada subyacente constituye la ralea. Élites y masas tienden a funcionar armónicamente. La ralea de cada SUBSISTEMA es formada por el número de personajes desajustados (MÜLLER, 1958, P. 21).

El mérito de Müller está en ofrecer herramientas para viabilizar y visualizar los perfiles de ubicación. Los niveles y criterios de evaluación y atribución de status era otra cuestión a solucionar. La herramienta fue presentada así (ficcionada, para dar un ejemplo):

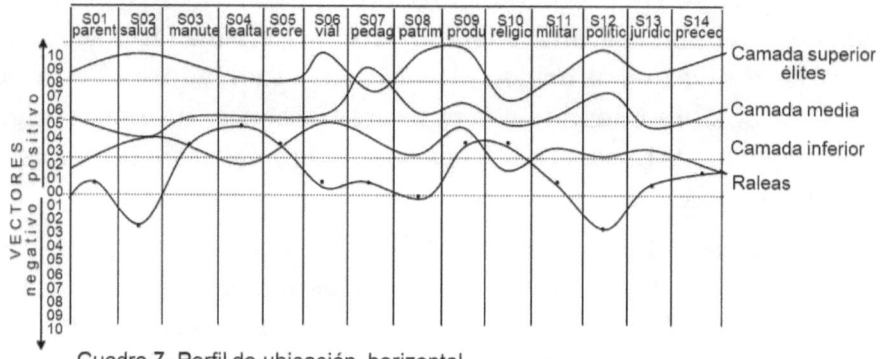

Cuadro 7. Perfil de ubicación, horizontal

Nótese, a la izquierda, la escala métrica, llamada por Müller "vectoración positiva/negativa"; y, a la derecha, las mencionadas "camadas sociales".

Esta herramienta, decía Müller, tiene el mérito mayor de reformular el concepto de "desarrollado y subdesarrollado", usado por los economistas del primer mundo. Como ellos tienen un cuadro de referencia demasiado simplificado y pobre en categorías -el socioeconómico de Adam Smith-, califican lo "desarrollado" de acuerdo con el crecimiento "económico", sin incluir "lo social" (después, la ONU creó el I.D.H. -Índice de Desarrollo Humano-; el I.P.S. -Índice de Progreso Social-, pero sin cuadro de referencia, como puros listados...). Y completaba: lo mismo sucede con las estadísticas nacionales e internacionales, con las cuentas del gobierno, con la multiplicación de Ministerios... "Continuamos siendo rehenes de Adam Smith"...

Otro modo de representar perfiles de ubicación es con los subsistemas en forma de rueda-viva. Aunque nunca haya mencionado el

concepto de clases, Müller, implicita-
mente, lo reformuló, urgiendo una re-con-
ceptualización que abarcara todos los
elementos de la vida: los 14 subsistemas
con sus 4 componentes. Naturalmente, en
SABATINA llovieron cuestionamientos.

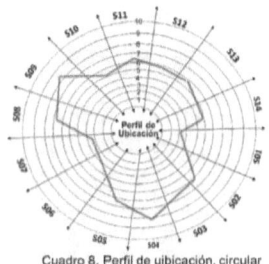

Cuadro 8. Perfil de uibicación, circular

Las respuestas venían como "denun-
cia" de criterios ideológicos de izquierda y, como exigencia de
una postura más científica en el trato de la realidad social... En
OPINIONES, llovieron acusaciones de alienación, de complicidad con el imperio, de falta de valores para la evaluación de
logros, etc. Müller, en marcha lenta, resumió el debate diciendo
que tanto marxistas como capitalistas se beneficiarían mucho
si abandonaran el referencial socioeconómico y adoptaran la
TOH; y que eran bienvenidos ambos bloques para dialogar sobre
innovación social, usando la TOH como herramienta.

¡Órale, que lección! Entendí por qué no mencionaba el
marxismo y rechazaba a Adam Smith. Müller objetaba el
economicismo tanto capitalista como marxista. Y entendí
también porque Müller era rechazado tanto en el curso de Sociología del pre-grado de la FESP, como en la Facultad de Filosofía Ciencias y Letras de la vecina calle María Antônia (USP):
porque eran de tendencia marxista. Y quedó claro por qué ya
no era invitado a grandes eventos culturales, congresos y viajes internacionales, como representante del gobierno. El último
gran viaje internacional fue por la América Latina, visitando
los campus avanzados ahí sembrados, llegando hasta Chicago,
donde se intentaba crear una filial de la FESP, con el apoyo del
cónsul brasileño, Lindolfo Collor.

ESCALAS DE MEDIDA

En uno de los últimos Seminarios PIC de 1963, el Prof. Dr.
Rubbo Müller entró en sofisticaciones complicadas y dudosas.
Como estaba trabajando en cuestiones gnoseológicas y epis-
temológicas, que son pre-requisitos para la sistematización
de una ciencia -su lenguaje, didáctica, aprendizaje y aplica-

ción práctica- presentó cuadros altamente cifrados, llenos de palabras griegas y latinas. ¿Sería todo eso realmente necesario y útil?

Veamos uno sólo de esos cuadros, entre muchos otros, como muestra:

Autosuficiencia Prefijo - Ptoto	SUBSISTEMAS	Heterosuficiencia Sufijo - Teleuto
Genos	S01-PARENTESCO	Genia
Higio	S02-SALUD	Terapia
Noso	S03-MANUTENCIÓN	Cedia
Filo	S04-LEALTAD	Cordia
Ludo	S05-RECREACIÓN	Lusión
Dromo	S06-VIAL-COM/TRAN	Cinesis
Logo	S07-PEDAGÓGICO	Logia
Pluto	S08-PATRIMONIAL	Copia
Faber	S09-PRODUCCIÓN	Topeia
Hiero	S10-RELIGIOSO	Latría
Beli	S11-MILITAR	Maquía
Legis	S12-POLÍTICO	Cracia
Jus	S13-JURÍDICO	Judicancia
Aristo	S14-PRECEDENCIA	Excelencia
meso	Paisaje	física
endo	horizontes	horistia
socio	comunidads	gelástica
eco	escenarios	topía
diácrono	Diacronismo	foria
mnemo	retrospección	suscitación
tautócrono	actualidad	ptosis
tiempo	futurición	telia
psico	Personajes	psiquismo
dínamo	prestantes	animia
homo	jerarquía	ordio
telémato	Agendas	volencia
ideo	Símbolos	tética
axio	Valores	timia
aleto	Creencias	lepsis

Cuadro 9. Suficiencia social e individual.
Sintomía : : Anatomía

Este cuadro está relacionado con el anterior "Perfil de Ubicación", sugiriendo los prefijos y sufijos de las palabras que indican los extremos de los vectores positivo y negativo, tanto en los sistemas como en los operacionales. No deja de ser un avance en la elaboración del lenguaje técnico, tan necesario en cualquier ciencia.

Para mí, que había estudiado latín y griego, el cuadro no me ofreció dificultades. Pero los colegas reaccionaron en la SABATINA.

- ¿No sería suficiente usar escalas de tipo Likert – óptimo, muy bueno, bueno, regular, insuficiente? O si se tratara de establecer "tipos ideales" (extremos opuestos) como los de Max Weber ¿no se podría hacer con palabras menos rebuscadas?

Tienen razón, decía el paciente Müller, con su voz casi en sordina. Eso demuestra, primero, la pobreza de nuestra lengua para tratar problemas científicos. Segundo, ustedes no deben tomar el cuadro de suficiencia e insuficiencia social e individual como universal: se tiene que elaborar uno para el individuo, otro para grupos o instituciones, otro para la economía, otro para un país como un todo, etc. Tercero, no se debe tomar este cuadro "a lo Max Weber", como si todo fuera blanco o negro; se debe tomar en asociación con el cuadro que ejemplifica el Perfil de Ubicación, donde figuran vectores, gradientes o escalas de cero a diez, que podría ser de 1 a 5 como en la escala Likert. Pero sería mejor siempre combinar números y palabras, y viceversa. ¿Cuál sería el vocablo o número para expresar la nota máxima en salud? ¿Cuál sería el vocablo o número para expresar la nota mínima en uso del tiempo? Tareas por desarrollar y completar.

Como resumen y comentarios del Orador, habló y dijo:

- Por falta de esas herramientas para explicar mejor la realidad, y por falta de esas herramientas para superar nuestro apremiante déficit de educación es que Brasil e Hispanoamérica prolongan en el modelo colonial portugués-español, y el pueblo sigue alienado (¡el primer término marxista en boca del Dr. Müller!).

Terminamos, nosotros también, apremiados, pero concord-ando. Y descubriendo que la TOH desataba una revolución en las Ciencias Sociales y Humanas, que apenas comenzaba, y que sería preciso continuar trabajando en su construcción. Aparecía ahí, también, una señal de bifurcación entre modelos importados de Ciencias Sociales: anglo-americanos, como los de la FESP, y franceses, como los de la Facultad de Filosofía, Ciencias y Letras de la calle Maria Antônia, USP).

El año de 1963 fue marcado por dos eventos: mi encuentro con el Prof. Müller, que instrumentó mi mente definitivamente; y el asesinato del presidente Kennedy, por la extrema derecha norteamericana, anónima. Este asesinato fue largamente dis-cutido en las clases de Relaciones Internacionales con el pro-fesor norteamericano, cuya sola conclusión fue: "¡aún tenemos problemas con la democracia!"

En 1964, en medio de la efervescencia ideológica y política, aconteció el golpe militar, finalizando marzo e inaug-urando abril, encomendado y respaldado por el imperioim-perio judeo-anglo-estadounidense para detener el avance del comunismo en Brasil y en toda Latinoamérica, considerada el patio trasero del imperio. Otra vez, largas discusiones.

POST-CAPITALISMO, POST-SOCIALISMO

Con los dos eventos de 1963 y este de 1964, mis expect-ativas sobre el futuro del marxismo se fueron desvaneciendo, mientras crecían las dudas sobre la organización socio-económica. Mi convicción era más intelectual/educacional que política, como colega y seguidor de Paulo Freire y su socialismo cristiano.

El golpe militar de 1964, que no fue más que eco y encargo de la asesina extrema derecha norteamericana y sus cómplices del triángulo de las Bermudas brasileño, aprisionando, mal-tratando y exiliando a Paulo Freire, me golpeó mucho. Y me hizo pensar en aprovechar la TOH para buscar otros caminos, más avanzados que el marxismo y el capitalismo. La serie de golpes militares por toda América Latina, patrocinados por las escuelas de guerra norteamericanas -*School of the Americas, y Washington Military School*- como estrategia para vencer la guerra fría (sabotaje económico) con la URSS, comprobó la superior falta de escrúpulo del capitalismo y la ineficiencia socialista. Me dediqué, entonces, con más ahínco al estudio de la TOH y a otras elucubraciones del Prof. Müller, presentadas como "Complementos a la Obra Teoría de la Organización Humana".

COMPONENTES DE LA ESTRUCTURA DE LA PERSONALIDAD POR LA TOH

Este complemento tenía un subtítulo quilométrico y esotérico: Cuadro Heurístico Expositivo General Didáctico Experimental Concatenado Pre-definitivo para Diagnóstico Tautodiacrónico por Extrospección e Introspección – Conceptuación Tética Polimérica Tabular Ciriológica Étio-teleológica por Medio de Esencialidades: Inclusión Explícita Positiva y Negativa para Pre y Post-Determinaciones de las Verticalidades Isómeras.

¡Uuuuuuufaaaa! El resumen del cuadro es este:

Imperativos Subistemas	Potenciales	Vitales	Sinérgicos	Gregarios	Existenciales	Crasis/Discrasía
S01-PARENTESCO	Procreación					Genoscrasía/patía
S02-SALUD	Biosis					Higiocrasía/patía
S03-MANUTENCIÓN	Vitalidad					Nosocrasía/patía
S04-LEALTAD	Ternura					Filocrasía/patía
S05-RECREACIÓN	Distracción					Ludocrasía/patía
S06-VIAL-COM/TRANS	Motilidad					Dromocrasía/patía
S07-PEDAGÓGICO	Curiosidad					Logocrasía/patía
S08-PATRIMONIAL	Propiedad					Plutocrasía/patía
S09-PRODUCCIÓN	Sagacidad					Fabercrasía/patía
S10-RELIGIOSO	Candidez					Hierocrasía/patía
S11-MILITAR	Combatividad					Belicrasía/patía
S12-POLÍTICO	Valentía			'		Legiscrasía/patía
S13-JURÍDICO	Discreción					Juscrasía/patía
S14-PRECEDENCIA	Emancipación					Aristocrasía/patía
Paisaje	Presencia					mesocrasía/patía
horizontes	posibilidad					endocrasía/patía
comunidades	adecuación					sociocrasía/patía
escenarios	acomodación					ecocrasía/patía
Diacronismo	Entelequia					diacronocrasía/patía
retrospección	permanencia					mnemocrasía/patía
actualidad	perseverancia					tautocronocrasía/patía
futurición	aspiración					tiempocrasía/patía
Personajes	Solicitud					psicocrasía/patía
prestantes	aptitud					dinamocrasía/patía
jerarquía	situación					homocrasía/patía
Agendas	voluntad					telematocrasía/patía
Símbolos	atención					ideocrasía/patía
Valores	sentido					axiocrasía/patía
Creencias	razón					aletocrasía/patía
Sanciones	censura					deontocrasía/patía

Cuadro 10. Componentes de la estructura de la personalidad

El cuadro completo tomaría 4 páginas como ésta (en el material impreso, eran 4 hojas pegadas y multiplicadas por heliografía). En cada una de las columnas de los "imperativos", como en columna de Potencialidades, tendría que constar el lado positivo y también el lado negativo (en el cuadro anterior sólo consta el lado positivo). En la última columna de la derecha, consta el nombre y los sufijos "crasía/patía" (pero tendrían que estar en dos columnas separadas).

El concepto de "imperativos" fue tomado del filósofo alemán Immanuel Kant (1724-1804). Para Kant, "imperativo es una regla de comportamiento -ética- tanto individual como universal, que debe ser seguida por todo ente racional".

Desde Moisés, Confucio, Hammurabi, Buda, Zaratustra, Aristóteles, Jesucristo, Spinoza, Kant, etc., los pensadores abordan el reto de definir el ser humano, la suposición de su libre albedrío y, su innegable tendencia a maximizarse en todo.

La intención de Müller, en Componentes de la Estructura de la Personalidad, fue abordar la misma cuestión -el comportamiento y la ética- con las herramientas de la TOH; más que eso y más que Kant, fue intención de Müller indicar ámbitos o espacios más detallados y equilibrados entre la naturaleza (filogénesis y potencialidades), la persona, los grupos, la sociedad, hasta los supuestos objetivos universales.

Aunque existiendo muchas tipologías del ser humano -la religiosa (cuerpo y alma), la china de Yang/Yin, la de los 4 temperamentos de Galeno, la de los filósofos ingleses, la de los hermanos Gall (rasgos faciales y físicos), la de Freud, la de Carl Jung, la de Abraham Maslow- Müller sólo se refería a Ernest Kretschmer (1888-1964).

Decía que "Componentes de la Estructura de la Personalidad" estaba sobrepasando la tipología física y correspondiente tipología psíquica de Kretschmer: tipo asténico o leptosómico (delgado, pequeño, débil: esquizotímico); tipo atlético (musculoso, huesos grandes: ciclotímico); tipo pícnico (gordo, chaparro: activista).

Sustituir una tipología del ser humano y su comportamiento, compuesta por tres o cuatro elementos o rasgos físicos y psíquicos, por otra de 54 (el total de las características invariantes de la TOH) es ir de lo simple a lo complejo, que es la tendencia de la evolución (en ese entonces no existía la teoría del cerebro tri-uno).

La dificultad cuestionada por los participantes de este Seminario PIC, acrecida de opiniones quejumbrosas, fue sobre el lenguaje y la caracterización de los tipos extremados y opuestos -a la Max Weber- sin gradaciones intermedias; y sobre la falta de mayor claridad o de fronteras más nítidas entre los diversos ámbitos citados en las columnas, que corresponderían a diferentes áreas científicas.

Las respuestas, conclusiones y síntesis de Müller eran eco de las hechas a los cuestionamientos del cuadro "Suficiencia Social e Individual". Y añadió:

- Todas las Ciencias Sociales y Humanas y sus especializaciones que no tengan cuadro de referencia explícito, en gráficos, deberán reformularse para superar su estado precientífico y separatista, caracterizado por un discurso disperso, filosófico y ensayístico, bajando de las correspondientes torres de marfil.

El nuevo aaahhhhh, el nuevo eureka fue que el camino para la transdisciplinariedad sería un metalenguaje, un lenguaje común a todas las Ciencias Sociales y Humanas, dado que el ser humano y sus ámbitos de acción -individual, grupal, nacional, universal- son un todo indivisible (sólo divisible teórica y didácticamente); que cada Ciencia Social y Humana tendría que traducir lo esencial de su contenido específico a un nuevo lenguaje común a todas; y que, por ahora, este metalenguaje sería la TOH... Me hizo recordar que el primer ensayo de síntesis integradora de los saberes fue hecha por Aristóteles; el siguiente fue de Tomás de Aquino; otro fue de los filósofos y proto-científicos británicos, después de la Reforma/Revolución protestante, incluyendo el alemán Kant; el intento de K. Marx y Engels, con la dialéctica; después vendrían la Sociobiología de Edward O. Wilson, y el Pensamiento Complejo de Edgar Morin. ¿Ahora sería Müller?

CUADROS DE REFERENCIA O MAPAS CONCEPTUALES

Hasta aquí fueron presentados solo los gráficos considerados esenciales, elaborados por el propio Prof. Dr. Rubbo Müller, tecleando, incansable, su máquina Remington, y multiplicados heliográficamente por su ayudante, Benicio.

La "Teoría de la Organización Humana", escaneada de la edición original (ya envejecida) y disponible gracias a Adhemar Manchester Pereira de Mello, puede ser examinada en (copiar y poner en Google): https://www.dropbox.com/sh/3bektktch0egkwj/h0PHpOvfSA/PRO-PEDEUTICA%20TOH%201958.pdf

La comunicación y presentación de ideas complejas por gráficos, cuadros de referencia o mapas conceptuales, modelos, guías y otras herramientas para las Ciencias Sociales y Humanas, fueron creación de A. R. Müller. Había aparecido, casi en la misma época, el cuadro "Pirámide de las Necesidades", de A.

Maslow, usado aún hoy día como matriz de motivación. Una de sus presentaciones es esta:

FISIOLÓGICA BÁSICA alimentación, sexo.	PREVIDENCIA. SEGDURIDAD empleo, salud, propiedad privada.	FILIACIÓN. PERTENENCIA amor, cariño, afecto.	PRECEDENCIA. RECONOCI-MIENTO éxito, respeto, confianza	AUTO-REALIZACIÓN. TRASCEN-DENCIA espontaneidad, creatividad, moralidad.
1er ORDEN	2º ORDEN	3er ORDEN	4º ORDEN	5º ORDEN
NECESIDADES FISIOLÓGICAS	NECESIDADES PSICOLÓGICAS			

Cuadro 11. Pirámide de las necesidades (Abraham H. Maslow)

En Müller, las necesidades generales y específicas de Maslow serían "Imperativos Vitales", en 54 variantes y en 6 ámbitos/imperativos progresivos, sin definir orden de prioridad, pues cada individuo y cada cultura tiene opciones diferentes.

Más tarde aparecería un cuadro similar, uno solo, de Manfredo Max-Neef (Desarrollo a Escala Humana, 1986):

Necesidades Axiológicas \ Necesidades Existenciales	SER	TENER	HACER	ESTAR
SUBSISTENCIA	salud, solidaridad, humor	alimento, abrigo trabajo	alimentar, procrear, trabajar, descansar	entorno vital y social
PROTECCIÓN				
AFECTO				
ENTENDIMIENTO				
PARTICIPACIÓN				
OCIO				
CREATIVIDAD				
IDENTIDAD				
LIBERTAD				

Cuadro 12. Matriz de necesidades y satisfactores (Max-Neef)

Comparando con la TOH, se nota que "HACER" corresponde a COMPORTAMIENTOS/CÁNONES; ESTAR corresponde a PAISAJE; SER y TENER, así como casi todos los ítems de las "Necesidades Axiológicas", corresponderían a algunos subsistemas; o sea, Max-Neef no identifica separadamente lo que son subsistemas de lo que son sus componentes operacionales o sus engranajes.

RUBBO MÜLLER Y LA FESP

Sin duda, la originalidad de Müller en crear herramientas en forma de cuadros o gráficos fue el inicio de un gran nuevo ciclo de desarrollo de las Ciencias Sociales y Humanas. Infelizmente, es poco reconocido en Brasil y más valorado en el exterior.

Entre las figuras que más marcaron la FESP, además de los fundadores Roberto Simonsen y Cyro Berlinck (este fue su abnegado director por 33 años), están dos nombres: Donald Pearson y Antônio Rubbo Müller.

Donald Pearson fue el organizador, normalizador, buscador de recursos y creador de los rumbos de investigación en temas específicos y prácticos, al estilo anglosajón.

Rubbo Müller fue el creador de metodología y herramientas innovadoras para las Ciencias Sociales y Humanas y, de la Maestría y del Doctorado interdisciplinarios, facilitados por el Seminario Panto-Iso-Crático.

Como la FESP había sido creada "para que los paulistas entiendan el Brasil", siempre hubo tensión entre ser más especialista, como quería Donald Pearson y, ser más interdisciplinar y generalista, como querían Rubbo Müller y el director, Cyro Berlinck.

En artículo de Cavalcanti (1999) aparece esta nota:

"El profesor Manoel Tosta Berlinck, exalumno de la Escuela e hijo del entonces director, sugiere la existencia de una lucha por el poder que tendría como protagonistas: de un lado, Cyro Berlinck, que defendía el punto de vista 'generalista' no profesionalizante y no corporativista. Defendía también la tesis de que la enseñanza debía ser un munus publicum, eso es, una actividad no remunerada (...). De otro lado, el Dr. Pearson defendía el punto de vista que la Escuela debería ser profesionalizante y especializada en sociología/antropología, que los profesores deberían ser remunerados de tal forma que pudieran trabajar exclusivamente en enseñanza e investigación, con dedicación integral. Desde ese punto de vista, la salida de Pearson gana efectivamente el significado de la derrota de un proyecto académico. Para el Prof. Manoel, el propio anterior alejamiento del Dr. Radcliffe-Brown de la Escuela (había sido profesor de Müller en Oxford y vino a enseñar en la FESP) puede ser atribuido al deseo de no involucrarse en esa controversia".

Siendo así, habría triunfado el proyecto de Müller, que se oponía a las especializaciones científicas autónomas, independientes, aisladas y desenraizadas de una base o matriz común/universal de los saberes. Pero eso no sucedió, porque solo Müller tenía esta orientación y solo en el Posgrado; ahí siempre estuvo aislado y hasta combatido por todos, aunque honradamente apoyado por el director, Cyro Berlinck.

De pronto, la manga del sector financiero del Posgrado, como cualquier gastador del dinero de los otros, hizo de las suyas. Hubo, entonces, una intervención del curador de la Fundación, al inicio de los años 80. Müller salió.

De ahí en adelante, el destino de su obra estaba en manos de sus muchos discípulos y usuarios de la TOH.

TESTIMONIOS DE ALGUNOS EXALUMNOS

Testimonio de Silvio Luiz Sant'Anna (São Paulo, SP)

En 1994, ingresé en la FESP para hacer una especialización en Ciencias Sociales. El Prof. Müller ya había fallecido hacía siete años, pero tuve la oportunidad de conocer su metodología del seminario Panto-Iso-Crático en la disciplina de Didáctica de la Enseñanza Superior, conducido por la Profesora Neusa Cunha. En la época, la Profesora Marly Solanowski era la directora del posgrado y fue ella quien mejor me enteró sobre Antônio Rubbo Müller y su obra. El Profesor Tomás de Aquino Toledo me ofreció copia de toda la obra de Müller, incluso el gran panel holográfico. Más tarde, a través de mi editor Martín Claret, participé en un curso de Cibernética Social ofrecido por el Prof. Waldemar De Gregori, donde reencontré a Marly Solanowski. Ahí me di cuenta de que la Cibernética Social Proporcionalista era la gran heredera de toda aquella nueva cosmovisión sistémica que tenía como fuente la metodología mülleriana.

Testimonio de María Judith Hurtado Cevallos (Quito, Ecuador)

Conocí al Profesor Dr. Antonio Rubbo Müller en Quito, en 1973, cuando Waldemar lo puso en contacto con los grupos que había entrenado en Ecuador. Me invitó a conocer y matricularme en su Escuela, que pude visitar en 1974. Del 76 al

80, apoyé a los Campus Avanzados de Colombia, Ecuador, Perú y Bolivia, por lo que se me otorgó media beca para el posgrado, que hice del 78 al 80. Algunos contenidos centrales de mi aprendizaje son:

1. **La organización de la complejidad** diseñada en el instrumento tridimensional, que Müller llamaba Elementos Basilares de la Teoría de la Organización Humana, en 14 subsistemas, dio a las Ciencias Sociales la concreción de la "globalidad" que se tenía sólo como concepto y palabra:

- Dimensión horizontal: los 4 componentes o factores operacionales.

- Dimensión vertical: los 14 subsistemas sociales.

- Dimensión de profundidad, las dinámicas: potencial, individual, grupal, societaria, universal.

Ordenar en la mente lo que aparece mezclado y confuso, para poder comprenderlo y transformarlo, en adelante,

- posibilitaría a los gobernantes y científicos sociales (a todos los prestantes) conducir todo con respeto, conociendo todas las interacciones de sus decisiones, en beneficio de todos, si lo quisieran;

- daría también a los "usuarios" la visión clara de lo que pasa, para convertirse en "prestantes del cambio de su comunidad", si lo quisieran.

La condición sería incorporar este instrumento en su propio cerebro. Ese es el aporte importante para la evolución humana hecho por Müller. Quizá ello sea la causa de mantener encerrada en el anonimato la figura y el aporte del Profesor Müller, especialmente para la educación de las nuevas generaciones, pues mientras más confusión sobre sí mismas y mayor desconocimiento de las fuerzas de la organización, serán más manipulables.

"Hago hincapié" en afirmar que yo no inventé los 14 subsistemas de la organización humana, repetía Müller; "yo los descubrí como una respuesta que todos los grupos humanos daban a sus necesidades".

2. El método educativo que se practicó en la Escuela de Posgrado era completo: ciencia y convivencia. Uno de los aportes mayores a la "convivencia" era la conciencia de quiénes estaban presentes. En el rotador del "Seminario Panto-Iso-Crático", primera página, estaba PRESENTACIÓN (todos debíamos tomar el rotador en la mano y leer: mi nombre es..., nací en... Müller sostenía que era muy importante el lugar de origen, para descubrir raíces y crear "afinidades", para visualizar desde dónde procedían los miembros del grupo y hacia dónde se irradiaría lo que estábamos aprendiendo. La identidad de sí, como parte de la precedencia, era importante para borrar prejuicios sobre lugares o personas, pues todos éramos importantes.

A propósito de la precedencia o mérito y ranking (S14, siempre tan importante para él), en la relación de prestante y usuario, Müller afirmaba: "como prestante, un aseador de calzado sabe más que yo en su oficio y merece todo mi respeto y aprecio, y me puede enseñar lo que no sé".

Lo particular de su Escuela en relación a la inclusión y el respeto, era también "el ser políglota", pues cada uno debía hablar en su propio idioma. "Los demás tenían la obligación de entenderlo" para la convivencia; eso era cultivo de la universalidad e impulso al esfuerzo mental.

3. La Ciencia y la Comunicación como instrumentos y guías para la "convivencia humana en paz" aparecían en el logo de la institución (no solo en la papelería, sino hasta en los ceniceros de cristal dispuestos en torno de la mesa a cuyo alrededor se sentaban los "mesarios" (alumnos): un libro abierto y depuesta la espada en el centro. Comentaba Müller que, de regreso a Brasil, luego de vivir los horrores de la guerra mundial (cuando él estudiaba en Oxford leía con linterna, bajo las cobijas, para que el enemigo no detectara luz alguna), su propósito existencial como investigador social era promover la ciencia y el diálogo como medios para resolver los problemas de convivencia, en lugar de la fuerza; era, también, el ideal propuesto por los fundadores de la FESP: scientia robur máxima.

4. Crear un "metalenguaje" con las raíces griegas y latinas para superar "el lenguaje cifrado de las ciencias específicas que crean una nueva Babel", es otro aspecto de la genialidad de este amado maestro: ciencia, universalidad, convivencia pacífica con base en el respeto y aprecio de todos.

"Las sábanas" (cinco o más páginas pegadas que había que desdoblar para leerlas) exigían conocimientos universales de lingüística, de filosofía. Cuando, como modalidad de aprendizaje, decía "autodidaxia", los alumnos teníamos un tiempo para leer, para ver cómo estaba organizado este rompecabezas y luego otro tiempo para exponer lo que habíamos descubierto y hacer todas las preguntas suscitadas. Este proceso era de una riqueza impresionante, lo mismo que todo el "Seminario Panto-Iso-Crático Polivalente": creación del conocimiento en forma grupal con el acompañamiento del maestro que sólo intervenía para puntualizar algo; el seminario era impresionante y permitía enriquecer al grupo con el aporte específico de las diferentes profesiones. No sólo era el conocimiento "interdisciplinario" sino "transdisciplinario"; o "multidisciplinario", como él prefería decir.

5. Aunque en su porte y sus costumbres era el **Profesor Müller un "caballero/gentleman inglés"**, tenía el disfrute y la alegría brasileña a flor de piel. Amaba y apreciaba su tierra, su gente, su folclor. Y gozaba cuando se encontraba con la sensibilidad y espontaneidad de los visitantes para apreciar lo bello de Brasil, como era el caso de la compañera mexicana Carmela Ross, con quien recorrimos todas las fases de la Maestría. Al final de un seminario donde expusieron un instrumento musical del siglo XV, del museo de Morumbí, me pidió que tocara y cantara una canción; y al ver que yo lograba acompañarme con las tres cuerdas (sobre una caja de resonancia cerrada), se alegró mucho.

Su paciencia y bondad de maestro se ponía a prueba

cuando yo dejaba el porte hierático al sentarme en las enormes sillas. Al inclinarme hacia la mesa a leer las "sábanas", escritas en letra diminuta, me decía en tono paternal: "Magíster María Judith, columna erecta".

6. El tema de estudio con el que obtuve la Maestría fue "La Mujer, Fuerza de Transformación en Indoamérica".

Desde 1982 he hecho diversos tejidos con los 14 subsistemas, para expresar la armonía de la persona y de la sociedad. El libro "Los Tejidos de la Vida", publicado en 2012, recoge las fotografías y la "cédula" (versos y breves textos que comentan el contenido) de los mismos. Creo que allí se manifiesta, también, la repercusión que tuvo en mi vida el esfuerzo educativo y científico de este gran humanista indoamericano.

Dedico esta breve memoria con enorme aprecio y cariño a este Maestro que consagró su vida a la comprensión y educación del ser humano.

NOTA: parte de la obra artística de María Judith Hurtado, creadora del Tri-Arte Nuevo, puede ser vista en (copiar y poner en Google): http://triadicmind.com;

(copiar y poner en Google):

http://mariajudithhurtado.blogspot.com/

Testimonio de Marly Solanowski (São Paulo, SP)

Era el 12 de enero de 1979. Con gran ímpetu, abrí una puerta de un viejo caserón de la calle General Jardim, en Vila Buarque. Buscaba al director de la Escuela de Posgrado de Ciencias Sociales de la Fundación Escuela de Sociología y Política de São Paulo (sin sospechar, como estudiante, que un día iba a sustituir a ese gran maestro en la dirección de dicha escuela). Ese ímpetu se debía a frustrados vaivenes de algunos días antes, en ese caserón, donde esperaba encontrar una maestría con sala de clase en los moldes tradicionales, o sea, pizarrón, filas de sillas siempre con la visión hacia adelante, escuchando el discurso de un profesor...

Encontré al director en sala de clase. Al entrar, vislumbré una mesa rectangular, grande, cubierta con un fieltro verde-bandera y con álbumes seriados verde-amarillos (rotafolios) sugiriendo un ritual desconocido para mí. En la cabecera de la mesa estaba un señor, con cerca de 70 años y, alrededor de la misma, unos 15 estudiantes. Me fue indicado un lugar para sentarme y, en seguida, fui invitada a presentarme, por nombre, lugar donde nací, carrera de grado y objetivo buscado en aquella escuela. Sin más rituales de ingreso (apenas inscripción en la Secretaría), comencé esta maestría original, después de rechazar el tradicionalismo de otras escuelas visitadas antes.

En esa sala tan diferente, sobresalía la figura del antropólogo y economista Antonio Rubbo Müller con quien disfrutaría, por cerca de ocho años, de enseñanzas, creatividad, afectividad y de la extrema elegancia con que trataba a los frecuentadores de su Seminario Inter-Multi-Transdisciplinario, denominado por él Panto-Iso-Crático. El nombre griego significaba: tiempo y poder igual para todos los participantes.

Descubrí, más tarde, que Müller había dedicado 50 años de esfuerzos y conocimientos de vanguardia por una Educación libre, abierta y plenamente ciudadana, aún inexistente en otras instituciones, no sólo en São Paulo sino en todo el Brasil.

Después de concluir el curso de Ciencias Políticas y Sociales como uno de los primeros alumnos de la recién fundada Escuela Libre de Sociología y Política de São Paulo y, al volver de Oxford con su tesis de la Teoría de la Organización Humana en 14 subsistemas (TOH), Müller se convirtió en profesor de la propia escuela. Después fue director de la Escuela de Posgrado. Él amaba esa escuela. Allá podía desarrollar sus investigaciones, métodos didácticos y presentar su Teoría de la Organización Humana en 14 subsistemas a estudiantes que recibía de todo Brasil y de América hispánica. Con la graduación y el regreso de esos maestros y doctores (hubo más de 200 tesis con su teoría y didáctica) Müller creó los campus (campi) avanzados, donde un grupo de estudiantes estudiaba y presentaba sus investigaciones con la misma metodología del Seminario Panto-Iso-Crático.

Irradiando siempre una postura pacifista, demostraba atención y dedicación por todo lo que se producía y sucedía en la FESP. La única batalla en la que se empeñó fue la defensa de la legitimidad de la FESP que había sido aprobada en 1934 por el gobierno del Estado de São Paulo y, en 1936, por decreto del presidente Getulio Vargas, antes que nacieran los actuales burócratas del Ministerio de Educación. No obstante, estos burócratas, durante la dictadura militar-paulista de 1964-1985, decididos a negar la herencia getulista (que consideraban anti-paulista) exigían un nuevo proceso de revalidación de la FESP, al cual su Director General, Dr. A. R. Müller, resistió bravamente, alegando su aprobación histórica. Cuando fui directora de la misma Escuela, usé la misma estrategia frente a las imposiciones de los perseguidores atrincherados en el Ministerio de Educación.

Pero en 1985, dieron, por fin, un golpe fatal a la FESP y a Müller. Por cuestiones económicas y, sobre todo, por intereses políticos absolutistas, la USP se negó a cubrir la parte de financiación debida a la FESP, como uno de sus institutos, y exigió la renuncia de Müller. De ahí en adelante, el posgrado, y toda la innovación didáctica que suponía, fue siendo negado hasta parar en nada más que en especialización o posgrado lato sensu. Muchos materiales didácticos de Müller fueron encontrados en la basura...

Vale recordar que la colonización española fundó una primera universidad nacional en Perú, en 1534, la de San Marcos. Mientras tanto, la colonización luso-brasileña tuvo su primera universidad, en 1934 (400 años después), que ni siquiera fue nacional, pues era del Estado/Departamento/Provincia de São Paulo, independiente del gobierno federal.

La consulta a los escritos de A. R. Müller puede hacerse por este enlace (copiar y poner en Google): https://www.dropbox.com/sh/3bektktch0egkwj/AHMIPcReep

TERCERA PARTE

DESDOBLAMIENTO DE LA OBRA DE MÜLLER EN LA CIBERNÉTICA SOCIAL PROPORCIONALISTA (CS-P)

Con mi maestría concluida y, convencido de tener entre manos algo nuevo y valioso, fui para Rio de Janeiro a trabajar en la FASE. Corría el año 1966.

La FASE -Federación de Órganos de Asistencia Social y Educacional- era una entidad organizada por un misionero norteamericano, Pbro. Edmund Leising, un gran emprendedor. Su meta era profesionalizar la administración y pastoral de las diócesis, parroquias e instituciones de la Iglesia católica. Era la época de su modernización por el Concilio Vaticano II y de su empeño en combatir el marxismo-socialismo, que proponía soluciones tentadoras para los más pobres. De ahí surgió la Teología de la Liberación y su dedicación a las comunidades eclesiales de base.

La propuesta de FASE era la organización comunitaria, entrenamiento de personal y desarrollo de proyectos sugeridos por las comunidades. Para eso estaba yo, como sociólogo, junto a un equipo para atender los diversos proyectos: ingeniero, agrónomo, abogado, cooperativista, enfermera, nutricionista, economista, trabajadora social, educadores, etc.

REFORMULACIONES OPORTUNAS

Visitando parroquias y comunidades que solicitaban los servicios de FASE, percibí que lo que tenía en manos era un tesoro académico, pero no herramientas para poblaciones en lucha por la sobrevivencia. Me propuse reformular, no tanto la matriz de la Teoría de la Organización Humana, como, principalmente, su terminología.

Llegué a un modelo que cabía en una página. Contenía palabras-clave generadoras de preguntas hechas en las asambleas comunitarias para levantar sus necesidades y decidir acciones. Los que vivían en la comunidad conocían sus problemas y hasta los tipos de proyectos adecuados. Solo que no tenían una visión ordenada del conjunto, ni la visión global de la vida, comunidad y país. Los 14 subsistemas sociales de la TOH fueron la herramienta que resolvió eso. En una asamblea de aproximadamente dos horas, se lograba una identificación mínima, pero suficiente, de la problemática, se definía el orden de prioridad y se decidía iniciar algún proyecto. Conforme a la naturaleza del proyecto, se le encaminaba al respectivo profesional de la FASE, que estaría en la próxima asamblea de la comunidad para viabilizarlo. El modelo de una página era más o menos así:

S14 MÉRITO Y STATUS	Competiciones, títulos, monumentos, salones de belleza, solemnidades, fechas conmemorativas de la comunidad, élites, humillación, difamación, rivalidades, posibilidad de subir en la vida, fama de la comunidad.
S13 JURÍDICO	Ley, moral, derechos humanos, deberes de la ciudadanía, documentación, procesos, notarías, juzgados, injusticia social, asistencia jurídica, persecución, venganza.

S12 POLÍTICO-ADMINISTRA-TIVO	Alcaldía, reparticiones públicas, planes y asistencia de las autor-idades, partidos, electores, concien-tización política, lucha por los intereses de la comunidad, opresión política, reuniones de la comun-idad, Asociación de Vecinos.
S11 SEGURIDAD	Policía, vigilantes, peleas, cárceles, fuerzas armadas, violencia, lugares peligrosos, pandillas, armas, violen-cia doméstica, inundaciones, incen-dios, sequías.
S10 RELIGIOSO	Religiones, grado de participación, templos, centros afrobrasileños, liderazgos religiosos, videntes, supersticiones, pastoral obrera, comunidades de base, cooperación entre religiones.
S09 PRODUCCIÓN	Trabajo, agricultura, huertas, cult-ivos, jardines, empresas, oficinas, costureras, artistas, industrias, ar-tesanía, construcciones, energía, contaminación.
S08 PATRIMONIAL	Empleo, desempleo, trabajo infor-mal, salarios, renta, propiedades, préstamos, bancos, capacitación profesional, explotación, pobreza, donaciones, robo, costo de vida, opresión económica.
S07 EDUCACIÓN	Escuelas, tasas escolares, bibliote-cas, centros de formación, profe-sores, niños sin escuela, analfab-etos, currículo escolar dentro o

	fuera de la realidad, Capacitación para el trabajo, movimientos juveniles, educación comunitaria, uso de la escuela por la comunidad, Asociación de Padres y Maestros. Escuela de padres. Concejo Comunitario de la Escuela, Ministerio de Educación.
S06 COMUNI-CACIÓN Y TRANSPORTE	Lenguas habladas, acentos; TV, radio, periódicos, teléfonos, correo, buses, taxis, ambulancia; calles, carreteras, puentes, distancias, iluminación, señalización.
S05 RECREACIÓN	Locales de diversión, deportes, tiempo libre, cine, vacaciones, sufrimiento, tristezas, fiestas populares, clubes, sociedades, escuela de baile, grupos folclóricos, vicio del juego.
S04 LEALTAD	Amistades, noviazgos, odios. Sindicatos, cooperativas, asociaciones, mingas, faenas, campañas, interés grupal, comunitario, enemigos de la comunidad. Vecindario.
S03 MANUTEN-CIÓN	Alimentación, agua, hambre, vestuario, corte y costura, calzados, mercados, bares, comercio, limosneros, obras sociales, ferias, tráfico de drogas, alcoholismo, merienda escolar. Venta de productos caseros, niños vendiendo o tomando limosna en las esquinas.
S02	Enfermedades, puesto de salud

SALUD	pública, hospital, alcantarillado, limpieza, colecta de basura, mortalidad, medicinas, farmacias, servicio dentario, medicina natural, curanderos, cementerios.
S01 FAMILIA	Viviendas, terrenos, alquiler, calles, villas, periferia, centro. Educación de la mujer y del hombre, situación de la mujer y de las familias, divorcio, separaciones, menores y mayores abandonados, preparación para el matrimonio, hijos por familia, club de madres.

Cuadro 13. Vida y problemas de la comunidad en 14 subsistemas o sectores sociales

Nótese que se hicieron algunos cambios en la nomenclatura de los 14 subsistemas; y que el contenido típico de cada uno de ellos fue adaptado para la realidad de las periferias urbanas y favelas. Poco a poco, los comunitarios aprendieron a usar los 14 subsistemas para examinar sus vidas, sus viviendas, el currículo de la escuela y lo que la alcaldía hacía o dejaba de hacer. Adquirieron organización mental. Aprendieron a ver mejor la realidad por detrás de las apariencias de caos.

A la hora de examinar la viabilidad de un proyecto de alguno de los subsistemas es preciso ver los detalles. Eso se consiguió reorganizando el referencial que Müller llamaba de "componentes de los subsistemas". Fueron denominados "Los 4 Factores Operacionales" de cada subsistema. Lo que era "paisaje" pasó a llamarse espacio; lo que era "diacronismo" pasó a llamarse cronología; lo que era "personajes prestantes y fruitivos" pasó a llamarse personajes prestantes y usuarios; lo que era "comportamientos y cánones" pasó a llamarse procedimientos. Los 4 Factores Operacionales, en conexión con los 14 subsistemas, permiten esta presentación de doble entrada. Sin duda, un invento genial e inédito en Ciencias Sociales y Humanas:

ESPACIO - dónde	S01-PARENTESCO	S02-SALUD	S03-MANUTENCIÓN	S04-LEALTAD	S05-RECREACIÓN	S06-COMUNIC/TRANSP	S07-EDUCACIÓN	S08-PATRIMONIAL	S09-PRODUCCIÓN	S10-RELIGIOSO	S11-SEGURIDAD	S12-POLIT/ADMINISTR	S13-JURÍDICO	S14-MÉRITO Y STATUS
CRONOLOGÍA-cuándo														
PERSONAJES - quién con quién, contra quién														
PROCEDIMIENTOS qué, cómo, por qué, para qué, con qué														

Cuadro 14. Los 4 factores operacionales: estructura/engranaje de cada subsistema

En el comienzo, se preguntaba "espacio-dónde" se realizará el proyecto, área abarcada, instalaciones y equipos necesarios; en seguida, "cronología-cuándo" comenzaría, cuánto tiempo llevaría y cuándo terminaría, en qué días y horarios se haría el trabajo; después, "personajes-prestantes" quiénes y cuántos serían como dirigentes, técnicos, supervisores, colaboradores y, en "personajes-usuarios", quiénes y cuántos serían beneficiados con tal proyecto; por fin, se preguntaba cuáles "procedimientos y acciones" había que ejecutar, con qué tecnología, con qué recursos, con qué dificultades a superar y con cuáles resultados esperados.

Se usaba la palabra técnica "espacio, cronología" etc. con su contenido desdoblado en las palabras populares -dónde, cuándo, etc.- hasta que se habituaran al uso de los conceptos técnicos. Esos son un "paquete" de significados que, en conexión con cada subsistema, se desdobla para construir cualquier tipo de cuestionario de investigación. Es un banco de preguntas que puede ser un banco de datos. Con suficiente segmentación, es una herramienta básica adaptable a cada una de las Ciencias Sociales y Humanas. De ahí salieron los cuestionarios hasta hoy día usados para investigación participativa, tan conocidos como "investigación-acción" (tendría que ser ciclo de investigación-creación-acción).

Un ejemplo de segmentación de los operacionales puede ser este:

1. **ESPACIO:** Región, terreno, instalaciones. Longitud, latitud, altitud (suelo, clima, humedad, topografía, distancias, acceso). Materia prima. Equipo/herramientas. Inmovilizado. Existencias.

2. **CRONOLOGÍA:** Histórico evolutivo, ritmo, ciclos, estaciones. Calendario civil, religioso, económico (ferias, exposiciones). Horarios, intensidad. Visión de futuro. Plazos de planeación.

3. **PERSONAJES Prestantes:** División de trabajo, organigrama. Supervisión y control. Interacciones. Jerarquías, clases, conflictos.
   PERSONAJES Usuarios: clientes, segmentos sociales. Subordinación, ajustamiento, conformidad, rebeldía. Movilidad social.

4. **PROCEDIMIENTOS:**
   4.1. AGENDAS: QUÉ, ramos de actividades (flujogramas/*design*)
   4.2. SÍMBOLOS: A TRAVÉS de qué marca, slogans, informativos.
   4.3. KNOW-HOW: CÓMO, tecnología, métodos, rutinas, innovación.
   4.4. PRINCIPIOS: POR QUÉ, para qué hacer, misión, motivación.
   4.5. VALORES: CUÁLES recursos intelectuales/financieros/emocionales
   4.6. RESULTADOS: MEDICIÓN de outputs. Reparto/Reinversión.

Columnas de segmentación:

- S01 - FAMILIAS COMUNIDADES CONSTRUCTORAS
- S02 - SALUD, HEALING EMERGENCIAS
- S03 - MANUTENCIÓN GASTRONOMÍA COMERCIO
- S04 - LEALTAD, COOPERATIVAS, ASOCIACIONES
- S05 - RECREACIÓN DEPORTES NOCHE ARTES
- S06 - VÍAS COMUNICACIONES TRANSPORTES
- S07 - EDUCACIÓN UNIVERSIDADES ACADEMIAS
- S08 - PATRIMONIO BANCOS CAMBIO INVERSIÓN
- S09 - PRODUCCIÓN MANUFACTURAS EXPOSICIONES
- S10 - RELIGIOSO DENOMINACIONES DEVOCIONES
- S11 - SEGURIDAD, DEFENSA CÁRCELES
- S12 - POLÍTICO-ADMIN, GOBIERNO EMBAJADAS
- S13 - JURÍDICO TRIBUNALES DERECHO FÓRUM
- S14 - MÉRITO MUSEOS HOMENAJES BELLEZA

Cuadro 15. LOS 4 FACTORES OPERACIONALES segmentados

Por aquí se descubre cómo entrelazar los conceptos sueltos de las diversas ciencias sociales: ambiente, historia, personalidad, roles sociales, clases, rebeldía, oferta-demanda, tecnología, métodos, valores, economía, religión, política, etc. y las correspondientes ciencias/teorías. Esta es la matriz de cualquier cuestionario en dos dimensiones – horizontal y vertical (adelante veremos la tercera dimensión).

Después, por el deseo de formar liderazgos y mejorar las reuniones, comencé a investigar la dinámica de grupos. Tomé los cursos del Prof. Lauro de Oliveira Lima. Él solo tenía técnicas de trabajo en grupo, siempre bajo el comando de un solo líder. En los seminarios del Prof. Müller, había distribución del poder (cada etapa del seminario PIC tenía un líder diferente que recibía la banderita como "investidura" en el liderazgo) que yo interpretaba como "democracia en el salón de clases".

Me puse a extraer del Seminario Panto-Iso-Crático lo que me sirviera para las reuniones en las comunidades. El presidente de la sesión fue denominado "Animador"; y el maestro de ceremonias fue llamado "Recepcionista". Para los plazos de cada etapa de la reunión, en lugar del cronómetro-despertador, fue creado un "Cronometrista". Y el secretario tuvo sus funciones redefinidas: un Secretario conclusor al final de las exposiciones; y un Secretario propositor para las decisiones. Llamé a eso "Dinámica de Grupo Explícita", porque tenía liderazgos repartidos y conocidos, con plazos concretos, con temas votados por todos, etc. Las técnicas de reunión sin esta transparencia se siguieron llamando "Dinámica de Grupo Implícita".

Con el referencial de los 14 subsistemas y con esta dinámica de grupo "explícita", comencé lo que vino a llamarse "Movimiento de Creatividad Comunitaria" con un resumido manual titulado "Cartilla de Entreayuda". Mis primeros y más próximos colaboradores fueron la trabajadora social Olga Borelli y el sociólogo Bismarck Frota Xerez. Nació en nosotros tres la conciencia de estar construyendo algo nuevo.

FASE tenía oficinas en diversas capitales de Brasil. Allá me enviaba el director a organizar y entrenar sus equipos con la metodología del Movimiento de Creatividad Comunitaria. En São Paulo, un joven Obispo auxiliar católico de la región este, nos invitó para apoyar su plan de pastoral. Era Don Paulo Evaristo Arns. Terminado el entrenamiento del equipo, nos pusimos a pensar en un plan pastoral por los 14 subsistemas.

Ya había un plan nacional de la CNBB -Conferencia Nacional de los Obispos del Brasil- con pastoral de la familia (S01), pastoral de la salud (S02), pastoral de la Caritas (S03), etc. Faltaba una pastoral obrera que era urgente crear. Alguien recordó que había un joven operario metalúrgico que podría encabezar la tal pastoral y alguien fue encargado de convocarlo. Era Luiz Inácio Lula da Silva.

El año de 1968 fue el año de protestas mundiales de la juventud. La dictadura militar atacó con el Acto Institucional 5 - AI5- endureciendo la represión a los "comunistas", o sea, a todos los que cuestionaran o desafiaran los privilegios del (súper) libre mercado de las élites nacionales e internacionales depredadoras. La dictadura militar fue convocada por los Estados Unidos, con apoyo de las élites del Triángulo de las Bermudas brasileño, para detener el avance del "comunismo", cuando de lo que se trataba era de unas reformas que procuraran el desarrollo para todos. Más tarde, muchos de los militares involucrados se arrepintieron por haber sido usados en su espíritu nacionalista, por el imperio judeo-anglo-estadounidense.

Entendí, entonces, que la lucha por cambio social estaba derrotada. No sólo el marxismo como método intelectual estaba derrotado y sus líderes exiliados, sino también los ideales cristianos y de humanidad. Mi sospecha de que el socialismo cristiano estaba políticamente derrotado se hizo convicción, con el exilio de Paulo Freire. Sin dialéctica y sin Paulo Freire, me di cuenta de que los 14 subsistemas sociales eran solo una teoría de clasificación. Las interpretaciones que yo hacía de los fenómenos sociales venían del uso implícito de la dialéctica o de mis restos filosóficos cristianos (más adelante, identificaría eso como "paradigma"). ¡Qué vacío!

AVANCES EN LA TEORÍA DE SISTEMAS

Decidí que había que construir una teoría no solo descontaminada del lenguaje y de la propuesta socialista, sino también superadora de los capitalistas capaces de tantas monstruosidades. Me dediqué, entonces, a buscar cómo fundamentar mejor y desarrollar lo que faltaba a la TOH y al Movimiento de Creatividad Comunitaria. Entré de cabeza en el recién-llegado libro de Norbert Wiener -Cibernética y Sociedad- el uso humano de seres humanos (1968).

Ahí me encontré con el concepto general (no solo social) de sistema, sus características y, principalmente, su dispositivo de feedback -autocontrol, auto-regulación, auto-direccionamiento-, que es el principal sentido del concepto de "cibernética", principalmente entre humanos, grupos y sociedades. Wiener me remitió a Bertalanffy y su TGS -Teoría General de los Sistemas-, tardíamente publicada en Brasil (1973).

En síntesis, un sistema es un conjunto de partes de la matergía en flujo evolutivo-transformativo permanente, en el que se distinguen tres momentos: input-insumos o feedforward; procesamiento-transformación-metabolismo; output-producto del cual brota la reversión del flujo -el feedback o acción retrocircular- para autocontrol y auto-regulación. Esta es una ley de la naturaleza y de todos los campos del saber y de la vida.

Cuadro 16. Sistema en flujo y reflujo o feedback

Vamos a un resumen inicial de la teoría sistémica (la parte referente a la Trialéctica o paradigma tri-uno será tratada más adelante), clasificando el contenido por el referencial de los 4 factores operacionales:

1. ESPACIO - ambiente fisicoquímico-ecológico-cósmico tridimensional

La matergía (materia+energía interconvertibles, según la fórmula de Albert Einstein) forma los entes o sistemas por un molde tri-uno o tri-membrado (tres elementos vibratorios-fractales, en porcentajes y cargas diferentes que forman uno; siendo cada cual, siempre solo uno de tres) los cuales se interconectan por inputs-transformación-outputs en permanente flujo transformativo trenzado, en un espacio-velocidad curvo y relativo, en un impulso de expansión holográfica, polarizado por la minimocracia-maximocracia o entropía-neguentropía (estrategia mini-max). Los sistemas forman una única red universal, vertical (jerarquizada), horizontal,transversal, cuántica, biológica, mental, grupal, societaria, dentro del planeta, organizado como jaula tridimensional multinivelada. Se dice, también, ecosistema planetario.

2. CRONOLOGÍA - tiempo o movimiento evolutivo-recapitulativo de la red ecosistémica, por ciclos más deterministas y lentos en los sistemas físicos y en ciclos cada vez menos deterministas y menos lentos en los sistemas vegetales, animales, humanos en su infancia, madurez, vejez, muerte o transformación: eras, milenios, siglos, lustros, años, meses, días, instantes.

El sistema planeta o la red ecosistémica tridimensional de la que nosotros y todos los sistemas somos parte está siempre en movimiento ondulatorio por ciclos con ascensión-auge-descenso -regulares en el auge e irregulares/caóticos en fase de ascensión y descenso- en escalas recurrentes, fractales o helicoidales, con resultados probabilísticos o poco previsibles. Todo son eras, edades, ciclos, etapas de un gran e infinito flujograma universal de la matergía que no hace más que mudar, mudar y mudar, sin que exista un "adónde llegar".

3. PERSONAJES (Actores, Agentes, Jugadores, Sujetos, Prestusuarios (prestantes+usuarios), Fuerzas propulsoras/competitivas, Jerarquías)

Los agentes, las fuerzas, los sujetos de cualquier acción/ juego son sistemas o conjuntos de tres, interactuando entre sí o con otros sistemas o conjuntos de tres. Obedeciendo a la lógica sistémico-sintáctica son: 1) sujetos-inputs; 2) que practican una acción transformativa (predicado, verbo transitivo); 3) que resulta en un output (objeto). Los sujetos de la acción son prestantes (lado de la oferta); y los que buscan el resultado de la acción son usuarios (lado de la demanda o procura), mecanismo por el cual se da la interacción-interdependencia y se forman las jerarquías/niveles y clases.

4. PROCEDIMIENTOS ("reglamento" pre-humano y, posteriormente, humano tricerebral, de la red ecosistémica alimentar-procreativa formando culturas

Los sistemas y sus partes se mueven en búsqueda y acumulación de satisfactores (bienes y servicios) para atender sus necesidades clasificadas por los 14 subsistemas, obedeciendo a un mecanismo de autocontrol reverso que Wiener denominó "feedback". Aquí entran los procedimientos o conjunto de reglas, límites y medidas dadas por la naturaleza y su feedback automático, más las dadas por la moral, la ética y las leyes creadas por la cultura humana, en este caso, con feedback voluntario. Los humanos tratan siempre de desconocer y forzar todos los límites o ir más allá de lo posible, apropiado y normal (más adelante trataremos de este tema bajo el título de PROPORCIONALISMO).

Eso es lo que hay que recordar cuando se diga "paradigma sistémico". Vea más en (copiar y poner en Google):

https://play.google.com/books/reader? id=eUdGJAAAAEAJ&pg=GBS.PA0

La teoría de sistemas, desde Ludwig von Bertalanffy (1973), venía siendo una gran promesa para todos los campos científicos. Pero tenía un nudo gordiano llamado "caja negra": no se sabía lo que podría ocurrir en el dominio interno de cada sistema. La psicología skinneriana, la fenomenología y el método científico en general alegaban que sólo se podría conocer y controlar lo que era de dominio externo, o sea, los inputs/estímulos (variable independiente, causante, determinante) y los outputs/consecuencias (variable dependiente, causada, determinada).

La asociación de esas dos herramientas -los 14 subsistemas sociales de A. R. Müller y la teoría de sistemas de Bertalanffy/Wiener- daba una solución a eso: todo lo cultural está constituido por sistemas que pueden ser descritos por la teoría de los 14 subsistemas sociales. Entonces sería preciso reformular la nomenclatura: todos los "sistemas sociales" se componen de 14 "subsistemas". Y quedaríamos así:

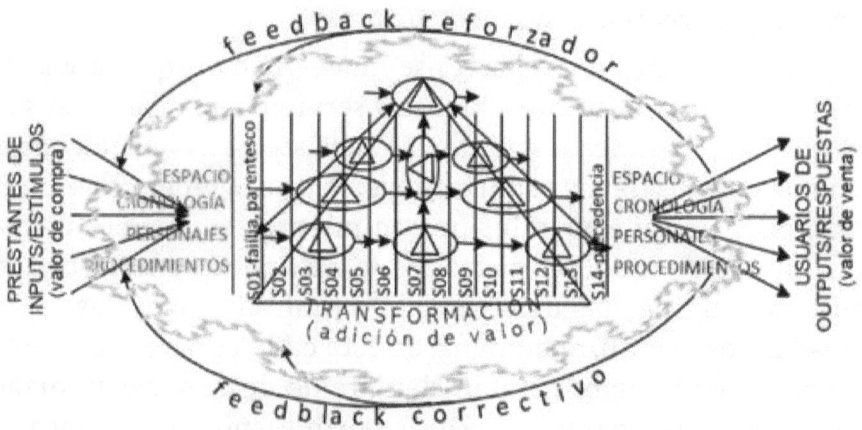

Cuadro 17. Un sistema con 14 subsistemas y cada uno cruzado con los demás

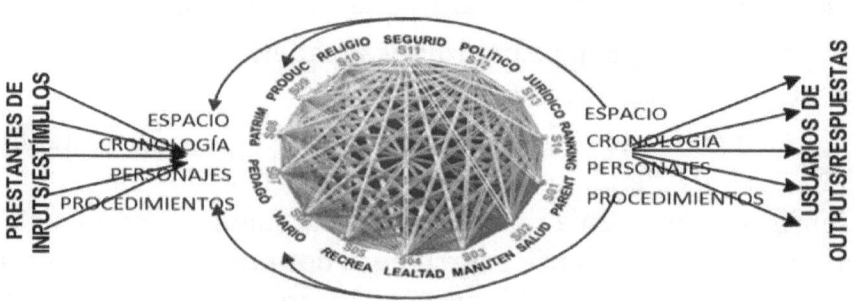

SISTEMAS TOTO-TOTALES Y TOTO-PARCIALES
¿¡QUÉ ES ESO!?

Después de encaminar la solución para la "caja negra" (el proceso metabólico al interior de los sistemas), otra crítica a la teoría sistémica era su ambigüedad y, por tanto, poca eficiencia. ¿Cómo delimitar o circunscribir un sistema, si todo es sistema? La crítica era válida cuando se usaba solo la teoría sistémica Bertalanffy/Wiener. Asociándola a la teoría de A. R. Müller, queda así resuelta la cuestión:

La figura de la izquierda del cuadro 18 siguiente representa un sistema "toto-total". ¿Qué es eso? Se da cuando consideramos un sistema -una persona, familia, empresa, institución, comunidad, un país, etc.- en sus 14 subsistemas.

La figura del centro representa un sistema "toto-parcial". ¿Qué es eso? Es la representación que se da cuando, después de estudiar un sistema inicial cualquiera, en sus 14 subsistemas, tomamos uno solo de los 14 subsistemas como eje-foco y lo cruzamos con los demás 13 subsistemas. Después, por el mismo procedimiento, se llega a más especializaciones, como en el cuadro de la derecha. Se puede ilustrar esta importantísima distinción -toto-total y toto-parcial-parcial- así:

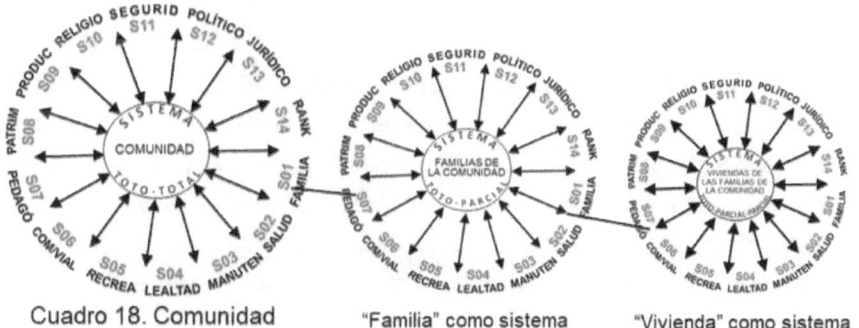

Cuadro 18. Comunidad como sistema toto-total

"Familia" como sistema toto-parcial de la comunidad

"Vivienda" como sistema toto-parcial-parcial de la familia

Se puede notar cómo la estructura hologramática (el mismo formato con los mismos componentes) se reitera o es recurrente en la transición de un sistema y su rueda-viva toto-total a un sistema toto-parcial y toto-parcial-parcial, etc.

Esta es la fórmula también para la interdisciplinariedad o interdisciplinarización de cualquiera de las Ciencias Sociales: primero, ella será localizada en su subsistema-eje y operacionalizada; segundo, ella es desdoblada o aplicada en los demás 13 subsistemas, como abordaje toto-total, eso es, mostrar su influencia en cada una de las demás Ciencias Sociales y cómo es influenciada por ellas, que se representa en la rueda-viva de la izquierda, en el cuadro 19; tercero, se podrá continuar el mismo procedimiento para detallar más o reticular cada uno de los cruzamientos, por el proceso de nueva rueda-viva toto-parcial, etc.

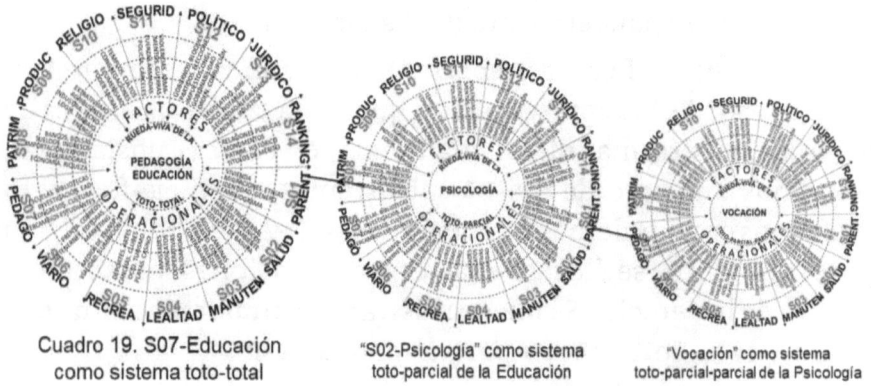

Cuadro 19. S07-Educación como sistema toto-total

"S02-Psicología" como sistema toto-parcial de la Educación

"Vocación" como sistema toto-parcial-parcial de la Psicología

CONCLUSIÓN: cada una de las Ciencias Sociales específicas puede ser tomada como un sistema toto-total, cuya estructura interna son los 14 subsistemas con sus 4 factores operacionales, lo que se puede representar por la rueda-viva de la izquierda; y la interdisciplinarización o la conexión de cada una de ellas con todas las demás se representa por ruedas-vivas toto-parciales como la rueda-viva del centro y de la derecha, en la ilustración anterior.

Este avance salva a las Ciencias Sociales del aislamiento y fragmentación que las tornan tan débiles y de tan poca utilidad práctica, debilidad esta que ellas intentan superar multiplicando acrobacias verbales, giros lingüísticos y sofisticaciones estilísticas (cantinflismo). Y puede también frenar la fiebre cartesiana de ir creando siempre nuevas ramas de Ciencias Sociales, volviéndolas cada vez más digresivas y menos convergentes; la nueva configuración por los 14 subsistemas restablece la visión de un todo orgánico e integrado de las Ciencias Sociales y Humanas. Es una combinación de lo que es generalista y de lo que es especialista, una articulación que es posible con esas herramientas y siempre imposible con la mera multiplicación verbal e inflación lingüística.

La teoría sistémica asociada a los 14 subsistemas, además de dar a las Ciencias Sociales y Humanas un lenguaje compartido y herramientas para su mayor aplicabilidad y eficiencia, establece algunas leyes y regularidades para lidiar con la realidad humana, como ejemplificamos anteriormente, en el resumen hecho por los 4 factores operacionales (tema que se retomará más adelante).

LAS COMUNIDADES DE BASE

Los efectos del AI-5 (Acto Institucional-5) de la dictadura militar brasileña y la interferencia cada vez más ostensiva del imperio norteamericano penetraron también en FASE, en 1968-69. Apareció una nueva directiva exclusivamente con nombres de ejecutivos de empresas norteamericanas, con sede en Rio de Janeiro, que eran amigos del director de FASE, Pbro. Edmund Leising. Esto provocó malestar en el equipo de técnicos de la institución. Yo encabecé una resistencia interna, que culminó con mi exclusión de la FASE, en 1969.

Los entusiastas de la renovación de la Iglesia católica de la Conferencia Nacional de Obispos de Brasil, en Santa Catarina, me invitaron para compartir mi método en la organización de las CEBs -Comunidades Eclesiales de Base. Este era un movimiento surgido en una conferencia de la CELAM (Conferencia Episcopal Latinoamericana) en Medellín, Colombia. Tenía, como recuadro teórico-ideológico, las nuevas ideas de apertura del Concilio Vaticano II, en asociación con el método de análisis (no de práctica) social del marxismo, que vino a llamarse Teología o cristianismo de la Liberación (el marxismo ateo fue cristianizado).

Acepté y, en 1970, empecé a capacitar el equipo de la diócesis de Joinville, de donde partió la invitación por iniciativa de su innovador obispo, D. Gregório Warmeling. La capacitación para formar multiplicadores consistía: A) en aprender la teoría de sistemas con sus 14 subsistemas para analizar y planificar la diócesis, las parroquias y sus escuelas católicas; B) en aprender Dinámica de Grupo Explícita para liderar reuniones y asambleas populares con liderazgos de las comunidades.

Para este nuevo ciclo, que era más de formación que de ejecución, decidí pasar del nombre de Movimiento de Creatividad Comunitaria al de Cibernética (auto e inter-gobierno) Social, con obvia influencia de la obra de Norbert Wiener. Eso significaba también continuar con la construcción de la nueva propuesta de Ciencias Sociales aplicadas que venía del Movimiento de Creatividad Comunitaria.

La preocupación de entonces era el método de investigación-acción. Para la planificación había los 4 factores operacionales, a los cuales se adicionó el diagrama o flujograma divulgado por la US Navy, que se llamaba "red PERT" (Program Evaluation Review Techniques): secuencia de pasos para llegar a un objetivo final. Para la investigación, había la secuencia usada en los Seminarios PIC del Prof. Müller, que no era más que la ruta de cualquier metodología de investigación académica: tema-objetivo-hipótesis, colecta de datos, procesamiento, diagnóstico/conclusiones. Estaban de moda la futurización, la creatividad y el pensamiento lateral/divergente de Edward de Bono (1967). ¿Pero dónde encajar todo eso, cómo integrar cosas tan diferentes?

CEREBRO Y DESARROLLO HUMANO EN
LAS COMUNIDADES DE BASE

En mis búsquedas, di con la teoría del cerebro dividido o de los dos hemisferios cerebrales de Roger W. Sperry (1969). Y descubrí la fuente de la propuesta del pensamiento lateral de Edward De Bono:

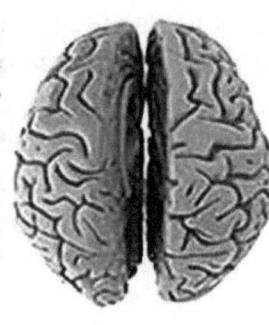

IZQUIERDO-LÓGICO	DERECHO-CREATIVO
Verbal-numérico	Pre-verbal
Analítico-lógico	Intuitivo-sintético
Descompositor	Reintegrador-holístico
Racional, abstracto	Emocional, sensorial
Cronológico	Espacial, artístico
Alerta, vigilante	Espontáneo, relajado
Descriptor de unidades	Relacionador
Crítico, investigador	Afectivo, amoroso
Visual, lineal	Sonoro, no lineal
Discreto, delimitado.	Continuo, analógico

Cuadro 20. Cerebro dividido en 2 hemisferios con las funciones predominantes en cada uno de ellos

De ahí en adelante, pasé a hablar de pensamiento lógico y creativo para llegar a la acción, en lugar de apenas "investigación-acción" (no había aún intuido la integración de todo eso en un único proceso -el Ciclo Cibernético de Transformación (ver adelante)- porque yo mismo "estaba en construcción" y no solo la teoría de Cibernética Social).

Los movimientos sociales, tanto capitalistas como socialistas, solo se ocupan de política (Dinámica de Grupo) y economía (Dinámica Prestusuaria). Pero el contexto religioso en que se difundía la Cibernética Social como método de trabajo pastoral-educativo se preocupaba, también, por el desarrollo/mejoramiento personal. Por mi historial religioso, yo conocía sus métodos de ascesis para mejoría espiritual, cultivo de virtudes, plegarias, meditación, todo sin recurrir a la Psicología. Como yo había pasado por psicoterapia en 1967-68, comencé a investigar y desarrollar lo que vino a llamarse "Dinámica Individual".

El punto de partida fue el estudio del desarrollo mental ambientado en las relaciones familiares, por S. Freud, en asociación con el sociograma familiar desarrollado por Jacobo L. Moreno para el psicodrama. Después, fueron llamados a contribuir, Eric Fromm, Piaget, Lauro de O. Lima, el zen-budismo y otros.

El esbozo general del desarrollo humano o "Dinámica Individual" fue resumido en un cuadro con ciclos de psicología diferencial, llamados edades-trampolín (su desarrollo posterior se verá en la Parte Final, pag.161 Flujograma de la Dinámica Individual):

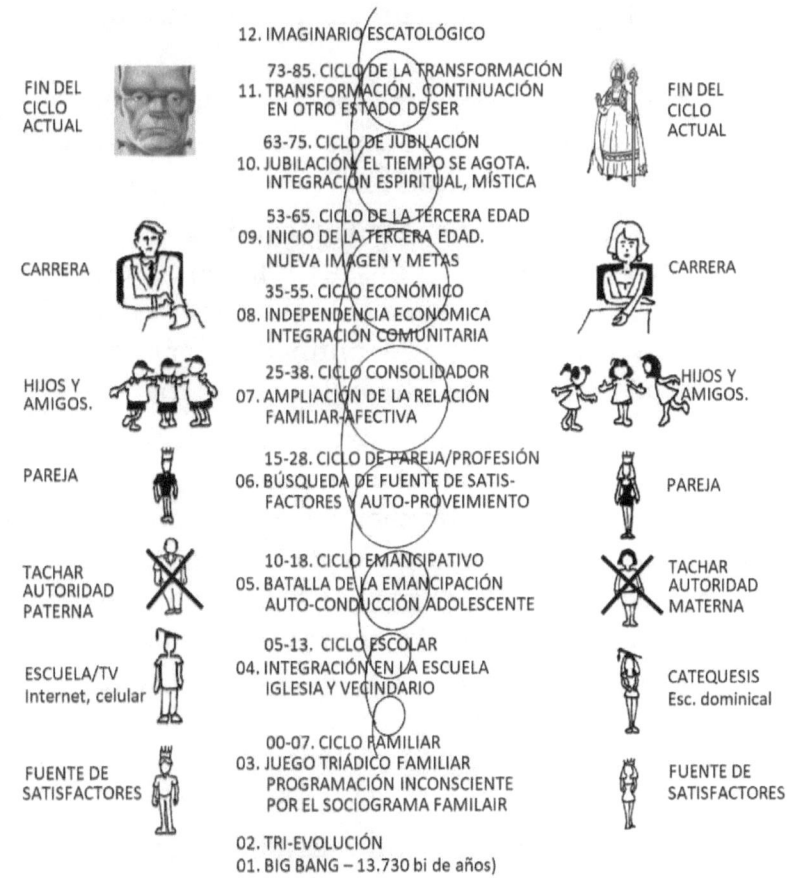

Cuadro 21. Flujograma (inicial) de la Dinámica Individual

LAS ESFERAS DE EXPANSIÓN DE LA VIDA
O FLUJO DE LOS SISTEMAS DINÁMICOS
(TEORÍA DEL CAOS)

Como ya se venía hablando en Dinámica Social (comunidades de base, desarrollo); en Dinámica de Grupo (técnicas de reunión, liderazgo, poder político); y, ahora, en Dinámica Individual (autoconocimiento, desarrollo personal), como campos o esferas de flujo o evolución dinámica de los sistemas, fue preciso buscar y definir otras posibles escalas/esferas/dinámicas de aplicación. "Esferas dinámicas" se referían a diferentes ámbitos de expansión del dinamismo, flujo y aplicación de los sistemas y de la vida en general. Por abreviación, se pasó a decir sólo "dinámicas".

A. R. Müller ya había abordado el mismo tema en "Componentes de la Estructura de la Personalidad", denominando cada ámbito de vida como "imperativos".

La ecología con sus preocupaciones ambientalistas definió, como la primera dinámica a tomar en cuenta, la esfera de la naturaleza con sus flujos y ciclos que nos brindan la infraestructura vital. Fue asumida y denominada "dinámica de potencialidades" (posteriormente "dinámica ambiental").

La epistemología (de los norteamericanos) o la filosofía de la ciencia (su correspondiente francés con el estructuralismo), la gramática transformacional de Noam Chomsky, el cuestionamiento de los paradigmas por Thomas Kuhn (1970), la semiótica y la teoría de la complejidad denunciaban la ideologización de las ciencias y reivindicaban la reformulación de sus teorías y sistematizaciones. Todo este debate sobre abstracción, paradigmas, teorización, etc., o sobre el lenguaje de la cultura y sus símbolos convergió en "dinámica de la simbolosfera" tetranivelada.

Un exceso de preocupación y estudios sobre futurología, viajes espaciales y guerra atómica sugirió una nueva esfera -

dinámica futuro-universal- que ha sido preocupación de los religiosos desde hace milenios, en forma de escatologías o Apocalipsis (fin del mundo, destino de cada uno en la postmuerte, juicio final).

Ahora, ya contamos con herramientas en tres dimensiones para lidiar con la masa de informaciones y fenómenos de la realidad: los 14 subsistemas de cualquier sistema; los 4 factores operacionales de cada uno de los 14 subsistemas; y las esferas "dinámicas" que indican áreas de vida o acción donde se aplican los 14 subsistemas con sus operacionales. En modelo gráfico:

Cuadro 22. Modelo tridimensional de organización de cualquier sistema

Decimos "tridimensional" porque los 4 factores operacionales están en la horizontal; los 14 subsistemas están en la vertical; y las esferas dinámicas de expansión de vida/acción están "en la transversal" o en la profundidad.

MATRICES MENTALES:
PARADIGMAS

Con estas herramientas y esta metodología, seguía yo capacitando formadores en Cibernética Social, en Brasil y otros países de América Latina. Por todas partes, había un creciente debate ideológico entre cristianos conservadores, cristianos de la Teología de la Liberación, marxistas, Escuela Superior de Guerra, seguidores de las filosofías orientales, ambientalistas y activistas en general. Y yo me preguntaba:

- ¿Por qué tanta dispersión de ideas y por qué todos me combaten?

- Era por la cosmovisión, cosmovidencia, mundividencia, Weltanshauung y sus principios básicos que Thomas Kuhn (1969) llamó "paradigma".

Este era el concepto, la clave detrás de todo el enfrentamiento ideológico. Un paradigma es un programa o una matriz mental, un sistema operacional del cerebro: un modo de percibir, explicar y operar la realidad. Entendí que cada grupo tenía un paradigma que orientaba su pensamiento, sus creencias, su lenguaje y sus acciones. En resumen, al producto de un paradigma se le llama "ideología". No es sólo la izquierda política que tiene ideología; la derecha tiene la suya, el centro destila la suya; la clase alta forja la suya, la clase baja se contenta con algunos fragmentos o eslóganes, etc.

Se pueden clasificar los paradigmas en: generalistas o teorías generales; paradigmas de porte medio y paradigmas específicos de cada profesión o especialidad. El grupo religioso tenía el paradigma generalista aristotélico-tomista-sacral occidental (Biblia, Dios, creación, Jesucristo y derivaciones), luchando para revalidar el cristianismo; o alguna filosofía/paradigma oriental como el zen-budismo, la meditación como un refugio de la estresante realidad. El grupo de la Escuela Superior de Guerra, que era el perro guardián del capitalismo y evolucionismo, tenía, como paradigma generalista, la doctrina de

Adam Smith y Charles Darwin (libre mercado con sobrevivencia más fácil para los más fuertes), luchando contra un comunismo fantasma, que tenía al marxismo como su paradigma generalista. Estaban, también, los ambientalistas, románticos defensores de la ecología, de paradigma sistémico indefinido, que no incluía a los seres humanos y la mutua depredación o canibalismo entre clases sociales.

Los del paradigma sacral-místico me combatían porque yo no era suficiente o exclusivamente religioso; los del paradigma capitalista me acusaban de comunista; los del paradigma marxista me acusaban de capitalista... ¡Yo no encajaba!

Eso consolidó mi convicción de que tenía y hacía algo diferente. Decidí inscribirme en el doctorado del Prof. Dr. Müller en la FESP, para trabajar el tema de los paradigmas e ideologías, dividiendo el tiempo entre viajes, cursos y estudio.

La pregunta de investigación era: ¿Qué fuerza es esa que crea tantas divisiones y corrientes, tantos grupos, partidos, bloques con tanta pelea entre ellos?

En los cursos, había empezado a usar la técnica de sociometría de J. L. Moreno (1972). Había algo ahí que me sorprendía cada vez más. Parecía haber un estándar/patrón que se repetía. Cuando yo conocía mejor a los miembros del grupo, el resultado coincidía con mis previsiones: dos líderes mayoritarios aparecerían como polos rivales, con un tercero minoritario como punto intermedio (otros aparecían, más dispersos y sin mayor significancia). Comencé a levantar hipótesis sobre una "ley del tres". Busqué, primero, su presencia en las esferas dinámicas,

En la dinámica potencial-ambiental: En ecología, existe un conjunto de tres entre el depredador, su rival y la presa. Pero el átomo era la estridente "base tres" de todo y se comenzaba a discutir sobre las partículas elementales que compondrían cada parte del átomo (después llamadas "triplets/trillizas, por Gell-Mann, en 1964; más tarde, la Biología establecería la combinación de tres proteínas en la formación del genoma). Entre la entropía y la neguentropía, oscila la reajustable homeóstasis u homeorresis, en un espacio-tiempo de tres o más dimensiones.

En la dinámica mental-individual, familiar-escolar-étnica: Freud introdujo la ley del tres, sin mencionarla como tal, al proponer la mente en camadas sobrepuestas de Id, Ego, Superego. Hizo lo mismo al proponer el complejo de Edipo (la vinculación del hijo con la madre, en competencia con el padre). Piaget estableció la evolución mental en tres períodos, básicamente: el concreto, el imaginativo y el abstracto-racional. Augusto Comte había establecido la evolución mental de la humanidad en tres momentos: teológico, filosófico y positivo (este último correspondiendo al científico y pragmático).

En la dinámica social (comunidad, producción y economía, mercado): K. Marx daba una nueva versión de las fuerzas en operación evolutiva/transformativa que él llamaba de lucha de clases. Los grupos en cuestión eran el opresor, el oprimido inconsciente, conformado, "lumpen" y el oprimido concientizado, rebelado, militante de los sindicatos y la vanguardia revolucionaria. El capitalismo reconoce en cualquier ramo de negocios la existencia de la oferta entre dos o más grupos o bloques rivales o competidores y, la demanda de los compradores (lo cual reduciría los precios); o un vendedor monopolista y dos grupos o bloques de compradores en competencia (lo cual aumentaría los precios). Una empresa tiene el propietario de un lado, el sindicato del otro y los demás trabajadores entre los dos.

En la dinámica de grupo (poder de conducción, liderazgo). Tres poderes: ejecutivo, legislativo, judicial; tres partidos principales (izquierda, centro y derecha), modelo que se reproduce en el deporte.

En la dinámica de la simbolosfera (esfera de lo teórico, icónico-ficcional, monetario): Hegel había introducido la teoría de tesis-antítesis-síntesis; la geometría tenía los triángulos y el teorema de Pitágoras; el teatro tenía protagonista, antagonista y figurantes; el lenguaje tenía yo-tu-él, sujeto-verbo-objeto; los colores fundamentales eran tres: magenta, azul y amarillo.

En la dinámica futuro-universal (metafísica, utopía, apocalipsis): La gran mayoría de las religiones habla en tríadas o trinidades, Dios uno y trino (tri-uno) entre cristianos; Brahma, Visnú, Shiva, en el brahmanismo; Yang, Yin, Tao, en el confucionismo y taoísmo, etc. El I-Ching habla en trigramas y hexágonos (2 triángulos).

Había, sí, una ley del tres que regía los sistemas desde la energía atómica, que denominé, filosóficamente, "principio tri-uno o triádico"; y cuya aplicación práctica denominé "juego triádico". Esa era la fuerza que creaba divisiones, corrientes, partidos, bloques y tensiones entre ellos. El motor de la Historia, el resorte del mundo. Este es el concepto-raíz de cualquier paradigma. Un holograma de replicación y acción universal.

Eso es lo que se tiene que tomar en cuenta cuando se diga "paradigma tri-uno".

Integrando este hallazgo con todo lo anterior, se conformó el paradigma de la "Trialéctica Sistémica" o del "Sistemismo Triádico"

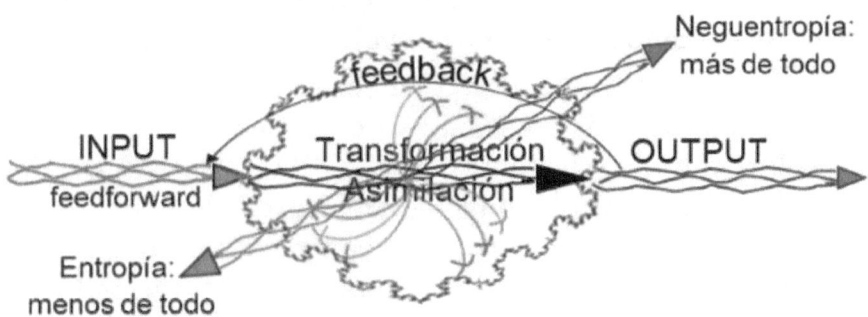

Cuadro 23. Sistema **TRI-UNO** en flujo y reflujo o feedback

Obsérvese que fue introducido, en el dominio interno del sistema, el símbolo de la energía triádica -una hélice con tres palas y tres colores- en formato de holograma que, al multiplicarse para más o para menos, reproduce el mismo formato.

La tarea, ahora, sería volver a describir el concepto de "sistema", pero como "sistema tri-uno o triádico". El paradigma sistémico ya estaba avanzando en el mundo científico. Era, sin embargo, un sistemismo que no se preocupaba por el dinamismo que lo movía. Para marcar bien esa diferencia esencial, pasé a usar las expresiones siguientes:

A) Paradigma sistémico monádico, unicista, que se enfoca en un solo elemento o lado de cada entidad o sistema, sin considerar relaciones de contexto progresivo. Lleva a un pensamiento unitario, segregador, divisionista y a comportamiento individualista y egoísta. Todo lo toma como "eso o aquello", en vez de "eso y aquello"; yo o tú, en vez de yo y tu; derecha o izquierda, en vez de derecha e izquierda, etc.

B) Paradigma sistémico diádico, que logra enfocar dos lados o elementos de un sistema o en dos sistemas/grupos de cada situación, que estarían en contradicción porque tendrían naturaleza o intereses opuestos. Los dos lados se moverían en tres tiempos -tesis-antítesis-síntesis- que es una descripción de las fases de cada ciclo de las relaciones entre patrones y trabajadores, entre opresores y oprimidos, entre clase superior e inferior. Lleva a un pensamiento de confrontación y a buscar la lucha permanente como mecanismo de evolución de las sociedades.

C) Paradigma sistémico triádico, tri-uno, que trata todo como conjuntos o sistemas en red, compuestos de tres fuerzas, lados, sentidos, elementos, partes, actores en interacción, que pueden variar entre cooperación, neutralidad, competencia entre todos o en alianzas de 2 contra el tercero. Lleva a un pensamiento más abarcador y a buscar y valorar la interdependencia, la complementariedad y la corresponsabilidad.

Se puede también hablar de monoléctica, dialéctica, trialéctica. O dialéctica de base 1 (solipsista, autista); dialéctica de base 2 (diálogo, interacción de 2); y dialéctica de base 3 (triálogo, interacción de 3). Vea el cuadro 35, más adelante.

Según esta clasificación, el paradigma sistémico capitalista es monádico, monocrático, solipsista; el de Marx-Engels era diádico, de lados contrarios en lucha; y ahora se inauguraba el sistemismo tri-uno, juntando el "yo-situación"; el "yo-situación" y el "tu-oposición"; y el "yo-situación", el "tu-oposición" y "él-colaborador".

UN NOMBRE ÚNICO Y UNIVERSAL PARA LOS TRES LADOS Y SUBGRUPOS DEL PARADIGMA SISTÉMICO TRI-UNO

La cultura siempre intuyó y usó el sistemismo triádico, con sus tres lados en nodo, simbióticos, internecesarios y auto-reproductivos - aunque sin concientizarlo y, mucho menos, teorizarlo-.

El teatro siempre tuvo protagonista, antagonista y extras; la política siempre tuvo situación, oposición y centro; las religiones siempre tuvieron dioses, demonios y ángeles en disputa; la gramática siempre tuvo los pronombres yo, tu, él; la física trabaja electricidad por polo positivo, negativo, neutro; y la química sabe de valencias positivas, negativas y polivalencias, etc.

Sería demasiado trabajoso lidiar con tantos nombres diferentes para el mismo fenómeno. Mejor sería unificar todo con una solo denominación común para cada lado, con aplicación universal. Quedó así:

• **Lado/subgrupo oficial** del sistema, para todo lo que sea protagonismo, situación, dios, yo, positivo, ortodoxo, poder, comando, dominio, darwinista", etc.

• **Lado/subgrupo antioficial** del sistema para todo lo que sea antagonismo, oposición, demonio, tú, negación, heterodoxia herejía, anti-poder, discordancia, rebeldía", etc.

• **Lado/subgrupo oscilante** del sistema, para todo lo que sea mero extra, reparto, centro, disponible, indiferenciado, polivalente, neutro, sumiso, seguidor manso, rebaño, masa, mayoría silenciosa, populacho, amorfo, enajenado, centro, inocente utilizable, ni chicha ni limonada, etc.

En resumen: la matergía en sí misma es un sistema de molde

tri-uno o triádico que conserva el mismo molde en todos sus grados de complejidad, como en las diversas esferas dinámicas y en los 14 subsistemas con sus 4 factores operacionales.

SUBGRUPO OFICIAL
(±15 a 20%) Competidor dominante.
Coordinador. Predador.

SUBGRUPO ANTIOFICIAL
(±3 a 5%). Crítico.
Competidor desafiante.

SUBGRUPO OSCILANTE
(±70 a 80%) Cooperador.
Disponible. Seguidor.

Cuadro 24. Nombres de los tres lados/subgrupos del dinamismo que mueve el mundo

Esto facilitó la comprensión de la realidad presente, entendida como un conjunto de juegos tri-unos o triádicos simultáneos, en cadena, cada lado/subgrupo compitiendo en búsqueda máxima de sus satisfactores, generando todo tipo de conflictos.

Este era el hilo de la madeja para mi disertación de doctorado. Después de haber ido y venido más de 10 veces por la América Latina, luchando por difundir Cibernética Social, tenía cómo explicar lo que estaba en juego. Defendí mi tesis en 1977, con el título "Endoculturación de Modelos Sociopolíticos".

En síntesis, el imperialismo capitalista, capitaneado por Inglaterra y Estados Unidos, era el subgrupo oficial, defendiendo sus privilegios a hierro y fuego, justificados por su paradigma monádico y unidimensional; el subgrupo antioficial eran los insurgentes contra tal situación, haciendo reformas, guerrillas y revoluciones de cambio social, inspirados por el paradigma diádico marxista de lucha de clases o subgrupos, capitaneado por la URSS; y el subgrupo oscilante eran los grupos seguidores de las religiones, los más tradicionales apoyando las dictaduras y la represión, y los más esclarecidos apoyando los cambios sociales bajo el nombre de Teología o cristianismo de la Liberación.

La tesis fue publicada en Colombia, en 1980, bajo el título *Hacia la Quinta Amerindia*, porque trataba de los ciclos evolutivos de las Américas redenominadas Amerindia o Indoamérica, como rescate de las culturas autóctonas.

EL CEREBRO TRI-UNO
Y SUS CUATRO NIVELES

Inmediatamente después del doctorado, fui a Estados Unidos, con la meta de divulgar la Cibernética Social allá, fundando una extensión de la FESP. Ni una cosa ni otra prosperaron.

Pero propició un gran avance. Aunque hubiera encontrado la triadicidad por todas partes, no la había visto en relación con el aprendizaje y las funciones mentales. Me encontraba parado en el esquema diádico de pensamiento lógico y creativo.

Entonces me encontré con el neurólogo Paul MacLean (1970) y su teoría del cerebro tri-uno, en tres camadas. Esto coincidía con la teoría de Freud, sólo que, ahora, comprobada en laboratorio:

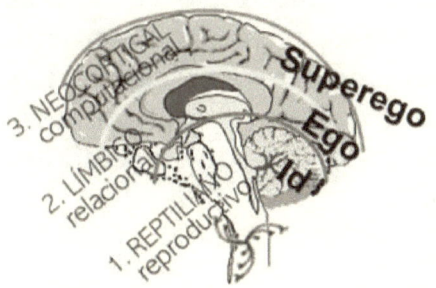

Cuadro 25. Cerebro tri-uno según MacLean/Freud

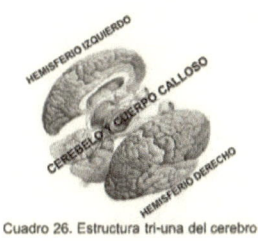

Cuadro 26. Estructura tri-una del cerebro

Esta es una visión evolutiva del sistema-cerebro, mostrada en dimensión vertical. Como ya usaba la versión de los hemisferios de Roger Sperry, mostrada en dimensión horizontal, me pareció más simple y útil agregarle el bloque "reptiliano reproductivo" al centro, con sus respectivas funciones:

113

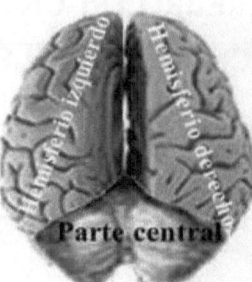

Verbal-numérico
Analítico-lógico
Descomponedor
Racional, abstracto
Cronológico
Alerta, vigilante
Articulador
Crítico, investigador
Visual, lineal

Pre-verbal
Intuitivo-sintético
Reintegrador-holístico
Emocional, sensorial
Espacial, artístico
Espontáneo, relajado
Libre asociativo
Afectivo, amoroso
Sonoro, no lineal

Instintivo-vegetativo-motor-impulsivo-concreto
Agresivo para la sobrevivencia y procreación
Trabajador, profesional, negociante, apropiador
Planificador económico-político, mercader
Administrador y regulador del todo ecosistémico

Cuadro 26.1. Funciones predominantes en cada bloque

Con esta estructura visible de la tri-unidad del sistema-cerebro y sus funciones, fue instantánea la idea de teorizar y sistematizar el aprendizaje y las funciones mentales o teorías de inteligencia en un único ciclo. Fue solo juntar lo que ya existía en partes separadas en el paradigma monádico: el método científico de los académicos en el cerebro izquierdo; el método creativo y estratégico de los consultores en el cerebro derecho; y el método administrativo de los gerentes en el cerebro central. La síntesis: CCT.

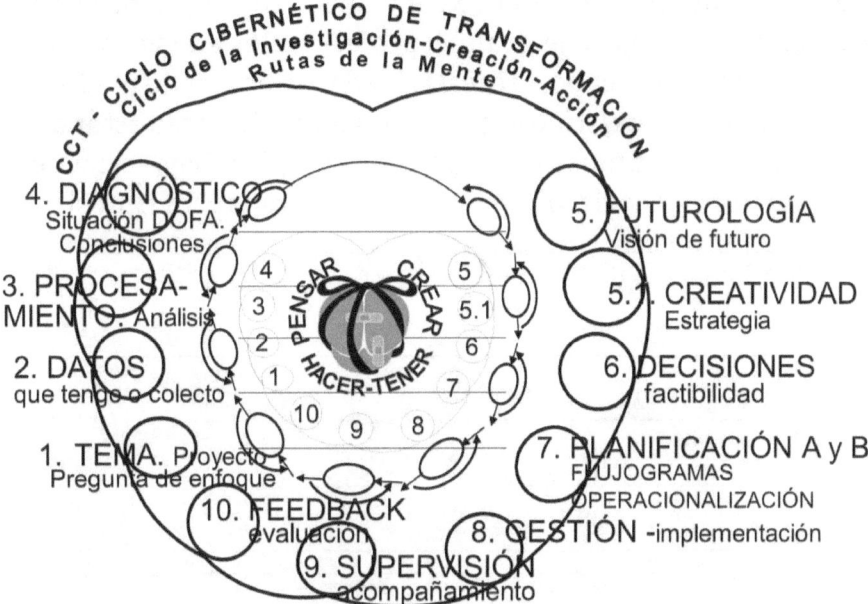

Cuadro 27. Método tricerebral de producción de saberes, solución de problemas y gestión

En este cuadro, aparecen los tres cerebros "reunidos", en el centro; alrededor, el título de sus tres bloques de funciones generales; la secuencia de los 10 pasos como cadena sistémica; y el título y subtítulo de cada una de las 10 funciones mentales principales. Nótese que cada una de las funciones tiene su microciclo. Como todo es holograma, cada una de las funciones supone o contiene a las demás; o, cada una tiene que recorrer su microciclo para realizarse.

Todo sistema y toda la red ecosistémica supone evolución, movimiento transformativo, complejización diferenciadora, epigénesis por la propulsión del dinamismo triádico en expansión (el método tricerebral del cuadro 27 es conocido también como Ciclo Cibernético de Feedback -CCF-). La complejización del CCT se puede expresar por la noción de niveles, etapas de trascendencia, grados de abstracción, división de trabajo, superación, etc.

Para el cerebro izquierdo ya existían los niveles o grados

de educación; para el cerebro central, los organigramas con su división de trabajo y jerarquías profesionales en las empresas; para el cerebro derecho, la creatividad y las etapas de madurez y transcendencia artístico-espiritual. Tomando como estándares los 4 niveles mínimos de la organización del trabajo -ejecución, supervisión, asesoría, dirección- fue elaborada esta síntesis:

Cuadro 28. Cuatro niveles de desarrollo/complejización tricerebral

Este instrumento o mapa mental ayuda a superar simplificaciones reduccionistas como: concreto-abstracto; superior-inferior; erudito-popular; primitivo-sofisticado, etc., en la dimensión vertical. Las gradaciones son, por lo menos, cuatro, pudiendo ser más. Eso ayuda también a integrar la multiplicidad de teorías sobre culturas, inteligencias y facultades mentales, en la dimensión horizontal. En la dimensión transversal, se puede hacer/ver la articulación de un ciclo mental, combinando niveles diferentes de cada bloque.

HOLÓGRAFO SOCIAL

Al concluir mi "ciclo norteamericano", en 1980, toda la sistematización de la Cibernética Social había sido condensada en el Hológrafo Social:

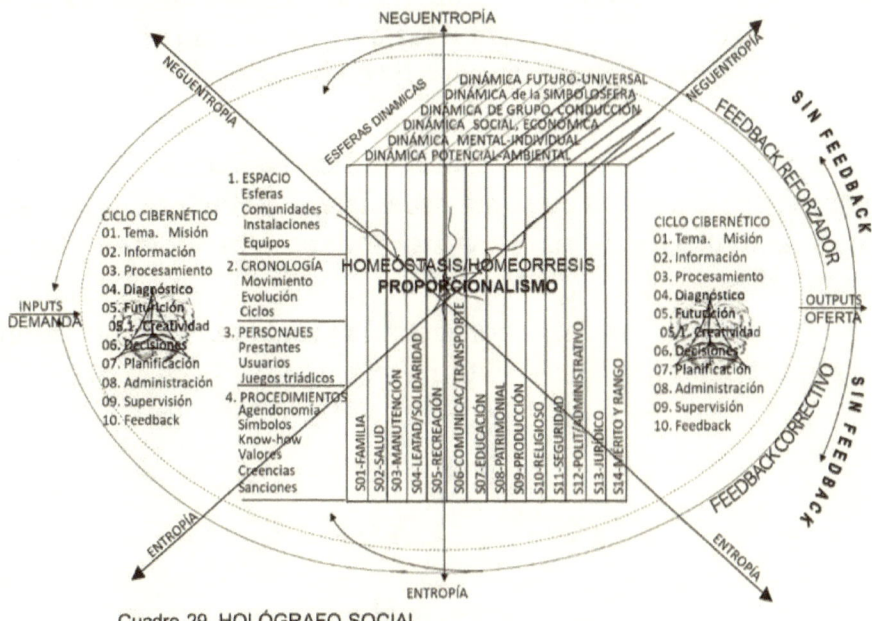

Cuadro 29. HOLÓGRAFO SOCIAL

En este cuadro, las tres líneas representan el principio triádico, estilizado; la elipse punteada representa el sistema con las líneas de feedback positivo/reforzador y negativo/correctivo alrededor de ella; el control de la entrada al sistema es representado por el Ciclo Cibernético de Transformación, a la izquierda, así como para el control de la salida, a la derecha; la estructura del dominio interno del sistema es representada por los 14 subsistemas con sus 4 factores operacionales; y las áreas/esferas de aplicación están representadas arriba, en las "dinámicas", en diagonal.

La posibilidad de representación gráfica de una teoría como esta, con conceptos sintéticos que funcionan con hipertextos, es un gran avance para las Ciencias Sociales y Humanas.

LOS TRES SUBGRUPOS
COMO EXTERNALIZACIÓN DE LOS 3 CEREBROS

El nuevo contexto del juego triádico en toda Indoamérica, con la restauración del capitalismo salvaje neoliberal, la derrota de las experiencias socialistas, así como de la Teología de la Liberación, me impuso un nuevo interrogante.

- ¿Por qué los subgrupos oficiales eran tan fuertes en el capitalismo, en el socialismo, en las teocracias y en todas partes, de tal manera que eran necesarias revoluciones, guerras, ahorcamientos, guillotinas y fusilamientos para detenerlos o tumbarlos?

El primer paso para contestar la pregunta fue conectar el sistema tricerebral con el sistema trigrupal:

Cuadro 30. Tres sub-energías (hélice de la base)
3 subcerebros; 3 subgrupos tetranivelados

Este cuadro indica que los subgrupos oficiales son manifestación del cerebro central reptiliano, depredador-asesino, dominante amoral, materialista. Es el cerebro animal con todas sus características. Así, educar, civilizar, significa erigir valores-barrera por el cerebro derecho moral-ético, y por el izquierdo-racional-legislativo para humanizar o domesticar nuestro instintivo cerebro animal, individual y colectivo. La receta para producir monstruos y psicópatas es reducir el porcentaje de cerebro derecho-ético y de izquierdo-racional, dejando crecer libremente el cerebro central-reptiliano. El ejemplo está en los actuales líderes mundiales.

Por la evolución histórica del cerebro tri-uno, las primeras organizaciones sociales reguladoras tuvieron su origen en el cerebro derecho-religionizado formando teocracias; después, sobrevinieron las del cerebro izquierdo, basadas en leyes, formando democracias; por último, sobrevinieron las del cerebro central, basadas en dinero y riqueza, formando mercadocracias, econocracias o plutocracias despiadadas:

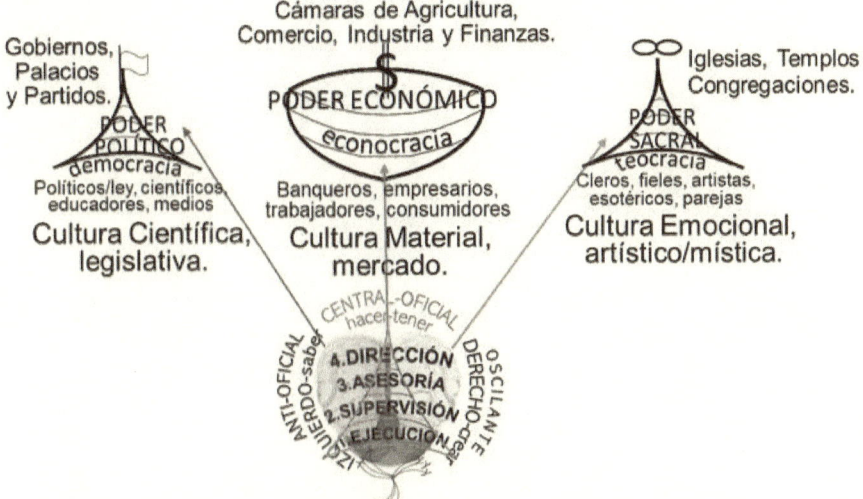

Cuadro 31. Tres cerebros, 3 subgrupos, 3 culturas, 3 poderes supremos

Todas las teocracias tuvieron y tienen rígidos principios morales-éticos, principalmente respecto del dinero y la riqueza. Todas las democracias tuvieron (ya casi no) legislación severa respecto del mercado, dinero, enriquecimiento, monopolios, fraudes y evasión de impuestos y capitales. Las econocracias, mientras tanto, claman por libre mercado, libre enriquecimiento, libres manipulaciones, etc., por encima de principios morales-éticos y de controles políticos. Es el juego triádico-tridimensional entre los tres cerebros, los tres subgrupos menores y los tres subgrupos de poder máximo, donde la econocracia se hizo hegemónica: se hizo "el" gobierno mundial totalitario (darwiniano) de los más fuertes.

En la Triadicidad, las posiciones subgrupales son física-
mente fijas, como en un tribunal, en un campo de deporte, en
el Estado, etc. Son los subgrupos humanos los que se turnan en
esas posiciones. Entonces no importa mucho quien ocupe cada
posición. Lo que importa es el porcentaje de poder, derechos,
recursos de cada subgrupo, de cada nivel, de cada familia y persona, para convivir con la menor fricción posible. Aquí se llegó
al asunto neural de la necesaria regulación de la convivencia de
los tres subgrupos y sus niveles.

PROPORCIONALISMO Y SUS
PARÁMETROS ÉTICOS

Ni la moral-ética religiosa solidarista, ni las normas o leyes de la legislación filosófico-política consiguieron detener, históricamente, a los subgrupos oficiales y sus cerebros centrales dentro de los límites conocidos como sentido común, mesura, comedimiento, equidad, justicia, justa medida, etc., sin guerras ni revoluciones. ¿Por qué?

- Porque el cerebro central es el canal por el que la matergía tri-una busca su expansión máxima. Propulsión para la MAXIMOCRACIA. Esto está comprobado por incontables aplicaciones de los tests de Cociente Tricerebral y familiogramas, desarrollados por Cibernética Social y varias veces revalidados. Cuanto más alto sea el nivel de un subgrupo oficial, más poder, libertad, fuerza y codicia tendrá para conquistar grados siempre más altos y amplios en la maximocracia. Basta ver los dueños de imperios, dictadores, banqueros, etc. Por eso, la historia de tantas revoluciones y guerras para desbancarlos.

- ¿Y por qué no se les detiene a tiempo?

Primero, porque ninguno de los tres subgrupos renuncia, nunca, a la loca maximocracia; nunca se proponen el autocontrol o la auto-moderación. El ambicioso ser humano se juzga más astuto que la naturaleza y finge que los límites no existen. Pero no es lo suficientemente astuto como para escapar de las consecuencias. Segundo, porque los tres subgrupos desconocen dónde están o no quieren establecer los límites correspondientes a cada subgrupo y cada nivel. La ética y la legislación tendrán que dejar de ser meras fórmulas declarativas, monádicas e igualitarias para todos, para ser fórmulas numéricas, diferenciadas por subgrupos y por niveles. Se alega que nunca nadie determinó claramente cuáles serían esos límites, esa mesura o justa medida, esos porcentajes numéricos.

El proporcionalismo es una propuesta de ética-legislación numérica, para el bien común de los tres subgrupos, encontrada en la media y extrema razón de Pitágoras y Platón, en la serie Fibonacci, en los cánones del arte (el hombre) de Vitruvio/Da Vinci, en la ley de las distribuciones de Carl Gauss, en el equilibrio de Nash, etc.

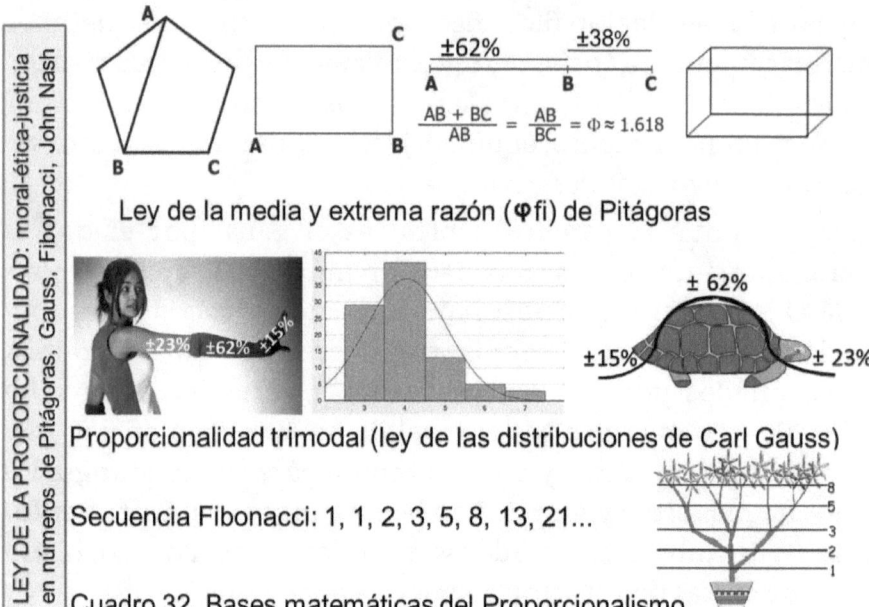

LEY DE LA PROPORCIONALIDAD: moral-ética-justicia en números de Pitágoras, Gauss, Fibonacci, John Nash

±62% ±38%

$$\frac{AB + BC}{AB} = \frac{AB}{BC} = \Phi \approx 1.618$$

Ley de la media y extrema razón (φ fi) de Pitágoras

±23% ±62% ±15%

± 62%

±15% ± 23%

Proporcionalidad trimodal (ley de las distribuciones de Carl Gauss)

Secuencia Fibonacci: 1, 1, 2, 3, 5, 8, 13, 21...

Cuadro 32. Bases matemáticas del Proporcionalismo

MAPA CONCEPTUAL DEL PLANETA
COMO ECOSISTEMA GLOBAL
O SISTEMA MUNDO
(de Immanuel Wallerstein, 1979)

Con el colapso de la URSS, que era el subgrupo antioficial del imperio anglo-estadounidense y que, de alguna manera, imponía ciertos límites a la depredación internacional sobre los más débiles, el poder económico manifestó todo su salvajismo depredador, bautizado como neoliberalismo y globalización. A causa del neoliberalismo, la Cibernética Social pasó a preocuparse más por la justicia distributiva y se redenominó Cibernética Social Proporcionalista (CSP). Y por la globalización, tuvo que salir en búsqueda de un nuevo mapa de la globalidad. El resultado fue una nueva representación del ecosistema planetario con el título Show del Ecosistema Planetario y su Juego Triuno:

ESCENARIOS, niveles, jerarquía	Subgrupo Antioficial rivalidad, resistencia	Subgrupo Oficial imposición, saqueo	Subgrupo Oscilante dominado, impotente
16. ESCATOLOGÍAS	Sacrales-Celestiales	Civiles, materiales	Físico-Metafísicas
15. CULTURAS	Científico-lógica	Darwiniano-monetaria	Ficcional-Icónica
14. CONDUCCIÓN PLANETARIA	Rusia, China e "indignados" globales	G-3: Cartel financiero judeo-anglo-americano	ONU-Vaticano y ONGs mundiales
13. POS-INDUS-TRIALES	Rusia	EE.UU. G-20, G-7(?)	UE, Japón y los demás países industrializados
12. SEMI-INDUS-TRIALIZADOS	China y emergentes (OCS)	Países Capataces Brasil, México, Israel	Bloques Regionales en crisis
11. PAÍSES PROLETARIOS	3er Mundo Socialista y países petroleros	3er Mundo Neoliberal	"No Alineados"
10. PAÍSES VECINOS	País Rival	País Dominante	País más Débil
09. COMANDO NACIONAL	Confer. Religiosas Org. ecorregionales	Prestus. Transnac. Cartel Banquero	Gobierno Central
08. PROVINCIAS ESTADOS	Arquidiócesis	Prestus. Nacionales	Gobernadores regionales
07. REGIONES	Diócesis regionales	Prestusuarias regionales	Organismos regionales
06. MUNICIPIOS TRIBUS	Parroquias comunidades	Prestusuarias locales	Gobierno Local municipal
05. Instituciones Prestusuarias	Regeneradoras	Apropiadoras	Reguladoras
04. NÚCLEO Reproductivo	Masculinidad	Feminidad	Prole
03. TRICERE-BRAR	Analítico antioficial	Operativo oficial	Emocional oscilante
02 AMBIENTE	Humanos	Madre Tierra	Demás sistemas
01 MATERGÍA	Neguentropía	Entropía	Proporcionalismo homeorresis

Evolución tri-una

Principio tri-uno

Cuadro 33. Show del Ecosistema Planetario y su Juego Tri-uno en 16 escenarios, esferas o niveles

Estos 16 escenarios son una expansión de las esferas dinámicas (Cuadro 29) o áreas de expansión/complejización de los sistemas y de la vida (Cuadro 34).

Este modelo gráfico trae, en la primera columna de la izquierda, el número y el nombre de cada uno de los 16 escenarios/niveles en que está diseñada la estructura o jerarquía actual del planeta con su proceso evolutivo, desde la base hasta el tope. Las otras tres columnas representan tríadas siempre en transformación. Podría haber una columna más, a la derecha, con los saberes correspondientes a cada escenario.

En este cuadro, los movimientos libertarios, heréticos y subversivos -antioficialistas- son de escenarios subordinados, en disputa con escenarios superiores -oficialistas-: corren de la izquierda hacia la derecha y desde abajo hacia arriba. La ortodoxia, el conservadurismo y la represión -los oficialismos- corren de la derecha hacia la izquierda y de escenarios superiores hacia los inferiores. No todo lo que aparece en el lado izquierdo y derecho del modelo actúa como antioficial libertario; ni todo lo que aparece al centro hace represión y saqueo siempre, ya que las piezas de ese ajedrez planetario se mueven de modo ágil y poco previsible.

Desde abajo hacia arriba, los primeros 5 escenarios o niveles están formados por la matergía-naturaleza y su determinismo alimentario-procreativo. Del escenario 6 al 9 son los cuatro niveles dentro de un país. El escenario 10 es de transición para los cuatro escenarios supranacionales, desde el 11 hasta el 14. El escenario 15 es la representación virtual o cultural de la realidad planetaria; y el escenario 16 es la representación del imaginário universal utópico y escatológico (lo que viene después de la muerte). El modelo abarca, en una única ilustración, lo que se supone ser el comienzo, el medio y el fin de la realidad planetaria de la aventura humana, una narrativa de origen y destino comunes. La fraternidad universal (no solo humana).

Esta "narrativa" es tridimensional o triadizada, formando un continuum de lo micro y meso a lo macro, sin separar lo que es "la naturaleza", lo humano, la organización social y "el mundo sobrenatural", con sus correspondientes saberes; sin separar "infraestructura y superestructura"; sin aceptar vidas aisladas, responsabilidades exclusivamente individuales, ni grupos o países totalmente independientes y autodeterminados, ya que todo es sistémico y se mueve en cadena; sin aceptar, además, separación de campos de saberes "exactos" y "no exactos", superiores e inferiores, científicos y no científicos (pues son apenas campos de observación e interacción evolucionando más o menos aceleradamente). Sin separar, por fin, organización nacional e internacional, sin dividir cuotas de carbono, de oxígeno, etc.

El ecosistema terrestre-marítimo-atmosférico, que coincide con el Show Planetario, es tri-uno en grados progresivos de complejidad; y no se puede separar a la manera de la ideología de los poderes políticos, económicos y sacrales obsoletos, que insisten en detener la marcha de todos los seres, saberes y poderes rumbo a un destino común. El Show del Ecosistema Planetario y su Juego Tri-uno o sistema-mundo (Wallerstein, 1979) contiene todo lo que piensan, revelan y hacen filósofos-científicos y gobernantes, poetas-espiritualistas, y emprendedores-financistas. Es, también, el laberinto en que vivimos.

Los subgrupos oficiales del mercado-finanzas, con su econocracia y su asalto global, son el blanco principal del Manifiesto Proporcionalista (copiar y poner en Google):

https://play.google.com/books/reader?id=kVQNKQAAAEAJ&pg=GBS.PA0

https://books.google.com.br/books?id=i0oxBQAAQBAJ&hl=pt-BR&source=gbs_navlinks_s

Después, motivados por la teoría del pensamiento complejo (Morin, 1990) y por la teoría de los sistemas dinámicos o caos (Gleick, 1990), se adoptó una versión intermedia o resumida en ocho escenarios u ocho dinámicas. A las seis anteriores, que figuran en el cuadro 29, se añadieron la dinámica matergística N. 1 (en la base) y la dinámica mental (en el N. 3).

8. DINÁMICA FUTURO-UNIVERSAL (Escatologías, fe)
Polarización, Tensionamiento, Proporcionalismo triádico.
Invención de dioses, cielos e infiernos. Ideas y expectativas de progreso, de futuro, de rumbo y sentido de la evolución, de la vida y del mundo pos-humano. Fin de la Historia. Culto a la utopía tecnoespacial. Filosofías, teologías.

7. DINÁMICA DE LA SIMBOLOSFERA (3 culturas, en 4 niveles):
Representación verbal-escrita, icónico-artística, y monetaria darwiniana de las Dinámicas de la realidad. Problemas de integración proporcional de las tres culturas y sus paradigmas, sus tres áreas de saberes y sus tres áreas institucionales (escuelas, bancos, iglesias) por una Ciencia Social General.

6. DINÁMICA DEL PODER (Político-Económico-Sacral)
Disputa del Poder de Conducción entre los tres poderes supremos y sus subgrupos de cualquier nivel o área.
Organización social, leyes de corresponsabilidad para los tres poderes y subgrupos. Cambio social y revolución, democracia, redes sociales, convivencia de justicia y paz.

5. DINÁMICA PRESTUSUARIA (Economía, tecnología):
Disputa Triádica en la producción y en el reparto de satisfactores. Ingenierías con niveles de trabajo o agendonomía y sus correspondientes niveles o estándares de vivencia. Prestusuarias públicas, mixtas, particulares, cooperativas. Guerras de mercados. Derecho a la propiedad. Dinero como símbolo de los satisfatores. Tecnoptimismo.

4. DINÁMICA INDIVIDUAL-FAMILIAR-ESCOLAR (Antropología, Psicopedagogía). Sociograma del Juego Triádico Familiar y sus recurrencias. Roles, derechos y deberes masculinos/femeninos. Educación familiar-escolar-étnica de los jóvenes, carrera de madre, padre y colaboradores. Relaciones de género, de etnias, diversidad.

3. DINÁMICA MENTAL TRICEREBRAL (Neurociencias, saberes)
Cerebro tri-uno y Ciclo Cibernético de Transformación con sus cuatro niveles. Métodos de investigación. El enseñaje centrado en el tricerebrar, ambiente y TIC. La manipulación de cerebros, la superstición, magia y enajenación. Epigénesis de la complexificación cultural por el tricerebrar.

2. DINÁMICA AMBIENTAL (Evolución, Biología, Genética)
El nuevo concepto de realidad y de mundo unificado, como sistema unitriádico, sin natural y sobrenatural y otros divisionismos: Red Ecossistémica Tridimensional. Complexificación físico-química-biológica.

1. DINÁMICA MATERGÍSTICA PROPORCIONAL (Físico-Química y base Ética)
En Cosmología: Sistema Efectuador Tri-uno Universal -SETU Proporcional-.
En Microfísica: Sistema unitriádico de partículas o quarks transfinito (que atraviesa o se hace presente en todo): un holograma que se replica en todos los demás niveles que vengan a emerger (recurrencias epigenéticas).

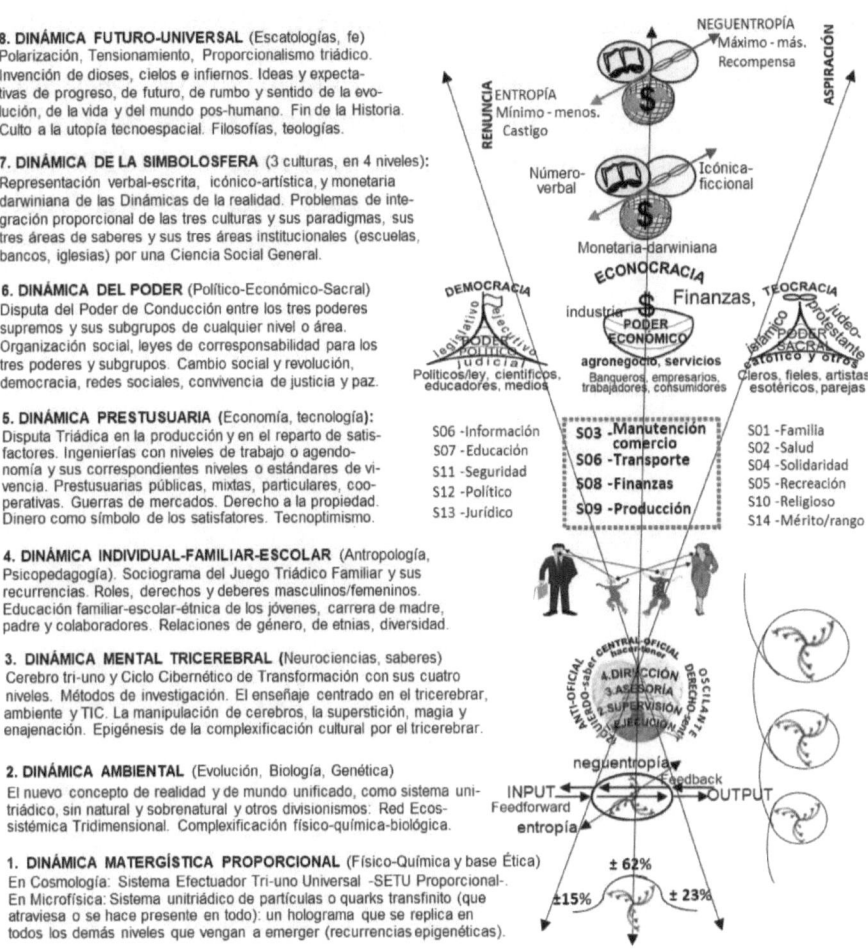

Cuadro 34. Show del Juego Planetario en 8 esferas de complejidad (teorías de porte medio)

A la derecha, se encuentran figuras o mapas mentales icónicos que corresponden a cada bloque del esquema del lado izquierdo, donde se ubican los paradigmas y las áreas de saberes de porte medio. En este cuadro, tales paradigmas y teorías de porte medio son clasificados y representados por las ocho "esferas u órbitas dinámicas" de complejidad progresiva. La ilustración empieza con las Ciencias Físicas o más exactas (en la base de la ilustración) y marcha hacia los temas más típicos y menos probabilísticos de las Ciencias Sociales y Humanas. Se comienza con las Ciencias Físicas y se va articulando cada peldaño/dinámica hasta la mística, para mostrar que hay conexión/continuidad entre todas las áreas de saberes y de la vida.

Pero Cibernética Social tiene, como objeto, eje o foco principal, el fenómeno humano y social de la convivencia colaborativa y pacífica, que se expresa en el concepto de PROPORCIONALISMO entre los subgrupos y niveles del Show del Ecosistema Planetario.

CUARTA PARTE

DE CIBERNÉTICA SOCIAL A CIENCIA SOCIAL GENERAL
CRÍTICA DE LAS CIENCIAS SOCIALES Y HUMANAS POR SUS AUTORES

Las citas que siguen aluden, por un lado, al esfuerzo de articulación e integración de los saberes, principalmente de las Ciencias Sociales y Humanas; por otro lado, son un resumen de la crítica y ataques dirigidos a la fragmentación y poca eficacia de las Ciencias Sociales y Humanas.

1. *En su mayoría, los antropólogos, economistas, sociólogos, científicos políticos, etc., no se comprenden ni se animan y menos se complementan unos a otros. Por otra parte, los científicos sociales nunca consiguieron enlazar sus teorías con las teorías de las ciencias físicas; por tanto, hay un exceso de libros-texto que son un escándalo de banalidades y duplicaciones. La economía es la ciencia social que más avanzó porque se dedicó a construir modelos matemáticos; empero, carece de un fundamento general que la conecte con las ciencias físicas y con las demás Ciencias Sociales; es muy cerrada en sí misma y, por tanto, aislada e incompleta. Su semejanza con la ciencia real es, muchas veces, superficial* (E. O. Wilson, en La Unidad del Conocimiento, Consiliencia, 1999).

2. *Para hablar sin rodeos, la disciplina de la economía debe soltar su apasionamiento infantil por la matemática, por la teoría pura y, frecuentemente, por la especulación extremadamente ideológica, a costa de la investigación histórica y la colaboración con otras C. Sociales* (Th. Piketty, El Capital en el Siglo XXI, p.32).

3. *Las ciencias humanas (de las cuales hago parte) se caracterizan por su casi inutilidad práctica y, por tanto, casi imposibilidad de verificación de resultados. Esa crítica al vacío práctico de las ciencias humanas ya fue hecha hasta por sociólogos peso-pesado, en momentos distintos, como Edmund Burke, Robert Nisbet y Norbert Elias.* (Luiz Felipe Pondé, en el periódico Folha de São Paulo, 2011).

4. *Las Ciencias Sociales quizás continúen siendo las discip-*

linas impresionistas y ambiguas que son en el presente" (Gunther Stent, en El Fin de la Ciencia, de John Horgan, 1998).

5. *Mis más recientes experiencias e investigaciones me llevaron a un profundo desprecio por la rígida separación entre las diversas Ciencias Sociales. En realidad, no hay problemas económicos, sociológicos, psicológicos, etc.; hay simplemente problemas, siempre complejos (interdisciplinarios) y no específicos* (Gunnar Myrdal, en Objectivity in Social Research, 1969).

6. *Es bien posible, hasta extremamente probable, que siempre aprendamos más sobre la vida y la personalidad humanas con las novelas que con la psicología científica* (Noam Chomsky, en El Fin de la Ciencia, de John Horgan, 1998).

7. *La ruptura de comunicación entre las ciencias y las humanidades, y la falta de interdisciplinariedad es uno de los principales inconvenientes para la solución de los problemas mundiales. Entre ambos polos, hay un abismo de incomprensión mutua; algunas veces (especialmente entre los jóvenes) hay hostilidad y desagrado, pero, más que nada, hay falta de entendimiento recíproco* (C. P. Snow, Las Dos Culturas, 1959).

8. *Lo que llamamos ser humano debe ser visto como un sistema continuo genético-cerebral-sociocultural, cuyos constituyentes hace mucho que sabemos enumerar, sin que sepamos aún como conectarlos, por la preferencia que tenemos por uno de ellos con la omisión de los otros. Ahora bien, cada uno de esos tres términos es inherente al otro; lo que se refiere a la complejidad de uno se refiere a la complejidad del otro, también. En este conjunto, el cerebro es el empalme, el epicentro y el nudo gordiano de la civilización* (Edgar Morin, en Enigma del Hombre, 1973, 1979).

9. *Es preciso abrir y reorganizar aquello que se llama antropología social, la antropología cultural, la psicología, la historia, las Ciencias Sociales. Esto nos va a valer el desfavor de eminentes especialistas que, como de costumbre, se fijarán en nuestras lagunas bibliográficas y nuestros yerros de pormenor, para no tener que poner en cuestión el paradigma de conjunto* (Edgar Morin, en El Enigma del Hombre, 1973, 1979).

10. *Comparadas con las ciencias naturales o médicas, las Ciencias Sociales pueden ser increíblemente conservadoras, encerradas en su disciplina de origen. Sería de esperar que los multitudinarios cambios sociales recientes llevaran a los científicos sociales a poner en común sus habilidades. ¿No son todas nuestras preocupaciones fundamentalmente geográficas e históricas hasta el punto de que al mantenerlas como disciplinas separadas se inutilizan?* (Mike Savage, 2016, en: ¿Estamos Presenciando un Nuevo Paradigma Sobre la Desigualdad en Ciencias Sociales?).

11. Big data (colecta de datos por Microsoft, Google, Apple, Facebook, Amazon, a servicio del gobierno norteamericano). *La masa de datos e informaciones que crece sin límites, aparta la ciencia de la teoría, del pensamiento. La tremenda cantidad de información eleva masivamente la entropía del mundo y también el nivel de ruido. La ciencia que Google y Wired proponen es aditiva, no narrativa o hermenéutica* (Byung-Chul Han, filósofo coreano-alemán, 2016).

12. *El Informe (CLACSO) clama también por una mayor cooperación entre disciplinas, fronteras geográficas y campos de investigación para ayudar a los gobiernos a desarrollar políticas más eficaces, que resulten en sociedades más inclusivas. Para eso es vital fomentar las redes internacionales, las fuentes de datos abiertos, el acceso abierto a las publicaciones y el software libre* (Informe Mundial sobre Ciencias Sociales, de la CLACSO, en 2016).

13. *Lo más importante no es el número de ideas en su mente; es el vínculo (paradigma, principio articulador o estructurador) que las une y organiza* (Titu Maiorescu, 1840-1917).

14. *Los estudios de área encomendados por EE. UU., en la posguerra, pusieron de manifiesto el hecho de que había una dosis considerable de artificialismo en las nítidas separaciones institucionales del conocimiento de las ciencias sociales"* (p. 42). *"No se puede hablar de un verdadero acercamiento entre las múltiples expresiones de las dos o tres culturas (ciencias exactas, sociales y humanidades), pero los debates han hecho surgir dudas acerca de la claridad de las distinciones y parecería que avanzamos en dirección a una visión*

menos contradictoria de los múltiples campos del conocimiento (Immanuel Wallerstein, *en Abrir las Ciencias Sociales* (1995, p. 75).

15. *Los estudios de área subvirtieron la lógica de las muchas Ciencia Sociales (autónomas). Las mutuas invasiones también contribuyen a esta situación* (Presentación del volumen Open the Social Sciences, en la Social Science Research Council de Nueva York, en 1995).

16. *La ciencia social dominante, que sirve al orden social dominante y a los grupos en el poder, lo que hizo hasta ahora fue obscurecer el tema ambiental, prefiriendo jugar su peso en favor de medidas paliativas y soluciones mecanicistas como los mercados de carbono y la geoingeniería. Solamente un enfoque nuevo, radical, de las Ciencias Sociales (y, por tanto, de la sociedad misma) podrá enfrentar el riesgo de extinción de los procesos vivos de la Tierra.* (Ian Angus, filósofo ecosocialista canadiense - Facing the Anthropocene: Fossil Capitalism and the Crisis of the Earth System, 2016).

17. *Si preguntáramos a profesores universitarios por qué los pobres son pobres, de diversas disciplinas saldrán respuestas en lenguajes y visiones muy particulares: cada una con ciertos tipos de datos, ciertos métodos únicos y ciertas maneras propias de pensar. En las áreas más importantes de las Ciencias Sociales, existe lo que a otros científicos parece ser una tremenda falta de conocimiento entre ellas mismas* (Abbott, 2001, *in Investigación Interdisciplinaria de Ciencias Sociales Sobre Pobreza, Desigualdad y Bienestar*, por David Hulme y John Toye en Chaos Discipline, Chicago University of Chicago Press).

18. *Para cumplir con sus funciones frente a los desafíos globales y poder analizar los hechos que afligen la sociedad humana, las Ciencias Sociales tienen que ser más internacionales y más inter y transdisciplinarias de lo que han sido. Si los países y las universidades no solucionan eso, la colaboración inter y transdisciplinaria no pasará de una veleidad (Conocimiento fragmentado: ¿Una Ciencia Social única? ¿Ciencias separadas? ¿Mundos separados?* (Informe del Consejo Mundial de Ciencias Sociales/UNESCO, 2010: Conocimiento dividido, Capítulo 10 - Conclusiones y líneas de ac-

ción en el futuro).

19. *La humanidad requiere de una substancial nueva forma de pensar si quiere sobrevivir y alcanzar niveles superiores de vida* (Einstein, entrevistado por Michael Amrine, del New York Times Magazine, en 23 de junio de 1946).

20. *La mayor parte de los problemas mundiales se debe a la diferencia entre el modo de funcionar de la naturaleza, y el modo de pensar de los humanos* (Bateson, 1986).

Los intentos de síntesis y articulación e integración de los saberes vienen desde Tales de Mileto (S. VI a. C.) que creía que el mundo es ordenado y podía ser explicado por un pequeño número de leyes. En la edad moderna, el mismo intento se repitió con el Iluminismo/enciclopedismo, con el marxismo, principalmente por F. Engels. Más recientes, son la propuesta de Rudolf Steiner con la Antroposofía; la de Prabhat Ranjan Sarkar con PROUT (Progresive Utilization Theory, 1959); la de Edgar Morin con El Método y el pensamiento complejo (1977); la de Pietro Ubaldi con La Gran Síntesis (1984); la de Fritjoff Capra en El Punto Crucial (1986); la de Edward O. Wilson en Sociobiología y Consiliencia (1999); la de Manfredo Max-Neef en Economía Descalza (1986) y otros.

UNA EXPERIENCIA QUE INDUJO A LA CIENCIA SOCIAL GENERAL UCC: REPLANTEAMIENTO DE LA DOCENCIA UNIVERSITARIA

Con el tiempo y la experiencia, Cibernética Social Proporcionalista fue evolucionando en su paradigma sistémico-triádico, en su lenguaje y en sus herramientas de trabajo, rumbo a la inter, trans y supradisciplinariedad.

Entre las muchas experiencias de aplicación de Cibernética Social -trabajo en organización comunitaria, en consultoría de empresas, en desarrollo humano y de grupos- sobresale la experiencia educacional, realizada en la Universidad Cooperativa de Colombia (UCC).

En equipo con el Dr. Crisanto Velandia y la Dra. Stella Betancourt, se inició una Especialización en Docencia Universitaria (EDU) para profesores de todos los cursos de la Universidad. Se trataba de metodología de enseñanza-aprendizaje ("enseñaje", por contracción) y evaluación, con fundamento en el paradigma sistémico-triádico. El relato completo de tal experimento consta en el libro de Débora Amidon (2006) *Global Knowledge Economic, publicado por Tartu University Press* (Estonia) bajo el título: *A Knowledge Management Success Story using Social Cybernetics.* Hubo una investigación de evaluación de esa experiencia formativa, realizada por Sigifredo Ospina (2005), miembro del equipo inicial de la propuesta.

El módulo introductorio -Metodología Interdisciplinaria-trataba de los diversos modelos de enseñaje, atribuidos a las diversas concepciones del cerebro y del ser humano, que es cuestión de paradigmas (modalidades de uso del cerebro).

PARADIGMA: Modo de usar los tres cerebros para percibir y manejar la realidad

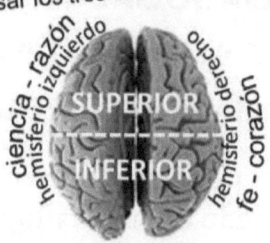

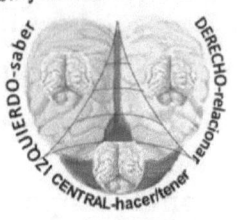

UNI-UNITARIO:
Aprendizaje de especialista:
unidades, en compartimientos.
Uni-saber: reduccionismo
al uno, único, unilateral,
preferido por las Ciencias Físicas.

Paradigma uni-cerebral

DIÁDICO/BINARIO:
Aprendizaje por pares opuestos:
burgués/proletario, opresor/oprimido.
Dos saberes: capitalista (de derecha)
y marxista (de izquierda),
en Ciencias Sociales y Humanas.

Paradigma bi-cerebral

TRI-UNITARIO:
Aprendizaje por tríades:
regente-positivo; divergente-opositivo;
convergente-puente. Tri-saberes:
físicos, sociales, y humanos-espirituales.
Base para una Ciencia Social General.

Paradigma tri-cerebral

Cuadro 35. Introducción al enseñaje centrado en el cerebro y sus paradigmas

Se presentaba, entonces, la neurociencia con una de sus teorías más promisorias que era la del cerebro tri-uno o triádico en 4 niveles, sistematizada en el libro El Poder de Sus Tres Cerebros (GREGORI, 1984) y Construcción Familiar-Escolar de los Tres Cerebros ((GREGORI, 2000), a partir de las investigaciones de Freud, Paul MacLean, Roger Sperry, Alexander Luria, Jean Piaget y otros.

Para conocer sus tres cerebros, sus competencias y su potencial de enseñaje, se presentaba el test de Cociente Tricerebral (CT).

Al reconocerse como un sistema tricerebral y trivalente, cada estudiante conocía la jerarquía de su potencial tricerebral de enseñaje. La crítica y aversión a los actuales currículos, manuales y métodos de enseñaje de contenidos fueron instantáneas, porque estos son formateados casi exclusivamente para el cerebro izquierdo teórico, académico, racionalista. A esto le siguió el cuestionamiento a las clases puramente informativas de dictado y conferencias.

- ¿Entonces cómo serían las sesiones de enseñaje (clases) que no fueran solo discursismo del profesor, sino sesiones con la participación de los estudiantes con sus tres cerebros, donde todos enseñan y todos aprenden en equipo?

Ahí entraba el segundo módulo que era el enseñaje tricerebral en tres momentos o etapas: exposiciones para el cerebro izquierdo; futurización, creatividad y propuestas para el cerebro derecho; y planificación y operacionalización de tareas para el cerebro central, todo con dinámica de grupo explícita. Esta permitía la participación de los estudiantes en la conducción de la clase y la formación de equipos de enseñaje. La formación de los equipos exigía que uno de los miembros fuera excelente en cerebro central para coordinar; otro excelente en cerebro izquierdo para exponer y sintetizar; y otro(s) excelente(s) en cerebro derecho para integración y el buen clima del grupo. Se procedía de lo simple a lo complejo así:

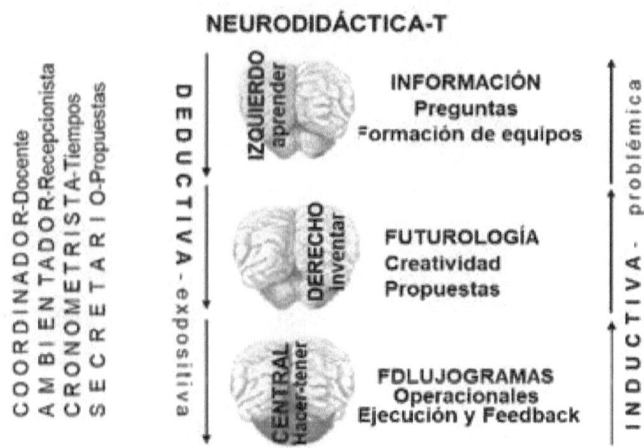

COORDINADOR
RECEPCIONISTA
CRONOMETRISTA

1. AGENDA
   TEMA A TRATAR
   INSTRUCTOR

2. FUTURÓLOGO

   CREATIVO

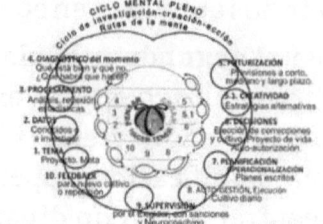
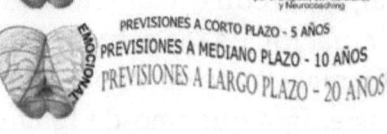

PREVISIONES A CORTO PLAZO - 5 AÑOS
PREVISIONES A MEDIANO PLAZO - 10 AÑOS
PREVISIONES A LARGO PLAZO - 20 AÑOS

01. ANUNCIAR EL PROBLEMA A SOLUCIONAR
02. AUTORIZACIÓN PARA IMAGINAR INNOVACIONES
03. SIN CENSURA LÓGICA Y OPERACIONAL
04. IDEAS, CREACIONES CORTAS
05. LLEGAR A LA RISA, EUFORIA
06. CREAR CLIMA ALEGRE (PARAR, DESPEREZAR)
07. DESATAR EL INICIO DE LA LLUVIA DE IDEAS

SECRETARIO PROPOSITOR: Propuestas. Enmiendas. Debate. (Quórum) Votación.

FLUJOGRAMA	1	2	3	4	FB
Operacionalización					
Dónde					
Equipamiento					
Inicio y término					
Horarios de ejecución					
Quiénes como prestantes					
Quiénes como usuarios					
Con quiénes negociar					
Resultados esperados					
Dificultades esperadas					
Costos, presupuesto					
Fuente de recursos					
Exigidor					

3. PLANIFICADOR

3.1. Feedback de la clase/reunión
3.2. Programación de la sesión siguiente. Cierre

Cuadro 36. Introducción a la Didáctica Tricerebral

Esta didáctica creaba un alegre clima democrático, con libre expresión, turnándose las posiciones de liderazgo, con dominio de técnicas de toma de decisiones por debate y votación, con dominio de técnicas de planificación y enseñaje direccionadas a la práctica. El profesor dejaba de ser "profesor" para ser un coach, un orientador del enseñaje tricerebral, un proceso que se representaba por esta imagen:

Cuadro 37. Proceso del enseñaje y del upayador-coach y su didáctica

La revisión histórica del proceso de enseñaje se hizo por el módulo "Historia de la Educación y Escuelas Antropogógicas" en (copiar y poner en Google):

https://books.google.com.pe/books/about/
Historia_de_la_Educaci%C3%B3n_y_An-tropogog
%C3%AD.html?id=GyFdDwAAQBAJ&redir_esc=y

La multiplicidad de escuelas/teorías educacionales, a pesar del loable esfuerzo, revela la falta que hacía una mejor comprensión del ser humano y su convivencia por las neuro-ciencias, principalmente por el tricerebrar tetranivelado y su proyección en el juego triádico de los tres subgrupos tetraniveladros, también, y sus tres correspondientes culturas. Vale decir lo mismo para las demás Ciencias Sociales.

El módulo 3 abordaba la metodología de producción de saberes, llamada metodología científica, un casi monopolio de las Ciencias Físicas que se autoproclaman "exactas", con pretensiones de ciencia oficial. Ciertamente, son más exactas que las Ciencias Sociales porque lidian con fenómenos naturales discretos, con regularidades de funcionamiento bastante previsibles, traducidas en "leyes" y fórmulas matemáticas (al menos en la perspectiva Newtoniana). Es el llamado positivismo o método aplicado a lo que está al alcance de los sentidos y sus extensiones tecnológicas. Como es un método donde reina el cerebro izquierdo dedicado al dominio y exploración de la naturaleza física, ignora arrogantemente el dominio del cerebro derecho y no se responsabiliza de los efectos de sus investigaciones en el mundo de los hechos. Por eso es un método que puede servir tanto a la vida (salud, producción de bienestar, etc.) como a la muerte (guerra, agrotóxicos, CO_2, etc.).

Hecha esta crítica inicial, se pasaba a postular una ampliación de dicha metodología monocerebral, para una tricerebral, representada en este cuadro:

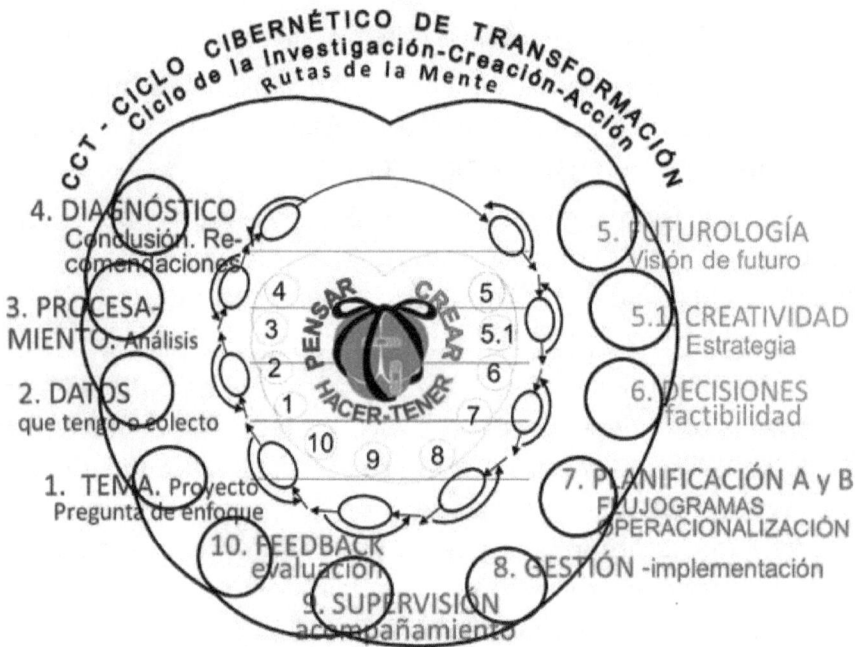

Cuadro 38. Método tricerebral de producción de saberes, soluciones innovadoras y gestión

La propuesta actual de metodología de producción de saberes, que todavía predomina, está reducida al tramo del cerebro izquierdo, llamado "metodología de la investigación", que se maneja los pasos de 1 a 4 del CCT. La ampliación consiste en proseguir, con la inclusión del cerebro derecho -pasos 5, 5.1 y 6- para llegar al cerebro central -pasos de 7 a 10- y retomar todo el ciclo en abordajes sucesivos.

El nombre dado a este método es Ciclo Cibernético de Transformación -CCT- o Ciclo Cibernético de Feedback -CCF- porque se refiere al flujo sistémico de la vida:

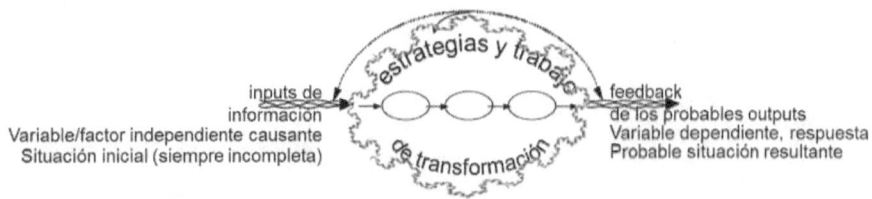

Cuadro 39. Flujo sistémico del CCT

Lo que era ciclo de "investigación-acción" fue ampliado y tricerebralizado para "investigación-creatividad-acción". La reformulación apunta a que se usen los tres procesos mentales de manera concatenada e integrada. En verdad, son tres trayectos que ya existían, pero como si fueran independientes y desconocedores uno del otro:

- la investigación por el cerebro izquierdo (en azul, cuadro 38) la preferida por la academia, sin mucho compromiso con soluciones y aplicabilidad;

-la prospectiva, creatividad y estrategia por el cerebro derecho (en verde) la preferida por consultores, sin mucho compromiso con la verdad y los resultados; y

- la administración por el cerebro central (en rojo), la preferida por gestores y activistas, sin mucho compromiso con la investigación y la creatividad e innovación. Juntando los tres, tenemos el CCT o CCF que puede servir como método unificado para una Ciencia Social General.

Una vez entendida y aceptada la lógica y la razón de esta conjunción, se pasó a las instrucciones de uso, que pueden ser sintetizadas así:

Cuadro 40. CCT con algunas instrucciones de uso

Una vez entendido y memorizado el recorrido de 1 a 10, se añadió el referencial de los 4 factores operacionales para conferir más precisión al Ciclo Cibernético Tricerebral de Investigación-Creatividad-Acción:

CCT mínimo	OPERACIONALES / CCT pleno	Espacio Instalaciones Equipo	Cronología Ciclos Visión futura	Personajes Niveles Juego triádico	Misión. Objetivos. Métodos. Dificultades. Costos. Resultados.
INFORMACIÓN SITUACIONAL	1. Tema y objetivos				
	1.1 Hipótesis, definiciones				
	2. Colecta de datos				
	3. Procesamiento				
	4. Diagnóstico				
CREATIVIDAD ESTRATEGIA	5. Futurología				
	5.1. Creatividad Estrategia				
	6. Propuestas, decisiones				
GESTIÓN	7. Planificación: Flujogramas Operacionalización				
	8. Ejecución				
	9. Control				
	10. Feedback/feedforward				

Cuadro 40.1. EL CCF acoplado al referencial de los Cuatro Factores Operacionales

Los demás procedimientos de investigación-creatividad-acción se encuentran más desarrollados en Neuroeducación parapara el Éxito (copiar y poner en Google):

https://books.google.com.br/books/about?id=oWmsBQAAQBAJ&redir_esc=y

Vale la pena un comentario sobre validación y falsabilidad/refutabilidad de saberes, cuestión sobre la cual el filósofo Karl Popper (1975) construyó su reputación. ¿"Puede esto ser probado, puede esto ser contestado/refutado"? Para una mejor comprensión de esta problemática, fue preciso entrar en otro módulo, que relacionara esto con los tres cerebros y sus tres subgrupos de comportamiento externo. Por el paradigma monádico vigente, es "normal" que cada individuo, subgrupo y país quiera ser único, absoluto, dueño de la verdad, del poder y de la autoridad suprema terrestre y celeste, sin predisposición a admitir, escuchar y dar algún reconocimiento a los otros dos (a no ser a la brava).

Ni qué decir, los científicos y filósofos también tienen tres cerebros que forman tres subgrupos en disputa (véase Cuadro 41), como los políticos, los religiosos, los empresarios, etc. Por eso, cuando el subgrupo oficial de turno afirma, el antioficial niega o cuestiona y el oscilante quiere moderar, conciliar.

El primer requisito para la validación de algo es el rechazo del argumento de autoridad; todo tiene que ser testado, comprobado, validado, en la teoría, en la práctica y en la satisfacción, de forma combinada y en proporciones o porcentajes. La validación de teorías, instrumentos, métodos, lenguaje, mapas conceptuales, etc. en Ciencias Sociales, no puede ser apenas por los tests intra-verbales o intralingüísticos del cerebro izquierdo (alfa de Cronbach, factorización, ANOVA, t de Student, Chi-cuadrado, 16PF, etc.). Tiene que someterse a pruebas de eficiencia práctica por el cerebro central y, a pruebas de buen gusto, ética, estética y satisfacción individual y colectiva del cerebro derecho. Y eso depende de que los tres cerebros sean proporcionales/armonizados y de que los tres subgrupos tengan buena voluntad para colaborar entre ellos.

En el paradigma monádico de individualismosególatras (casi autistas), eso no ocurre. Para el cerebro izquierdo ya se admite que la percepción total y verdadera de la realidad no existe; existe aproximación sucesiva y comprobación/validación provisional, siempre penúltima, aunque el subgrupo oficial quiera "decretar" e imponer su verdad (o una "verdad alternativa") como última y absoluta. Por eso, por lo incompleto de la percepción y prueba, hay lugar para que el antioficial comience a cuestionar y termine por negar "la verdad" oficial, considerada final y última. El dogmatismo es pura arrogancia y vocación para la tiranía.

Lo mismo vale para los cerebros y subgrupos del poder político y económico, en su eterna tendencia a la maximocracia y al absolutismo. Democracia y libre mercado suponen la coexistencia de tres o más subgrupos (partidos, facciones, bloques) tetranivelados, cada cual con parcelas/porcentajes proporcionales de la verdad, los derechos, el poder y la riqueza. La concentración de poder y riqueza por uno de los tres lados o subgrupos genera descontento, inestabilidad y provoca la escalada de los medios violentos para buscar la mejor convivencia. En este caso, la comprobación y validación de teorías de las Ciencias Sociales no es solo por los métodos académicos más convincentes, sean deductivos o inductivos, sino también por la práctica, por el tiempo y por los resultados proporcionales en calidad de vida de los subgrupos y sus niveles.

En el poder sacral, así como en todos los niveles del cerebro derecho, es donde aún impera, de manera absoluta, el argumento de autoridad y el fanatismo, sea de los profetas fundadores o de sus gestores actuales, gurús, celebridades, héroes, etc. Pero ahí también funcionan los tres cerebros y sus tres subgrupos y niveles. A pesar de la propuesta de ecumenismo y de tolerancia intercultural con los diferentes, el individualismo ególatra (casi autista) predomina, provocando todo tipo de abominaciones comportamentales. Tomar conciencia de los tres cerebros, de sus funciones y artimañas en los 4 niveles; tomar conciencia de la manifestación tricerebral en los tres subgrupos, en sus comportamientos y ardides en los 4 niveles podrá conducir al cerebro derecho y sus profesionales un paso adelante, más elevado de comprensión, comprobación y validación de sus contenidos y procesos.

PARADIGMA "**TRI**" EN LA CONVIVENCIA
POR LA DISPUTA MAXIMOCRÁTICA DE TRI-SATISFACTORES

El predominio del cerebro central forma el SUBGRUPO
OFICIAL TRI: Político, Económico, Sacral (± 15 a 20%).
Si es proporcional: Emprendedor, Líder, Jefe motivador, Guía.

Si es desproporcional: Dominador, "objetivista", ortodoxo, tirano, "dueño" de todo (porque hace las leyes), dinerista, saqueador financiero, supremacista (que se decía derecha, oligarca, burgués, "su santidad", etc.).

El predominio del cerebro izquierdo forma el SUBGR. **ANTIOFICIAL TRI** (± 3 a 5%).

Si es proporcional: Crítico inteligente, competidor alternativo, fiel, corresponsable.

Si es desproporcional: Traidor, infiel, peleón, rabioso, separatista (que se decía izquierda, anarquista, subversivo, socialista, eje del mal, etc.).

El predominio del cerebro derecho forma el SUBGR. **OSCILANTE TRI** (± 70 a 80%).

Si es proporcional: Cooperador, conciliador, trabajador, sacrificado, pero impotente.

Si es desproporcional: ciego, crédulo, pasivo, ocioso, distraído, desorganizado, engañado (que se decía centro, pueblo, masa de maniobra, proletario, voz de Dios, etc.).

Cuadro 41. Comportamiento previsible de los 3 subgrupos y de cada uno de sus miembros

Sin la comprensión triádica de la convivencia cerebral y grupal, sin la concientización de la necesidad de concatenación y aceptación recíproca de los tres subgrupos dentro del estándar proporcionalista, de nada sirve ninguna comprobación/ verdad unilateral, ni su refutación, sea en ciencia, en política, en economía, en religión, en arte, amor, etc. Se mantendría la continuación de entrechoques, violencia y destrucción entre etnias, bloques, países, subgrupos e individuos, en este orden:

VIOLENCIA 1ª: del oficialismo
Violencia "legalizada" con aprieto creciente por los subgrupos oficiales (madres/padres, jefes, gobiernos e imperios), camuflada de voluntad divina, de razones de Estado o de mercado (bancos y bolsas), haciéndose pasar por SUJETO OCULTO (¡no fui yo!). Es el crimen bien organizado desde los palacios y los bunkers de la banca, sin riesgos. Corresponsable por 62% del desorden tri.

VIOLENCIA 2ª: del antioficialismo
Subgrupo que reacciona a la violencia 1ª impuesta por el oficialismo, calificada por el oficial, como "ilegal", terrorista, "eje del mal" e injusta. Es la contra-violencia que lucha por la liberación, perseguida hasta la muerte. Es corresponsable por 30% del desorden tri.

VIOLENCIA 3ª: del oscilantismo
Es la violencia popular, común, callejera. Los del pueblo creen que tienen los mismos "derechos" que "los de arriba". Corren todos los riesgos porque tienen que salir a la calle para asaltar. Crimen mal organizado. Corresponsable por 8% del desorden tri.

Cuadro 41.1. Orden en que ocurre violencia/terrorismo entre subgrupos y niveles

Dado que el marco evolutivo/civilizador actual aún no ha alcanzado el nivel de autocomprensión y concientización triádica, el lenguaje es viciosamente unilateral o subgrupal, dificultando el mutuo entendimiento. El lenguaje que aprendemos en las escuelas es "reconfigurado" en tres "dialectos": lenguaje académico/culto de los subgrupos oficiales; lenguaje crítico/denunciante de los subgrupos antioficiales; y lenguaje popular/pobre de los subgrupos oscilantes. Con eso, cada subgrupo piensa justificar/encubrir su perspectiva unilateral, sus metas y sus estrategias, como se resumen en el cuadro que sigue.

De ahí la necesidad de un módulo de comunicación triádica, para superar monólogos discursivos y la ambigüedad de una torre/tierra de Babel, también en didáctica: Comunicación como acto educativo. Los tres tipos de lenguaje derivados de cada uno de los tres cerebros, con tres estilos característicos de cada uno de sus subgrupos, todo en cuatro niveles como mínimo, son representados así:

IZQUIERDO VERBAL:
Temas. Asuntos. Interés.
Lo que se dice y escribe sobre él por palabras y números.
Vocabulario más típico:
Ver, observar, describir, contar, analizar. Líneas, reglas, porcentajes, horarios, estudio, memoria, ciencia.
Estilo y Uso: ANTI-OFICIAL opositor con amenazas a los subgr. oficiales y seducción para los oscilantes

DERECHO NO-VERBAL:
Temas. Asuntos. Interés. Lo que se manifiesta sobre ellos por palabras, expresiones faciales, gestos y emociones.
Vocabulario más típico:
Escuchar, cantar, amar, sentir, orar. Ritmo, harmonía, sonido, sonoro, misterio. Dios, arte, bello, feo, ruido, odio, misión.
Estilo y Uso: OSCILANTE conciliador Deseoso de agradar al oficial y al antioficial, con "quizás sí, quizás no"

Niveles: 4.DIRECCIÓN, 3.ASESORÍA, 2.SUPERVISIÓN, 1.EJECUCIÓN
IZQUIERDO-saber, DERECHO-crear, CENTRAL-hacer

CENTRAL-FACTUAL:
Temas. Asuntos. Intereses.
Lo que se manifiesta sobre ellos por acciones, órdenes, ejemplos,
Vocabulario más típico:
Pegar, oler, tocar, comer, trabajar, gastar, sufrir, dormir, preocuparse.
Bueno, duro, blando, perfumado, maloliente, salado, sin sabor, fuerte.
Estilo y Uso: OFICIAL dominador con amenazas para los anti-oficiales y paternalismo para los oscilantes

Cuadro 42. Tres modalidades de comunicación: tres estilos subgrupales

Entendido y aceptado esto, surgió la necesidad de hacer "logoterapia": corrección de disfunciones/distorsiones del lenguaje; y, la necesidad de "desdoblamiento": completar la palabra, frase y discurso para desentrañar las intenciones latentes, ocultas del hablante auto-centrado y las consecuencias para los otros dos subgrupos (algo semejante a la interpretación que el psicoanalista hace de lo que dice o alega su paciente). Se hicieron largos ejercicios con esas dos técnicas, hasta llegar a ensayos de "logoterapia" del lenguaje sacral, socialista, capitalista, etc. La secuencia del mismo proceso llevó a la necesidad de "triadización" de los currículos y de cada materia/disciplina y contenido de las diferentes carreras, así como del sistema de evaluación.

Esa "triadización" es el punto de partida para la tan deseada interdisciplinariedad e interculturalidad. El paradigma tri-uno general (de la matergía, evolución) y su confluencia en el tricerebrar es el eje atractor y ordenador de las culturas, ciencias, carreras y disciplinas, así como el motor de su complejización.

La evaluación triadizada del enseñaje por el paradigma sistémico tricerebral, que empezó por la crítica de la evaluación escrita-oral, que es apenas de competencias de cerebro izquierdo, empezó substituyendo el término "Evaluación" por "Feedback" (paso 10 del CCT). El feedback supone todo el CCT/CCF del estudiante, al que pretende orientar y/o completar, así como encaminar para la práctica y no solo a medir el enseñaje teórico y su memorización. La orientación indicando lo que falta desarrollar y asimilar para avanzar en el enseñaje y su aplicabilidad tiene el nombre de Feedforward. El proceso todo se consolidó en dos etapas: feedback 1° y feedback 2°.

En el feedback 1°, se evalúan las competencias tricerebrales desarrolladas o adquiridas por el educando durante un cierto período, seleccionadas en negociación entre el docente y los estudiantes. Por ejemplo:

AUTO E INTERFEEDBACK DE COMPETENCIAS DEL CEREBRO IZQUIERDO

Autoevaluación con peso 20; evaluación por un colega con peso 30; y evaluación por el docente con peso 50. Nota mínima: 1; Nota máxima: 5. Con el tiempo y el crecimiento de la responsabilidad por la autoeducación, aumenta el peso de la nota del alumno y del colega, disminuyendo el del docente.

Funciones Lógicas	AUTO-EVALUAC.	CO-LEGA	DO-CENTE	TOTAL	ME-DIA
01. Capacidad de triadización	(_X20)=	(_X30)=	(_X50)=	(_□100)=	
02. Conferencias o debates en que participó					
03. Uso de computador, Internet, informática, aplicativos					
04. Dominio de la comunicación número-verbal					
05. Dominio de la escritura y redacción					
06. Conocimientos históricos					
07. Asimilación del noticiero nacional e internacional					
08. Capacidad cuestionadora					
09. Mente ordenada: uso del CCT/CCF)					
10. Uso de referenciales, modelos y maquetes					
11. Liderazgo de Secretario					
12. Liderazgo de glosarista					
13. Liderazgo de logoterapeuta					
14. Liderazgo de sintetizador					

FEEDFORWARD - Recomendaciones de Cultivo:

AUTO E INTERFEEDBACK DE COMPETENCIAS DEL CEREBRO CENTRAL

FUNCIONES OPERATIVAS	AUTO-EVALUAC.	COLEGA	DO-CENTE	TOTAL	ME-DIA
01. Corresponsabilidad por los grupos que frecuenta	(_X20)=	(_X30)=	(_X50)=	(_□100)=	
02. Ahorro de 10% mensual					
03. Conversación sobre negocios					
04. Éxito en mantener disciplina de vida					
05. Conocimiento de precios de tri-satisfactores					
06. Grado de iniciativa y competitividad					
07. Capacidad para hacer flujogramas y operacionalizar					
08. Prevención y auto-conducción en salud					
09. Autoconducción en comida, bebida, sueño					
10. Cumplimiento de cronogramas y compromisos					
11. Liderazgo de Coordinador					
12. Liderazgo de Cronometrista					
13. Liderazgo de Feedbacker					
14. Liderazgo de Pragmático					

FEEDFORWARD - Recomendaciones de Cultivo:

AUTO E INTERFEEDBACK DE COMPETENCIAS DEL CEREBRO DERECHO

FUNCIONES EMOCIONALES	AUTO-EVALUAC.	CO-LEGA	DO-CENTE	TOTAL	ME-DIA
01. Demostraciones afectivas	(__X20)=	(__X30)=	(__X50)=	(__☐100)=	
02. Buen genio, alegría					
03. Expresión corporal					
04. Ayuda a colegas					
05. Poesía					
06. Autoimagen					
07. Inspiración en estado mental de ciclaje reducido					
08. Elegancia de porte y trato					
09. Liderazgo de Admirador					
10. Liderazgo de Sensibilizador					
11. Liderazgo de Recepcionista					
12. Liderazgo de Ritualista					
13. Previsor-Solucionador (Futurólogo y Creativo)					

FEEDFORWARD - Recomendaciones de Cultivo:

La idea de priorizar la evaluación de competencias tricerebrales se debe a que son prerequisito para cualquier aprendizaje; y porque enseñaje no es sólo memorización, profesionalización: es vivencia tricerebral, es formación de ciudadanía, es desarrollo humano integral.

FEEDBACK 2° - FEEDBACK DE LA ASIMILACIÓN DEL CONTENIDO TRICEREBRAL DE CADA DISCIPLINA O MATERIA TRIADIZADA

En los exámenes periódicos de cada disciplina, la evaluación o el feedback tiene que ser por los tres cerebros, también. Esto supone que los contenidos de cada disciplina o materia y sus manuales ya estén triadizados, esto es, organizados en tres versiones/lenguajes, en mapas mentales tricerebrales y que sean así enseñados.

El primer paso es triadizar la educación o cultura general, cuyos tres grandes bloques son: educación académica por el cerebro izquierdo; educación socioemocional por el cerebro derecho; y, educación corporal, profesional y financiera por el central. Son las tres gramáticas de la educación familiar-escolar en familia, que deben continuar en la universidad, en las empresas, en la política y en la convivencia social.

Académica, filosófica científica, racional. Bancos de datos Cultura número-verbal

Estético-mística Socioemocional, creativa, artística, humanista, afectiva

Corporal, laboral, financiera. Poder político-económico. Sobrevivencia y procreación

Cuadro 43. Triadização 1ª: cultura y sus 3 bloques de saberes tetranivelados

Lectoescritura y números		Edu. Estético-mística
Escuela laical.		Educación emocional.
Escuela memorística		Educación afectiva,
Constructivismo		artística, deportiva.
Historia de la educación		Escuela confesional

Didáctica del enseñaje.
Dinámica de grupo, liderazgo.
Escuela activa, técnica, profesional..
Escuela autogestionaria, participativa.

Cuadro 43.1. Triadización 2ª : Educación tricerebral

El segundo paso es triadizar la disciplina en cuestión. Lo mismo se haría con la Matemática, la Economía, la Geografía, la Psicología, la Política, la Filosofía, la Religión, la Sociología, la Antropología, el Arte, el Derecho, incluso con las Ciencias Físicas.

Para la evaluación o feedback, cada disciplina tendría que detallar su contenido semestral y anual en unidades de enseñaje progresivas ascendentes. Se empieza, siempre, por la triadización primera que es de la cultura general, y por la triadización segunda enfocada en la disciplina. Esta es la tercera:

PEDAGOGÍA

PEDAGOGÍA LÓGICA
Detección y uso de competencias cognitivas.
Lectura/escrita/comunicación verbal-numeral.
Gramática, sintaxis, interpretación de textos.
Observación y aprendizaje. Discriminación
y memorización de diferentes formas, números,
conceptos, teorías. Raciocinio y argumentación.
Pienso, luego existo. En el principio era el verbo.

PEDAGOGÍA EMOCIONAL
Comunicación no-verbal, lectura de imágenes.
Demostraciones artísticas, literarias, afectivas.
Liberación de la creatividad. Ética proporcio-
nalista. Procesos de estimulación y motivación.
Percepción ecosistémica. Ciclajes cerebrales.
Valores tri-tetracerebrales. Altruismo.
Siento, luego existo. En el principio era el amor.

PEDAGOGÍA-DIDÁCTICA OPERACIONAL
Participación, liderazgo, trabajo en equipo.
Respeto a normas, leyes, hechos y compromisos.
Dominio de las TIC y tecnología. Organización y
disciplina. Experimentación, control y proceso
inductivo. Puntualidad, productividad, calidad.
Hago, luego existo. En el principio era la acción.

Cuadro 43.2. Ítems para un currículo y feedback de competencias tricerebrales pedagógicas

Este cuadro ejemplifica y posibilita evaluar y acompañar el enseñaje de una disciplina por sus tres componentes o ángulos cerebrales y no solo por el cerebro izquierdo. Con esta mirada triádica, es un absurdo cualquier proyecto de "escuela sin partido, sin discusión ideológica y ética, políticamente correcta", etc., lo cual no pasa de ser una precaución de las élites oficialistas que temen el pensamiento crítico y el dedo acusatorio dirigido a sus picardías.

La triadización es la matriz de la inter y transdisciplinariedad, ya que todos los saberes pueden ser distribuidos alrededor de los tres cerebros y sus cuatro niveles.

Realizados los anteriores módulos, se pasó al módulo del Seminario Transdisciplinario de Tutoría Grupal para elaboración, orientación y presentación de investigaciones y trabajos de grado. Esta es la parte más temida de los posgrados y que más lleva a deserciones, ya sea por falta de entrenamiento científico, de metodología de investigación o, por deficiencias en la tutoría individual, casi siempre arbitraria, caótica y autoritaria. Falta, obviamente, un contrato de trabajo que reglamente los deberes de los tutores y de los tutelados.

El Seminario de aprendizaje y colaboración transdisciplinario que vamos a presentar fue una adaptación del Seminario Panto-Iso-Crático del Prof. A. R. Müller en la FESP. Müller había comprendido que abordar la realidad humana por tajadas autónomas e independientes, como quieren las Ciencias Sociales, era un equívoco. Eso se verifica, también, a la hora de reglamentar cada una de las profesiones de las Ciencias Sociales: imposible separar los campos, jurisdicciones, fronteras e invasiones en la práctica. Por eso, además de la tutoría individual para las tesis de grado, Müller estableció el Seminario PIC, que era interdisciplinario, o sea, cualquier maestrando o doctorando de cualquiera de las Ciencias Sociales o incluso de las Ciencias Físicas, podía presentar su tema a la consideración de todos los demás. Como consecuencia, todos aprendían de todos y todos contribuían con todos.

La adaptación hecha por Cibernética Social siguió los pasos del CCT, impresos en un formato de rotafolio, como se muestra a continuación. Su finalidad es la de generar la disciplina y orden mental que tanta falta hacen en los debates académicos. Cada página del rotafolio indica la tarea, con orientación y normas para su ejecución. Después de alguna experiencia de conducción del Seminario por la mesa directiva, cada etapa del rotafolio del CCT es dirigida por los participantes.

SEMINARIO SUPRADISCIPLINARIO
DE TUTORÍA GRUPAL

CCT - CICLO CIBERNÉTICO DE TRANSFORMACIÓN
Ciclo de la Investigación-Creación-Acción
Rutas de la Mente

4. DIAGNÓSTICO
Comprensión sistémica tri-una de la Situación. FADO. Conclusiones. Priorización de necesidades y acciones

3. PROCESAMIENTO
Usar escalas e indicadores, hacer tablas. Combinar, cruzar datos para hacer aflorar patrones. Interpretar por la proporcionalidad

2. COLECTA DE DATOS. SONDEO.
Hacer modelación. Escoger referencial. Elaborar instrumentos de colecta. Observar, colectar y almacenar.

1. PROBLEMA A SOLUCIONAR. MISIÓN.
Ubicarse en el paradigma sistémico tri-uno. Conocer las necesidades. Cuestionar, ponerse metas y hipótesis.

10. FEEDBACK, BALANCE. Nueva vuelta del CCT para control de los resultados en relación a las metas. Reorientación del nuevo Ciclo buscando mejorías.

4.DIRECCIÓN
3.ASESORÍA
2.SUPERVISIÓN
1.EJECUCIÓN

IZQUIERDO-saber
DERECHO-crear
CENTRAL-hacentener

5. VISIÓN DE FUTURO
Previsiones sobre la situación estudiada. Anticipación de consecuencias en la cadena sistémica. Elaboración de escenarios.

5.1. CREATIVIDAD
Examen de dilemas, de cambios alternativos e innovadores. Estrategias para vencer. Jerarquización de las alternativas.

6. DECISIONES. PROYECTOS
Elección de proyectos, programa o actividad. Cálculo de riesgos y precios: FACTIBILIDAD.

7. PLANIFICACIÓN. Hacer flujograma y operacionalización de cada actividad. Plan Físico (patrimonio); Plan Cronológico (producción); Plan de Recursos Humanos; Plan de Finanzas. CONTINGENCIA (Plan Nº 2).

8. ADMINISTRACIÓN, GESTIÓN, LIDERAZGO
Ejecución del plan global. Movilización de inputs, procesamiento, outputs, cumpliendo metas crecientes: Productividad. Sala de Inteligencia.

9. SUPERVISIÓN-COACHING
Acompañamiento de apoyo y reajustes en función de alcanzar los objetivos. Neurocoaching.

1. FORMACIÓN DE LA MESA DIRECTIVA

Cronometrista. Secretario. Creativo. Feedbacker y otros

EL SUPERVISOR declara abierto el Seminario Supradisciplinario (S.S.).

Actuando como Recepcionista, da la bienvenida y crea clima de motivación.

Organiza la mesa, invitando a un EXPOSITOR, un Cronometrista, un Secretario, un Creativo, un Feedbacker y otros que sean oportunos.

EL Expositor indicará dos roles de cultivo, y la técnica de procesamiento a ser usada en la etapa 3. Inmediatamente el Cronometrista toma la palabra para establecer los tiempos para cada etapa del Rotafolio.

EL S.S. es una técnica de estudios Supradisciplinarios, con presencia de diferentes profesiones y disciplinas, para presentación de proyectos, reseñas bibliográficas, entrevistas, informes de trabajos o estudios, etc.

Este ROTAFOLIO marca e instruye, en cada hoja, el despliegue del S.S. EL supervisor podrá suprimir algunas etapas, conforme lo precise la sesión.

La estructura del S.S. y la forma de participación prevista en el Rotafolio, caracterizan el "aprendizaje (enseñaje) con tutoría grupal". Es una técnica innovadora y útil tanto en el enseñaje universitario presencial, como en el enseñaje a distancia para auto-entrenamiento y elaboración de proyectos en las empresas.

1.1. PRESENTACIONES

La presentación puede variar, incluyendo el nombre del participante, el título del proyecto a que se dedica, lugares donde vivió, lenguas que domina, etc. EL Supervisor insistirá, siempre, en un buen nivel de comunicación verbal, no verbal y de estilo académico.

1.2. AVISOS

Dar la palabra a quien desee informar algo cultural, científico (libros, revistas, películas, eventos) o hacer invitaciones, proponer normas, etc. Se recomienda que cada cual inicie su propio servicio de documentación (libros, revistas, recortes, documentos, noticias) por el Hológrafo.

1.3. AULITA

Tomando la palabra en sentido horario, cada uno de los presentes dice algo breve para resumir-ampliar el aprendizaje del Seminario anterior, procediendo por asociación de ideas.

2. EXPOSICIÓN

El Expositor es llamado a hacer su presentación.

A cada S.S. se nombrará un Expositor diferente, de tal forma que todos tengan oportunidad de hacerlo. El idioma del S.S. puede ser el portugués, el castellano o el inglés.

El Expositor sigue, aproximadamente, los pasos del Tricerebrar o del CCT – Ciclo Cibernético de Transformación. Durante la exposición no se permiten comentarios, preguntas, debates, interrupciones, porque eso viene en la etapa 3. Los demás lo acompañarán haciendo apuntes en la "Guía de Tutoría Grupal" (que se distribuye en cada S.S.). Si la presentación fuera una reseña bibliográfica, se la acompaña con la "Guía de Reseñas".

GUÍA DE TUTORÍA GRUPAL. Expositor:_____FECHA:_____ TÍTULO_____			
	APUNTES	PREGUNTAS	FEEDBACK
01. Pregunta de Investigación.			
1.1. Objetivo general y específico			
1.2. Justificativas y Relevancia: qué es lo que justifica la investigación.			
1.3. Cuestionamiento: ¿Será que? ¿Y si? ¿Por qué no?			
1.4. Delimitación de las partes variables del tema. Muestra. Modelaje.			
1.5. Marco teórico: teoría general, media y específica; referenciales.			
1.6. Bibliografía triádica.			
1.7. Expertos de los 3 subgrupos para consulta.			
1.8. Establecer hipótesis o tesis.			
1.9. Lista de conceptos a redefinir.			
02. Fuentes de datos o argumentos. Colecta por encuesta, experimento...			
2.1. Operacionalización de la colecta. Cronograma. Presupuesto.			
2.1.1. Plan de Procesamiento.			
2.1.2. Plan de Redacción			
2.2. Ensayo de la Colecta			
2.2.1. Ejecución de la Colecta y Archivo.			
03. Apuración: tablas, cuadros, modelos. Interpretaciones.			
04. Diagnóstico. Conclusiones.			
4.1. Álbum (histórico) de la investigación			
05. Futurología, evolución del problema			
5.1. Creatividad, estrategias para vencer			
06. Propuestas, decisiones, planes.			
07. Redacción, revisión. Impresión.			
7.1. Evaluación. Diploma.			
08. Divulgación, endoculturación.			

2.1. EXAMEN HOLOGRÁFICO

Terminada la Exposición, se dan unos 3 minutos, en silencio, para que todos hagan el "examen holográfico": chequear los puntos mencionados y no-mencionados, cubiertos o descubiertos, tanto en la Guía de Tutoría Grupal como en el Hológrafo, lo que dará origen a preguntas y feedback sobre el tema presentado.

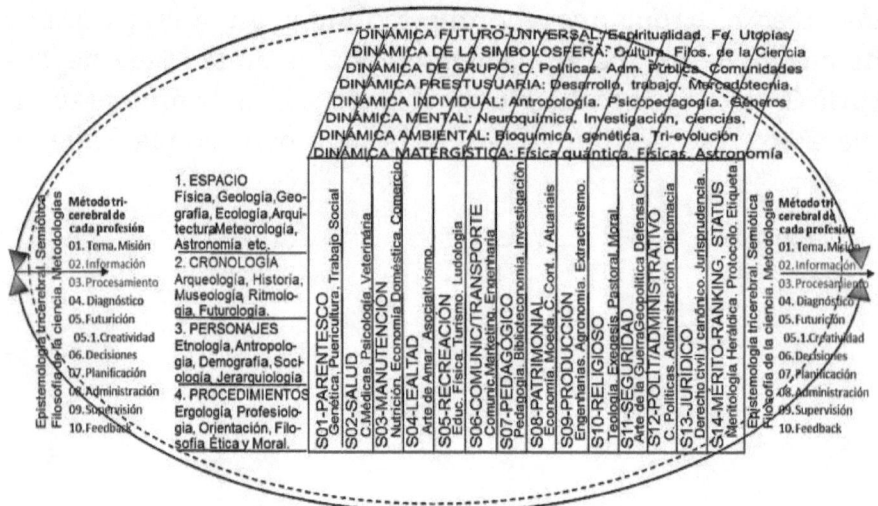

3. PROCESAMIENTO DE LA INFORMACIÓN

EL procesamiento se hace preferencialmente por la técnica "Vuelta de Preguntas". Según el tema, se pueden usar otras: estudio dirigido, dramatización, paneles, etc.

El Supervisor llama a cada participante, en secuencia horaria, dándole el derecho a una sola pregunta por vuelta. La pregunta es obligatoria y escueta, breve, sin introducciones, explicaciones y, mucho menos, respuestas. La respuesta será del Expositor, e inmediata. La importancia de esta técnica es la disciplina grupal y mental. Grupal porque obliga a que todos aprendan a cuestionar, esperando su turno. Y mental porque cada pregunta va evacuando otras; y el siguiente participante tendrá que imaginarse nuevas preguntas, lo que permite profundizar el tema.

3.1. FEEDBACK DEL TEMA

(Críticas y Aportes)

EL feedback al tema (no al expositor) se da con fuerte y franca crítica, seguida, sin falta, de sugerencias y de entreayuda. Si no hay aportes para mejorar, no está permitido hacer crítica.

Se hará como "Vuelta de opiniones", con llamada de los

participantes en sentido horario. La manifestación es obligatoria por parte de todos.

El expositor no se manifiesta, pero anota cada opinión, para comentarla en la etapa 4.

Al comienzo el Supervisor tendrá que ser firme hasta lograr la disciplina grupal y mental. El Cronometrista deberá ayudar a cada cual a que sea breve y conciso, para que todos tengan tiempo.

El Supervisor deberá valorar más la divergencia que la concordancia; garantizar la libertad de opinión, sin ofensa; y hacer presente la globalidad geográfica y la universalidad temática, provocando manifestaciones de los tres procesos mentales y por el Hológrafo.

4. COMENTARIOS DEL EXPOSITOR

SÍNTESIS Y CONCLUSIONES

El Expositor toma la palabra para aclaraciones y agradecimientos referentes a las opiniones de los participantes sobre el tema. Tiene que decir lo que acepta y lo que no acepta y por qué. La comunicación científica es directa, sin tanteos, sin mañas políticas y sin susceptibilidades. Como no se permite réplica de parte de los participantes, las discusiones pueden reaparecer en la etapa 6.

5. FUTUROLOGÍA de ESTE TRABAJO

ESCENARIOS

Es un brainstorming, o torbellino de ideas, anticipando las facilidades o dificultades en el desarrollo o aplicación del tema presentado.

El Supervisor recordará las reglas de funcionamiento del cerebro derecho:

- Hacer un gesto de relax lúdico.

- Suspensión temporaria de toda censura.

- Aportes muy breves, frases relámpago.

- Preferencia por lo burlesco, inusitado, divertido.

- Plantear el tema y autorizar el comienzo del brainstorming.

Las primeras veces, para que todos se autoricen a este juego de ideas y acciones, no se ponen reglas, ni orden; todos pueden hablar al mismo tiempo. Poco a poco, participarán secuencialmente, ordenadamente. Con el tiempo, se buscará cómo registrar los aportes.

5.1. CREATIVIDAD Aleatoria (por libre asociación)

Creatividad Instrumentada (siguiendo un referencial)

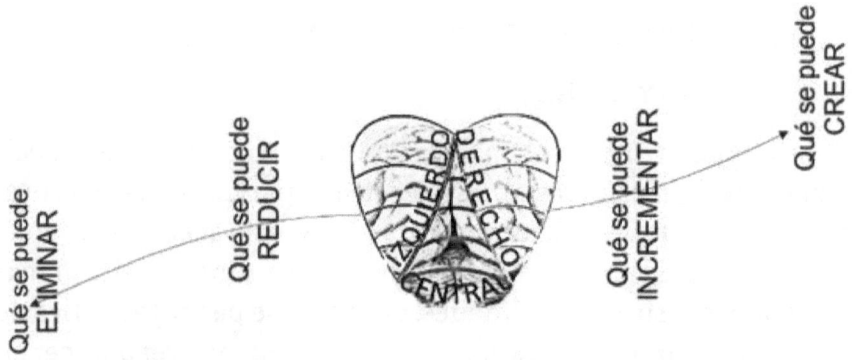

WHERE 1. ESPACIO: Esferas. Ambiente. Dónde. Dirección:
WHEN 2. CRONOLOGÍA: Temporalidad. De cuándo a cuándo:
WHO 3. PERSONAJES: Quién, con quién
            contra quién y de qué cerebro y nivel:
WHAT 4. PROCEDIMIENTOS: Qué se hace:
WHY & HOW   Por qué; Cómo; Costo; Resultado; Exigidor:

5.2. TORBELLINO DE IDEAS Y CLASIFICACIÓN

EL supervisor indica un problema, relacionado con la presentación, para el cual se buscan soluciones alternativas en el tiempo presente, usando la técnica del BRAINSTORMING (seguir las mismas normas del ejercicio de futurología). Después de un poco de práctica, las alternativas mencionadas son anotadas y sometidas a consideración por el siguiente proceso:

CRITERIOS ALTERNATIVAS	Espacio Distancia		Cronología Plazo		Personajes Capacitación		Costo Beneficio		Jurisdicción Alcance	
	SÍ	NO	SÍ	NO	SÍ	NO	SÍ	NO	SÍ	NO
1.										
2.										
3.										
4.										
5.										

6. PROPUESTAS Y DECISIONES

El Secretario tiene el liderazgo. Con base en el torbellino de ideas, los presentes elaboran y dictan una o dos propuestas de acción (no normas, ni conclusiones teóricas) relacionadas con la presentación e investigación científica. Cada propuesta pasará por:

1. Enmiendas (modificaciones, adiciones, supresiones, substituciones) que se pondrán entre paréntesis hasta que sean posteriormente votadas.

2. Debate con defensa y oposición a la propuesta: el que propuso la propuesta (el proponente) hará una breve justificación y defensa pidiendo apoyo en la hora de la votación que vendrá después del debate; un oponente (voluntario o indicado como abogado del diablo) levantará objeciones pidiendo el rechazo de la propuesta a la hora de la votación.

3. Votación de la propuesta original. El Secretario anuncia si se hará votación simple (mitad más uno de los votantes) o triple (cuántos a favor, en contra y abstenciones). La propuesta rechazada se borra.

4. La propuesta aprobada requiere votación de las enmiendas hasta llegar a la redacción final.

Obs.: La aprobación por consenso se da cuando se pregunta: ¿Hay alguien en contra? Si nadie se manifiesta, se declara "aprobada por unanimidad". Como siempre hay juegos triádicos subterráneos, disimulados, esa técnica no es recomendable, pues la usan los autoritarios para intimidar.

7. FLUJOGRAMA Y OPERACIONALIZACIÓN DE CADA PROPUESTA

Operacionalización FLUJOGRAMA	1	2	3	4	FB
Aterrizadores					
Dónde Equipamiento					
Inicio y término Horarios de ejecución					
Quién? Fortalezas y amenazas. (DIRECCIÓN ASESORÍA SUPERVISIÓN EJECUCIÓN)					
Resultados o beneficios? Dificultades esperadas?					
Costos?					
Exigidor: Sanciones por incumplimiento					

8 y 9. IMPLEMENTACIÓN (Gestión) Y SUPERVISIÓN (Upaya-Coaching)
Los pasos 8 y 9 del CCT se ejecutarán en el intervalo entre los seminarios.

10. PLANIFICACIÓN DEL PRÓXIMO SEMINARIO

Seguir los 4 factores operacionales del Hológrafo:

Espacio, cronología, personajes y procedimientos:

1. Local:
2. Día y hora:
3. Expositor del próximo S.S.:
3.1. Agenda a tratar:
4. Cronometrista:
4.1. Secretario:
4.2. Otros liderazgos:

10.1. FEEDBACK DEL SEMINARIO

Se pueden seguir los 4 factores operacionales u otro referencial.

PERSONAJES. El Feedbacker toma el liderazgo (si no, le toca al Supervisor) y plantea preguntas para evaluar:
El uso del CCT por el expositor y por el grupo;
El uso del lenguaje verbal, no verbal, y de los referenciales y modelos;
El resultado del enseñaje Supradisciplinario en la presente sesión;
El desempeño de los demás roles, incluso el de Supervisor y el Feedbacker.

PROCEDIMIENTOS. Uso del Rotafolio, disciplina mental, cumplimiento de las normas, grado de participación, grado de conocimiento del tema y de autores pertinentes. Uso de los tres procesos mentales.

CRONOLOGÍA. Tropiezos relativos a horario, aprovechamiento del tiempo; progresos en este S.S. y futurología.

ESPACIO: Ambiente, uso del salón, equipos y materiales.

EL líder orientará el FB para obtener sugerencias, entreayuda, no sólo evaluación. Antes del cierre, se firman papeles, se archivan documentos y se realiza todo lo de la secretaría.

10.2. CIERRE

Agradecimientos y despedida por el Recepcionista o Supervisor.

Toma de firmas y de documentos para archivo por el Secretario.

***

Además de los módulos hasta aquí presentados en la Especialización en Docencia Universitaria, hubo otros de familiarización con recursos necesarios para el enseñaje, como el de Internet, de video proyección, de programas de la televisión abierta. Véase el informe "TVestudio", y "Aprendiendo por las Pantallas en (copiar y poner en Google):

https://play.google.com/books/reader?id=cPvJIgAAAEAJ&pg=GBS.PA0

Con eso, se pretendía instalar un proceso de innovación continua. Una universidad siempre nueva requiere feedback anual en todos los 14 subsistemas con sus 4 factores operacionales y 8 dinámicas, usando el Ciclo Cibernético de Transformación. Requiere también revisar la vieja idea que la universidad es "enseñanza, investigación (ambas de cerebro izquierdo) y extensión a la comunidad, de cerebro central. Tendría que ser enseñanza-investigación para el cerebro izquierdo; ética proporcionalista y solidaria para el cerebro derecho; e integración universidad-comunidad para el cerebro central.

Por eso, el módulo referente a la extensión universitaria fue Gubernética: llevar conocimiento al mundo de los negocios, de la consultoría, del desarrollo comunitario, de la capacitación para la gobernanza pública, descrito como Movimiento de Creatividad Comunitaria, en el Capítulo 3.

La Especialización en Docencia Universitaria, iniciada en 1997, se extendió a la mayoría de los docentes de todos los cursos de la Universidad, en 14 ciudades de Colombia donde la UCC tenía presencia. En 2002, fue presentada una investigación de evaluación de esa Especialización, con opiniones de una muestra de más de 2.000 profesores que ahí se graduaron, conducida por el Dr. Sigifredo Ospina Ospina. La conclusión más importante fue que "el modelo tricerebral aplicado en clase vincula los contenidos lógicos de cada disciplina, así como el profesor a la problematización de la educación en términos de consistencia, viabilidad, posibilidad y eficiencia en el mundo de la vida cotidiana. Y 70% de los profesores mejoraron su desempeño".

Ahí se comprobó, también, que la metodología permite a los científicos sociales tener un lenguaje compartido, herramientas básicas comunes, constituyendo una especie de "etapa de clínica general". Como analogía: antes de tener un médico especialista, la medicina forma al clínico general. Lo mismo vale para las Ciencias Sociales y Humanas, tan desencontradas, moviéndose por caminos tan digresivos y variados, que las invalidan en la práctica.

OTRA EXPERIENCIA QUE ANIMÓ LA
CIENCIA SOCIAL GENERAL

En uno de nuestros muchos congresos bienales de Cibernética Social, se propuso la publicación de una antología de autores y profesionales de esa metodología. Se publicó PROPORCIONALISMO O CAOS (2002) con 15 artículos de diferentes áreas de las Ciencias Sociales y Humanas. Al organizar la edición, notamos que todos los autores y artículos tenían el mismo lenguaje y las mismas herramientas, aunque tratando sobre temas diferentes.

Esta situación inusual nos confirmó el carácter supradisciplinario de la teoría de la Cibernética Social Proporcionalista. Ella podría ser una teoría generalista -Ciencia Social General- de aplicación a todo el ecosistema y relaciones internacionales que llamamos Show del Ecosistema Planetario, en 16 escenarios; y podría comportar teorías de porte medio coincidiendo con las 8 dinámicas o escenarios del Cuadro 34, con aplicabilidad mayor en las ciencias específicas de los 14 subsistemas, que fue el caso de los artículos del libro Proporcionalismo o Caos (2002).

La teoría generalista y supradisciplinaria ya estaba avanzando. Y avanzaba en cada congreso de la Academia Internacional de Cibernética Social. Allí se presentaban los nuevos hallazgos, por la experiencia de todos y, las asimilaciones por hacer y adecuar, provenientes de avances en la vanguardia de todas las áreas de saberes. "Adecuar", que significa "traducir" para el lenguaje y el formato de las herramientas de Cibernética Social los temas a asimilar e incluir. En la época no se tenía un nombre para este proceso. Después, se confirmó como "triadizar-holografiar".

"Triadizar" es reorganizar algo alrededor de los tres cerebros y los tres subgrupos tetranivelados, según la jerarquía cerebral/subgrupal requerida por su contenido y por su aplicabilidad. "Holografiar" es profundizar lo que se triadizó, y reorganizar por el paradigma sistémico-triádico y por el lenguaje del Hológrafo (Cuadro 29).

El mencionado libro -Proporcionalismo o Caos- se publicó con los siguientes artículos triadizados:

Introducción al Proporcionalismo o Caos, por Silvio Sant'Anna.

Gramática -Manual para la Comunicación, por María Eugenia Macedo.

Comunidades Eclesiales de Base, por Pbro. Miguel Ramero.

Didáctica Cotidiana en la Familia, Escuela y Empresa, por María Célia Araújo.

Educación Especial en un Abordaje Trialéctico Sistémico, por Gilda Giovanoni.

Sociedades & Conflictos: Miniatura de las Relaciones Familiares, por Antônio Costa Neto.

Grupos – Vínculos bien Familiares, por Jorge Spínola.

Paradigma Jurídico Sistémico Triádico, por Sebastião Batista.

M. E. S. Método de Enseñaje Sistémico, por Davina Maia.

Mi enamoramiento de la Cibernética Social, por Marly Solanowski.

Mística y Libertad, por João Batista Martins.

Profesores ¡qué Cerebro! por Hamilton Carlos.

Reencantar la Psicología, por Colandi Oliveira.

Manifiesto Proporcionalista, por W. Gregori.

Hay muchos libros formateados por la metodología de Cibernética Social y su paradigma sistémico triádico, así como muchas tesis de maestría y doctorado, en Brasil y en muchos otros países. Ha llegado el momento, entonces, de proponer la Ciencia Social General, su fundamentación, metodología, lenguaje y sus herramientas para servir de base a las Ciencias Sociales y Humanas específicas.

Además, para hacer la conexión con cada una de las Ciencias Sociales sería necesario triadizar-holografiar cada una de ellas. Sería continuar y avanzar más en la perspectiva de lo que ya se ha hecho. Veamos un mapa de lo que proponemos como Ciencia Social General.

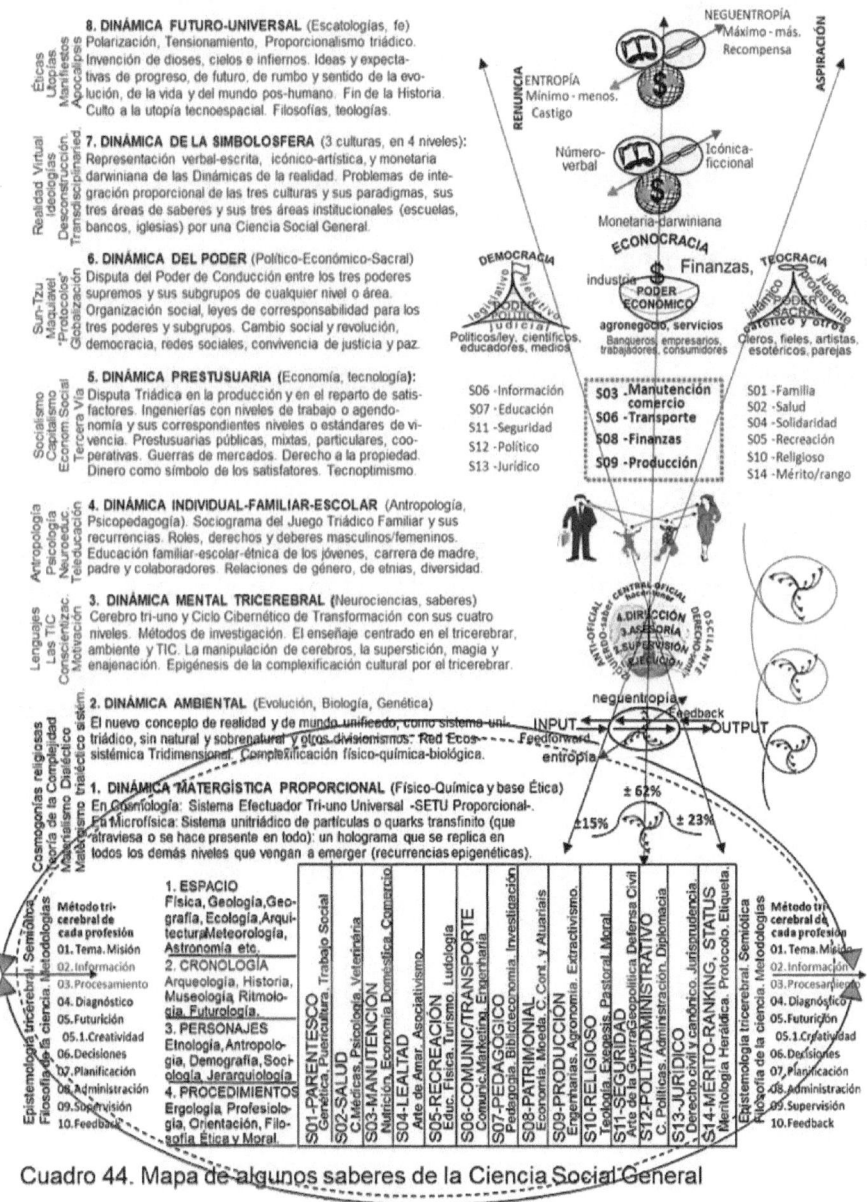

Cuadro 44. Mapa de algunos saberes de la Ciencia Social General

Esta es la visión panorámica de la Ciencia Social General. Sus componentes pueden ser clasificados así: la figura elíptica, punteada del sistema tri-uno representa el paradigma o teoría general; las dinámicas representan teorías medias; y lo demás del Hológrafo son teorías específicas, que pueden subdividirse en subespecíficas.

Las dinámicas, resumidas en ocho esferas, tienen como pedestal las Ciencias Físicas o más exactas (en la Dinámica Matergística, en el 1), seguidas por las ciencias bioquímicas (en la Dinámica Ambiental, en el 2) para mostrar que no se puede omitir o desvincular a los demás saberes de su base que son las Ciencias Físico-naturales y bioquímicas. Hay conexión y tesitura inconsútil, inquebrantable entre todas las áreas de saberes y de la vida. Sin embargo, vale repetir que, en este contexto global de saberes, situaciones y problemas inseparables, la Ciencia Social General tiene, como foco o eje, el fenómeno humano y social de la convivencia más pacífica, que se expresa en el concepto de PROPORCIONALISMO.

La Ciencia Social General fue diseñada como un método para que los tres subgrupos, de todos los niveles, entiendan la marcha del mundo en sus esferas entrelazadas y se sientan de alguna manera corresponsables por la conducción o gobierno de ellas, superando sus confinamientos mentales, culturales, étnicos, religiosos, nacionalistas e imperiales.

TRIADIZACIÓN HOLOGRÁFICA DE
ALGUNAS ÁREAS SOCIALES: HISTORIA

Dando clases en postgrado, introduje la investigación sobre la metodología para triadizar-holografiar algunas disciplinas con la participación de los estudiantes. Noté que se requiere largo bagaje tricerebral, buena cultura interdisciplinaria y hábito permanente de investigación. Es más fácil y rápido si el trabajo se hace en equipo interdisciplinario. La primera triadización holográfica completa la hicieron maestrandos, profesores de matemática, de la Maestría en Educación de la UCC, que se puede ver en el libro Neuroeducación para el Éxito (2016).

El proceso de la triadización holográfica completo recorre 6 pasos. El primer paso es triadizar la cultura; el segundo es triadizar la ciencia o disciplina en cuestión; el tercero es reorganizar triádicamente las unidades de enseñanza y evaluación de la disciplina o ciencia para cada semestre o año de su currículo que es la integración vertical (estos tres pasos ya fueron mostrados cuando abordamos el Feedback 2°); el cuarto es elaborar el flujograma histórico de la ciencia o disciplina en una solo página; el quinto es la elaboración de hipertextos mínimos para cada título que conste en el flujograma histórico de la disciplina; y el sexto es su interdisciplinarización por los 14 subsistemas. El proceso aborda lo esencial, la matriz general de cada disciplina, porque teniendo el mapa mental bien organizado, será fácil avanzar por los detalles de ahí derivados, que pueden ser consultados en los buscadores de la Internet.

TRIADIZACIÓN-HOLOGRAFÍA DE LA HISTORIA

Educación, comunicación.
Didácticas especializadas.
Métodos de Investigación.
Educación por la Historia.

Ed. Socioemocional.
creatividad, artes,
humanidades, lazos.
Espiritualidad

Trabajo, profesiones, sobrevivencia.
Poder político, economía.

Cuadro 45. Triadización-holografía 1ª: cultura y
sus bloques de saberes tetranivelados

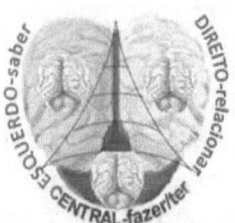

Razón/ciencia, archivos.
Documentos, exégesis.
Teorías de Historia.
Manuales de Historia

Historia de las religiones
Mitologías, fábulas.
Historia de las artes y
de la vida familiar.

Historia de los imperios, de los
Estados, gobiernos y pueblos.
Historia de la evolución económica.

Cuadro 45.1. Triadización-holografía 2ª: Historia Tri

HISTORIA

HISTORIA DE POLÍTICA Y CIENCIA
Entendimiento de la historia como su cesión de juegos triádicos de poder nacional/internacional, bajo nombres diferentes en cada ciclo. Operacionalización completa de cada ciclo (no solo cronológica). Identificar los subgrupos de interés, no solo el nombre de los líderes. Analizar el perfil tricerebral de los líderes y de los subgrupos. Ciclo de evolución de los saberes y del pensamiento.

HISTORIA ARTÍSTICO-RELIGIOSA
Sentimiento de solidaridad y corresponsabilidad con la evolución de la humanidad y todo el ecosistema. Historia de las creencias, religiones, artes y deportes. Creatividad para dramatizar las situaciones estudiadas. Visión de futuro para anticipar hechos recurrentes en la historia. Perdón y psicosíntesis del pasado. Historia del amor y de la vida privada. Identidad nacional y global. Vivencia crítica de conmemoraciones.

HISTORIA DE LOS CICLOS ECONÓMICOS Y DE CONQUISTAS
Situarse y auto-explicarse en la historia desde su localidad y su ciclo tecnológico de trabajo y economía. Capacidad para entender los juegos económicos y demografía involucrados en cada ciclo. Sentido práctico y valentía en las propuestas para solucionar y evitar conflictos estudiados o vividos. Patriotismo y sus exageraciones. Combate al militarismo, armamentismo e imperialismos. Avance del concepto de co-propietarios o condóminos del planeta y del patrimonio planetario.

Cuadro 45.2. Ítems para un currículo y feedback de competencias tricerebrales en Historia

Hacer un flujograma histórico triadizado como el que sigue es el cuarto paso del proceso de conexión de la Ciencia Social General con cualquier otra ciencia.

La presencia de la triple "hereditariedad" en la base del gráfico anterior y, en todos los demás, quiere indicar que las Ciencias Sociales y Humanas tienen, como raíz, las Ciencias Físicas y la Biología, pero triadizadas. Las figuras de sistema y de los tres cerebros tetranivelados indican que la evolución y la cultura son sistémico-triádicas, cuya estructura y registro histórico debe tener un mínimo de cuatro niveles. El ecosistema y los respectivos saberes forman un único flujograma evolutivo: desde los quarks a las Ciencias Sociales y Humanas, hasta el arte y la meditación mística. ¡Más puentes y menos muros!

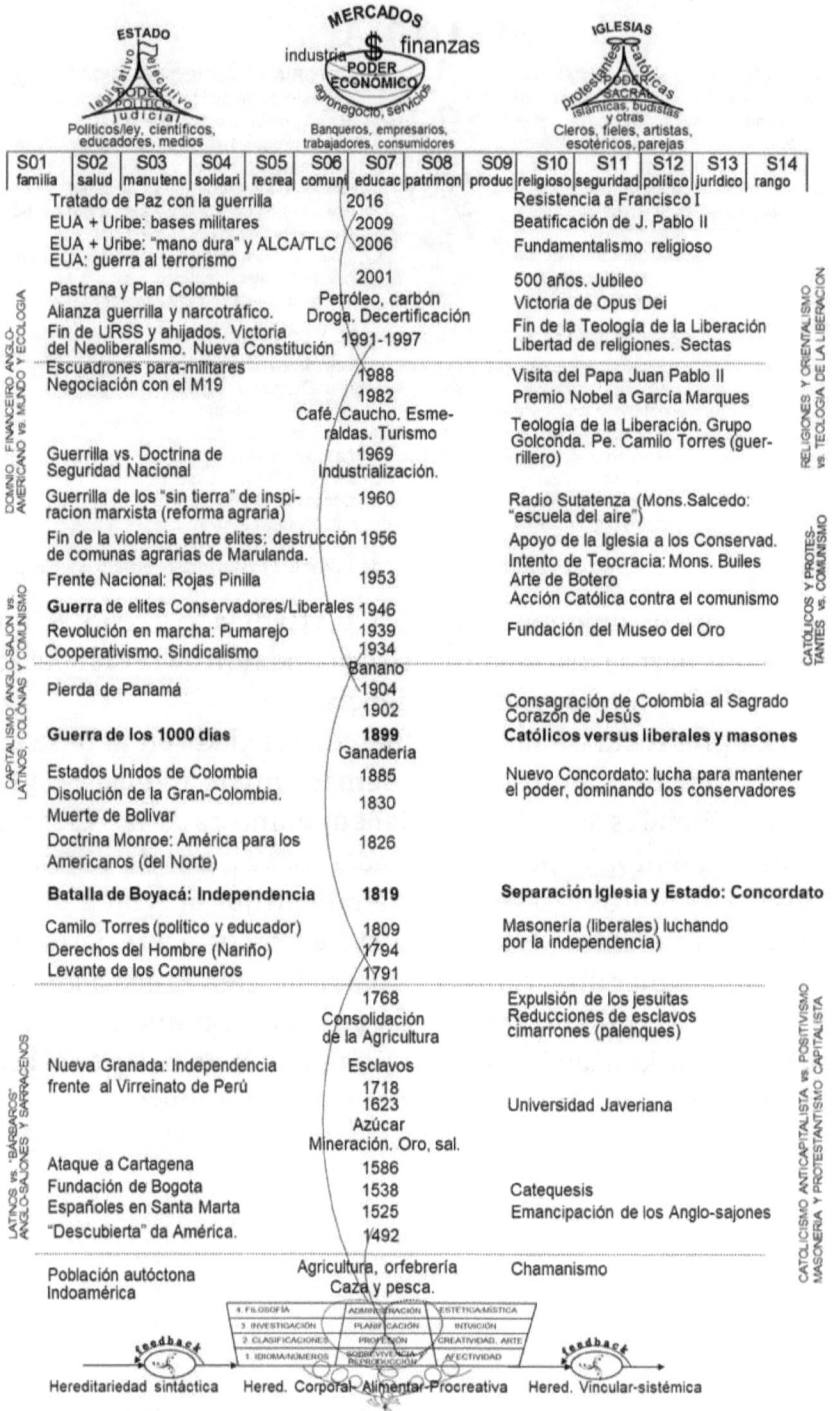

MERCADOS

ESTADO

industria $ finanzas
PODER
ECONÓMICO
agronegocio, servicios

IGLESIAS

PODER
SACRAL

Políticos/ley, científicos, educadores, medios

Banqueros, empresarios, trabajadores, consumidores

Cleros, fieles, artistas, esotéricos, parejas

S01 familia	S02 salud	S03 manutenc	S04 solidari	S05 recrea	S06 comuni	S07 educac	S08 patrimon	S09 produc	S10 religioso	S11 seguridad	S12 político	S13 jurídico	S14 rango

DOMINIO FINANCEIRO ANGLO-AMERICANO vs. MUNDO Y ECOLOGIA

Tratado de Paz con la guerrilla — 2016 — Resistencia a Francisco I
EUA + Uribe: bases militares — 2009 — Beatificación de J. Pablo II
EUA + Uribe: "mano dura" y ALCA/TLC — 2006 — Fundamentalismo religioso
EUA: guerra al terrorismo
2001
Pastrana y Plan Colombia — Petróleo, carbón — Victoria de Opus Dei
Alianza guerrilla y narcotráfico. — Droga. Decertificación — 500 años. Jubileo
Fin de URSS y ahijados. Victoria — 1991-1997 — Fin de la Teología de la Liberación
del Neoliberalismo. Nueva Constitución — Libertad de religiones. Sectas

RELIGIONES Y ORIENTALISMO vs. TEOLOGIA DE LA LIBERACION

Escuadrones para-militares — 1988 — Visita del Papa Juan Pablo II
Negociación con el M19 — 1982 — Premio Nobel a García Marques
Café. Caucho. Esme- — Teología de la Liberación. Grupo
raldas. Turismo — Golconda. Pe. Camilo Torres (guer-
Guerrilla vs. Doctrina de — 1969 — rillero)
Seguridad Nacional — Industrialización.
Guerrilla de los "sin tierra" de inspi- — 1960 — Radio Sutatenza (Mons.Salcedo:
ración marxista (reforma agraria) — "escuela del aire")
Fin de la violencia entre elites: destrucción 1956 — Apoyo de la Iglesia a los Conservad.
de comunas agrarias de Marulanda. — Intento de Teocracia: Mons. Builes
Frente Nacional: Rojas Pinilla — 1953 — Arte de Botero

CATOLICOS Y PROTESTANTES vs. COMUNISMO

CAPITALISMO ANGLO-SAJON vs. LATINOS, COLONIAS Y COMUNISMO

Guerra de elites Conservadores/Liberales 1946 — Acción Católica contra el comunismo
Revolución en marcha: Pumarejo — 1939 — Fundación del Museo del Oro
Cooperativismo. Sindicalismo — 1934
Banano
Pierda de Panamá — 1904 — Consagración de Colombia al Sagrado
1902 — Corazón de Jesús
Guerra de los 1000 días — **1899** — **Católicos versus liberales y masones**
Ganadería
Estados Unidos de Colombia — 1885 — Nuevo Concordato: lucha para mantener
Disolución de la Gran-Colombia. — 1830 — el poder, dominando los conservadores
Muerte de Bolívar
Doctrina Monroe: América para los — 1826
Americanos (del Norte)

Batalla de Boyacá: Independencia — **1819** — **Separación Iglesia y Estado: Concordato**

Camilo Torres (político y educador) — 1809 — Masonería (liberales) luchando
Derechos del Hombre (Nariño) — 1794 — por la independencia)
Levante de los Comuneros — 1791

LATINOS vs. 'BARBAROS' ANGLO-SAJONES Y SARRACENOS

1768 — Expulsión de los jesuitas
Consolidación — Reducciones de esclavos
de la Agricultura — cimarrones (palenques)
Nueva Granada: Independencia — Esclavos
frente al Virreinato de Perú — 1718
1623 — Universidad Javeriana
Azúcar
Mineración. Oro, sal.
Ataque a Cartagena — 1586
Fundación de Bogota — 1538 — Catequesis
Españoles en Santa Marta — 1525 — Emancipación de los Anglo-sajones
"Descubierta" da América. — 1492

CATOLICISMO ANTICAPITALISTA vs. POSITIVISMO MASONERIA Y PROTESTANTISMO CAPITALISTA

Población autóctona — Agricultura, orfebrería — Chamanismo
Indoamérica — Caza y pesca.

4. FILOSOFIA / ADMINISTRACION / ESTÉTICA-MISTICA
3. INVESTIGACION / PLANIFICACIÓN / INTUICIÓN
2. CLASIFICACIONES / PROFESIÓN / CREATIVIDAD, ARTE
1. IDIOMA/NUMEROS / SOBREVIVENCIA/REPRODUCCIÓN / AFECTIVIDAD

feedback — feedback

Hereditariedad sintáctica — Hered. Corporal-Alimentar-Procreativa — Hered. Vincular-sistémica

Cuadro 46. Flujograma evolutivo sistémico tri-uno de la Historia de Colombia

HIPERTEXTOS

El paso 5 de la triadización holográfica de un área dada de saberes es la producción de hipertextos, caminando hacia la reformulación de los manuales de texto. Cada título del gráfico-flujograma anterior tendría un breve y esencial hipertexto con el mismo lenguaje sistémico-triádico. Esa brevedad puede ser complementada en consultas en Internet y otras fuentes (su lenguaje monádico o diádico será debidamente triadizado alrededor de los tres cerebros y sus cuatro niveles. Vamos a ejemplos.

Si el Flujograma Histórico de Brasil tiene un vínculo de hipertexto para AMERINDIA, al accionar control+clic del mouse, aparecerá:

AMERINDIA O INDOAMÉRICA (Ex-Latinoamérica)

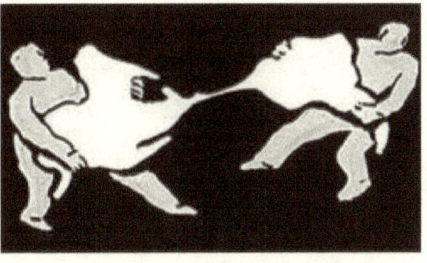

Para los países que no son de origen anglosajón, estamos tratando de rechazar o superar la denominación de América "Latina", que sería una especie de continuación de Europa Latina (Italia, Francia, España y Portugal), con su fracaso frente a la Europa anglosajona (Holanda, Inglaterra, Alemania, Dinamarca, Bélgica, Suiza y los países escandinavos) desde el fin de la Edad Media. Tampoco estamos de acuerdo con que los nacidos en América del Norte se llamen americanos (nombre geográfico), y los nacidos en América del Sur se llamen latinos (nombre cultural), cuando todos somos americanos del sur o del norte. Además, aquí no solo somos provenientes de Europa latina; somos indígenas, negros, árabes, orientales, mestizos; somos provenientes de todos los lados del planeta.

Queremos reprogramar nuestra imagen geográfica e histórica. La colonización hecha por Europa Latina y por Europa Anglosajona creó, según ellos, un nuevo mundo, pero más que una extensión, fue una colonia de ellos mismos, una proyección de sus conflictos, de sus errores y de sus cualidades.

Después de 500 años de existencia no conseguimos todavía ser nosotros mismos, principalmente en la América "Latina". Continuamos siendo un reflejo, un eco del viejo hombre europeo, sea él anglosajón o latino. Por eso, queremos programar lo que seremos, redefiniendo nuestra identidad, empezando por el nombre: Indoamérica o Amerindia.

El concepto de Indoamérica o Amerindia o Eurindia (Europa + América india) es compuesto de "indígena-nativo" y "americano". Significa cultura europea llegando acá y cruzándose con la cultura nativa que ellos equivocadamente llamaron india o indios. Como los europeos que aquí llegaron eran mestizos árabes, somos indo-árabe-americanos. Como después llegaron los africanos, somos indo-árabe-afro-americanos. Como después hubo inmigración alemana, italiana, china, japonesa, eslava y de todas partes, somos una síntesis planetaria.

Los 5 ciclos que resumen la historia de Indoamérica son:

1. La primera Amerindia fue la precolombina – 40.500 años atrás.

2. La segunda fue la invasión europea por Cristóbal Colón - desde 1492.

3. La tercera fueron las luchas de independencia lideradas por San Martin, Bolívar, Morelos, los hermanos Andradas (Brasil), etc., doscientos años atrás (1804-1825), lograda solo por EE. UU., en 1776.

4. La cuarta, fue el intento de revoluciones socialistas, durante todo el siglo XX, quedando Cuba como muestra.

5. La quinta es la que se está intentando gestar, en el siglo XXI.

El juego del siglo XX o de la Cuarta Amerindia terminó con la victoria del paradigma mental protestante-darwinista-anglosajón-neoliberal monádico en 1989 (caída del Muro de Berlín) y la renuncia de Gorbachov en 1991 (disolución gratuita de la URSS), que marca el final de ese ciclo y, a la vez, el final de la guerra de los 500 años de los anglosajones reformadores contra los latinos católicos y

CIENCIA SOCIAL GENERAL

el resto del mundo. El Papa Juan Pablo II fue un valioso peón de EE. UU., abriendo la brecha de Polonia y exterminando la Teología de la Liberación en Indoamérica, como si estuviera restaurando el imperio papal del Medioevo. Los EE.UU. lograron restablecer nuestra dependencia por diversos mecanismos: los misioneros evangélicos, el Instituto Lingüístico de Verano y las Escuelas Superiores de Guerra, como policía ideológica; la entronización de dictaduras opresoras; la CIA y sus similares en cada país, como policía paramilitar; la Trilateral y el FMI en complicidad con las exiguas y poderosas élites de cada país como policía económica. A esa histórica victoria Francis Fukuyama la llamó, delirantemente, El Fin de la Historia (1989-1992).

Antes, Indoamérica quería desuncirse de EE.UU. y alinearse con la URSS. Ahora ya no sabe dónde buscar protección contra la voracidad del subgrupo oficial angloamericano y sus cómplices económicos en cada país. Por eso, empezó a crear sus propias instituciones y medios: Unasur, CELAC, Telesur, etc.

Para América Latina y Caribe (Indoamérica), tanto la propuesta desarrollista del capitalismo como la del socialismo fracasaron en la meta de arrancarnos del atraso y de la desproporcionalidad (injusticia tricerebral-grupal tetranivelada).

Es una infelicidad para nosotros no haber logrado la liberación, el replanteamiento y la organización de nosotros mismos, o sea, no haber logrado un ser humano y unas sociedades indoamericanas distintas de las de los depredadores europeos y del imperio judeo-anglo-estadounidense. No sabemos si se está buscando un hombre nuevo en el Oriente, en Asia, en África o en el mundo eslavo postsocialista. En Europa anglosajona y su prolongación que son los EE.UU., sabemos que no. Nosotros, los indoamericanos tenemos que salir en esta dirección y replantear algo nuevo, frente al diagnóstico que tenemos de nosotros mismos después de 500 años de "civilización y evangelización" europea y norteamericana.

Si el título del Flujograma Histórico de Brasil tuviera un vínculo de hipertexto para EMANCIPACIÓN DE LOS ANGLOSAJONES, al accionar control+clic del mouse, aparecerá:

EMANCIPACIÓN DE LOS ANGLOSAJONES

El renacimiento fue un comienzo del ciclo de la modernidad, traslapado con el fin del ciclo del sacro imperio romano de los papas. Mientras los países latinos (Italia, Francia, España y Portugal) y sus pensadores y artistas pintaban, poetizaban y soñaban con reformar la Iglesia, los países anglosajones decidieron emanciparse del imperio papal y, de paso, parar de pagar impuestos al servicio del lujo del papa y los cardenales de Roma.

En realidad, todo comenzó con un deseo de reformar la teocracia. El fraile alemán agustino Martín Lutero salió rabiado con los negociados romanos, como la venta de indulgencias para financiar el imperio y con los escándalos que presenció cuando estuvo en Roma. Se declaró antioficial y empezó la pelea: Lutero criticando, protestando, traduciendo la Biblia al alemán, etc. y el subgrupo oficial de Roma amenazándolo, excomulgándolo y tildándolo a él y a sus seguidores de "protestantes" (como después los "comunistas", y ahora los "indignados", los de la "primavera árabe", los de las manifestaciones contra Wall Street, etc., etc. y etc.).

Los políticos de Alemania vieron la oportunidad de emancipación y defendieron a Lutero con las armas. El año 1517 se tomó como la fecha de ruptura que los papas tildaron de Reforma Protestante porque solo conocían el lenguaje religioso-teocrático. En realidad, por el lado civil fue una Revolución, una guerra civil de emancipación o separación de los países anglosajones, como Hispanoamérica que se separó de España, como Pakistán que se separó de India, como Timor-Leste que se separó de Indonesia en 2002, como Kosovo que se separó de Serbia en 2008, etc.

El primer país que oficialmente proclamó la independencia frente a Roma y puso la religión bajo el poder político del rey (invirtiendo la supremacía de la teocracia por la civicracia o, lo que más adelante se llamaría democracia) fue la Inglaterra del mujeriego Rey Enrique VIII en 1534 (que también condenó a muerte a su Canciller Tomás Moro (el que escribió "Utopía") por mantenerse católico y no romper con Roma. La denominación de las religiones en los países emancipados tomó el nombre general de "protestantes" (hoy "evangélicos") pero en cada país tiene variaciones como "religión angli-

cana" en Inglaterra, "luterana" en Alemania, etc.

La Iglesia de Roma, para defender sus privilegios y medievalidad de cerebro derecho contra la modernización (decían que era para defender la pureza de sangre o racial; ¿para qué, si el clero no procreaba?) decretó la expulsión de los judíos y los moros de sus restantes "dominios" latinos, con una alternativa: o se convertían o se iban. La mayoría se fue a los países anglosajones emancipados, primero a Holanda que era la potencia de la época, después a Inglaterra que derrotó a Holanda y se adueñó de los mares y otras cositas más. Esta diáspora de la inteligencia financiera y científica de judíos (denominados askenazíes) ayudó a crear la Holanda moderna y el imperio británico. Los que se quedaron tuvieron que simular una conversión pública, mientras en lo privado continuaban con sus tradiciones perseguidas por la "santa" Inquisición de Torquemada. Los judíos conversos tildados de "cristianos nuevos", se denominaron "sefardíes" (judíos de los países latinos o del sur de Europa).

La influencia de uno de los más importantes líderes religiosos, Juan Calvino, lanzó la doctrina de la salvación garantizada por el trabajo y la prosperidad que sería el único indicativo con que Dios señalaba a sus elegidos (compra de indulgencias y de la salvación, muy acorde con la mentalidad comercial-financiera de los judíos, que Jesucristo combatía y Moisés también al destruir el becerro de oro). La doctrina de Calvino se conoció como "Ética Protestante" y fue, según tesis de Max Weber, el principal factor del desarrollo y de la supremacía moderna de los pueblos anglosajones liderados por Inglaterra, que provocó la reacción anticomercial y financiera de Karl Marx que desembocó en el socialismo protagonizado y sepultado por la URSS.

La Iglesia católica y sus dominios latinos quedaron rehenes del cerebro derecho teocrático, manteniendo el subdesarrollo del cerebro izquierdo (ciencia) y del cerebro central (desarrollo y riqueza). Con el cerebro izquierdo y central los anglosajones se adelantaron y crearon la modernidad. Hay que destacar que los protagonistas de los dos eventos mayores de la modernidad -las revoluciones científicas e industriales anglosajonas o el capitalismo y la revolución anticap-

italista del socialismo- fueron protagonizados por subgrupos judíos: la revolución capitalista por judíos oficiales y la anticapitalista por judíos antioficiales.

El paso 6, el último del proceso de triadización holográfica de una disciplina o profesión, es su inter o transdisciplinarización. Hubo muchos ensayos y muchas propuestas para eso, con poco éxito, porque faltaban referenciales, metalenguaje y metodología compartida como propone la Ciencia Social General.

Los textos y discursos del paradigma monádico-lineal no están abiertos para ninguna inter o multidisciplinarización; cuando mucho, forman algún híbrido como fisicoquímica, bioética, biopsicosocial, psicopedagogía, emotopedia, psicosomático, neuroeconomía, ecoteología, etc.

Aquí, cada disciplina se mini-interdisciplinariza cuando es triadizada o tiene su contenido distribuido alrededor de los tres cerebros y sus cuatro o más niveles; después, se interdisciplinariza cuando, posicionada en los catorce subsistemas, es tomada como eje y se conecta con los demás subsistemas y sus saberes, en doble vía, eso es, en relación sistémica de input-transformación-output: sirve a los demás y es servida por ellos; y se supradisciplinarizaría cuando, situada como un eje del Hológrafo, serviría a todas las demás áreas del Hológrafo, y sería servida por ellas, en un proceso continuo de input-output-feedback.

Con los 14 subsistemas, que son una amplificación de los tres cerebros, y con las dinámicas que son la organización de la vida ambiental, individual, grupal, colectiva y cultural (las líneas externas diagonales, de la ilustración que sigue, simbolizan las esferas dinámicas), se puede organizar la inter o transdisciplinariedad con mayor precisión y eficacia. Vamos a un primer ensayo con la Historia:

SO1 – Historia de la evolución de las especies y de las etnias. Historia de la vida privada. Historia de la adecuación de tierras para los varios hábitats. Historia de las comunidades hasta las megalópolis.

S02 – Historia de la salud, de las grandes pestes y pandemias. Historia de los ritos funerarios. Evolución de la biología y ciencias de la salud. Historia del ambientalismo y de la lucha preservacionista.

Cuadro 47. Interdisciplinarización-Holografía de la Historia

S03 – Historia de la alimentación/nutrición, bebidas y vestuario. Historia del comercio desde el trueque hasta el e-commerce.

S04 – Historia de los grandes amores, grandes odios y grandes venganzas. Historia de las sociedades secretas del poder sacral, político y económico y sus subgrupos. Historia del sindicalismo y cooperativismo.

S05 – Historia de la recreación, de la diversión y del ocio. Historia de cada deporte y de cada una de las artes. Historia de la búsqueda de la felicidad y del placer.

S06 – Historia de las lenguas, de la escritura, de las gramáticas, de Libras (lengua de señales). Historia de los códigos secretos de cada país, de la prensa y de los medios de comunicación modernos y de las TIC. Historia de las vías de transporte terrestre, acuático, ferroviario, aéreo, espacial. Historia de los medios de transporte.

S07 – Historia de la educación en las diferentes culturas y escuelas. Historia del libro, de los saberes, de las ciencias y de las bibliotecas.

S08. Historia de la evolución de la propiedad, de la moneda y de la riqueza. Historia de los bancos, de las bolsas de acciones, de la especulación, de las recesiones y de los grandes golpes financieros. Inflación y deflación. Historia de la Economía y de la Contabilidad.

S09 – Historia de la evolución de la producción de la

sobrevivencia, de la creación de la tecnología, de las revoluciones industriales y de la productividad, por ciclos. Historia del trabajo y de las empresas. Ciclos de asimetría entre oferta y demanda.

S10 – Historia de la mitología sobrenatural, de los esoterismos, de las religiones, de sus libros sagrados, ritos y organizaciones. Teocracias.

S11 – Historia de la violencia, de las guerras, de los ejércitos. Historia de la tecnología y "arte" de la guerra. Historia de las cárceles y de los castigos en cada cultura.

S12 – Historia de las civilizaciones y sus imperialismos. Historia nacional de cada país. Historia de las democracias y regímenes políticos, de la ascensión de la econocracia o financiocracia. Historia de genocidios y de grandes revoluciones.

S13 – Historia de la justicia o medios de regulación de la convivencia. Los diferentes códigos religiosos, civiles y privados. Constituciones y surgimiento del poder legislativo. Historia de la búsqueda por la justicia social.

S14 – Historia de la falsa nobleza, de la falsa supremacía religiosa, política o económica de alguna etnia, de las castas sociales, etc. Historia de la picardía de los subgrupos oficiales/élites de todos los niveles, de todos los tiempos y de todas las regiones y, de las reacciones de los antioficiales y oscilantes. Creación de la memoria de la cultura en museos, monumentos y calendarios conmemorativos. Historia de la búsqueda de la gloria, de la celebridad y de la eternización.

MAPA DE ALGUNOS SABERES
POR EL HOLÓGRAFO

Para fines de revisión curricular, vamos a representar el listado somero de saberes, cursos y profesiones por el Hológrafo como sistema para, después, distribuirlos en tres bloques:

DINÁMICA FUTURO-UNIVERSAL: Espiritualidad, Fe. Utopías/
DINÁMICA DE LA SIMBOLOSFERA: Cultura, Filos. de la Ciencia
DINÁMICA DE GRUPO: C. Políticas. Adm. Pública. Comunidades
DINÁMICA PRESTUSUARIA: Desarrollo, trabajo. Mercadotecnia.
DINÁMICA INDIVIDUAL: Antropología. Psicopedagogía. Géneros
DINÁMICA MENTAL: Neuroquímica. Investigación, ciencias.
DINÁMICA AMBIENTAL: Bioquímica, genética. Tri-evolución
DINÁMICA MATÉRGÍSTICA: Física quántica. Físicas. Astronomía

Método tri-cerebral de cada profesión
01. Tema. Misión
02. Información
03. Procesamiento
04. Diagnóstico
05.1.Creatividad
06. Decisiones
07. Planificación
08. Administración
09. Supervisión
10. Feedback

Epistemología tricerebral. Semiótica.
Filosofía de la ciencia. Metodologías

1. ESPACIO
Física, Geología,Geografía, Ecología,Arquitectura,Meteorología, Astronomía etc.
2. CRONOLOGÍA
Arqueología, Historia, Museología Ritmología. Futurología.
3. PERSONAJES
Etnología, Antropología, Demografía, Sociología Jerarquiología.
4. PROCEDIMIENTOS
Ergología, Profesiología, Orientación, Filosofía Ética y Moral.

S01-PARENTESCO Genética, Puericultura, Trabajo Social
S02-SALUD C. Médicas, Psicología Veterinaria
S03-MANUTENCIÓN Nutrición Economía Doméstica, Comercio
S04-LEALTAD Arte de Amar. Asociativismo.
S05-RECREACIÓN Educ. Física, Turismo. Ludología
S06-COMUNIC/TRANSPORTE Comunic. Marketing. Enperñaria
S07-PEDAGÓGICO Pedagogía. Biblioteconomía. Investigación
S08-PATRIMONIAL Economía. Moeda. C. Cont. y Atuariais
S09-PRODUCCIÓN Engerharías. Agronomía. Extractivismo.
S10-RELIGIOSO Teología. Exegesis. Pastoral. Moral
S11-SEGURIDAD Arte de la Guerra Geopolítica Defensa Civil
S12-POLÍT/ADMINISTRATIVO C. Políticas. Administración Diplomacia
S13-JURÍDICO Derecho civil y canónico. Jurisprudencia
S14-MÉRITO-RANKING, STATUS Mentología Heráldica. Protocolo. Etiqueta.

Método tricerebral de cada profesión
01. Tema. Misión
02. Información
03. Procesamiento
04. Diagnóstico
05.1.Creatividad
06. Decisiones
07. Planificación
08. Administración
09. Supervisión
10. Feedback

Epistemología tricerebral. Semiótica
Filosofía de la ciencia. Metodologías

Cuadro 48. Mapa de algunos saberes por el Hológrafo

Por su naturaleza holográfica y toto-total, el cuadro 48 permite que cualquiera de los subsistemas o saberes pueda ser tomado como eje sistémico de todos los demás. Una vez determinado un eje, curso o profesión, este será detallado por sus cuatro factores operacionales; en seguida, se determinan otros subsistemas/saberes ne-

Cuadro 48.1. Mapeamiento/composición de un currículo

cesarios como input para quien vaya a ejercer tal profesión como output, en una escala de prioridad 2, 3, 4, 5, etc., cada uno de ellos igualmente operacionalizado.

De esta manera, se combina el ser especialista con el ser generalista: no se pierde de vista el contexto global, que es el Hológrafo como mapa de conexiones sistémicas posibles. Se evita el exceso de cultura extensa de un generalista (típica de

DR. W. GREGORI

las Ciencias Sociales y Humanas), así como el exceso de cultura estrecha de un especialista (típica de las Ciencias Físicas). Podemos examinar los cursos/carreras en tres grandes bloques; enseguida, cada curso/carrera tendría su triadización de paso 1, 2, 3, etc., porque no existe una sola medicina o geografía.

CEREBRO IZQUIERDO Saberes de sociales/lógicas	CEREBRO CENTRAL Saberes de exactas/prácticas	CEREBRO DERECHO Saberes de arte/humanismo
Administración Escolar	Administración pública-privada	Agente funerario
Analista de sistemas	Agrimensura	Animador cultural
Antropología	Agronegocio	Arquitectura
Árbitro	Agronomía	Artes escénicas
Archivología	Biología	Artes gráficas
Arqueología	Biotecnología	Artes plásticas
Astronomía	Ciencias biomédicas	Artesanía
Bibliotecología	Cambio	Audio-visuales
C. Contables y actuariales	Comercio Exterior	Peluquería
C. Políticas	Educación Física	Canto
Cartografía	Economía	Cataduría
Cibernética	Economía doméstica	Ceremonial
Ciencias económicas	Enfermería	Cinematografía
Ciencias sociales	Farmacología	Comunicación visual
Comunicación social	Finanzas	Cooperativismo
Consultoría	Fiscalía	Coreografía
Controlador de vuelo	Fisioterapia	Cosmetología
Crítico de ate	Fitoterapia	Danza
Demografía	Fonoaudiología	Decoración
Detective	Gastronomía	Disk jockey
Diplomacia	Horticultura	Design
Derecho	Hotelería	Diseño artístico
Editoración	Ingeniería de alimentos	Diseño industrial
Educación	Ingeniería civil	Ecología
Electrónica	Ingeniería electrónica	Esteticista
Estadística	Ingeniería forestal	Figurinista
Filología	Ingeniería de materiales	Fotografía
Filosofía	Ingeniería mecánica	Gourmetaje
Física	Ingeniería metalúrgica	Heráldica
Geografía	Ingeniería de minas	Humorismo
Geología	Ingeniería de sistemas	Ilustración
Gestión de R. Humanos	Ingeniería naval	Literatura
Historia	Ingeniería de pesca	Joyería
Juez	Ingeniería de producción	Marketing
Investigación	Ingeniería química	Ministro de culto
Legislador	Ingeniería sanitaria	Moda
Letras	Ingeniería textil	Museología
Lingüística	Logística y Transporte	Música
Locutor	Militar	Musicoterapia
Matemática	Nutrición	Numismática
Meteorología	Odontología	Parapsicología
Notaría	Operador de bolsa	Poesía
Oceanografía	Ortoóptica	Protocolo
Paleontología	Petroquímica	Publicidad y propaganda
Periodismo	Pilotaje	Radio y Televisión
Psicología	Planificación	Relaciones Humanas
Química	Quiropráctica	Relaciones Públicas
Relaciones internacionales	Radiología	Religión
Secretariado	Subasta	Restauraciones
Sociología	Terapia ocupacional	Teología
Topógrafo	Trabajo social	Turismo
Traductor	Veterinaria	Urbanismo
		Vida religiosa

Cuadro 49. Cursos/profesiones en tres bloques de cultura

TRIADIZACIÓN-HOLOGRAFÍA DE ALGUNAS ÁREAS SOCIALES: SOCIOLOGÍA

Como otro ejemplo de triadización-holografía, a imitación de lo que se hizo antes con la Historia, vamos a esbozar la triadización holográfica de la Sociología, en contexto sistémico. El primer y segundo pasos pueden ser presentados así:

Cuadro 50. Triadización-holografía 1: cultura y sus tres bloques de saberes tetranivelados

Cuadro 50.1. Triadización-holografía 2ª: Sociología y sus tres bloques de saberes tetranivelados

Cada uno de los tres bloques de la cultura tiene un concepto/título sintético, que abriga las ciencias/profesiones caracterizadas por el cerebro predominante en ellas. En Sociología, el cerebro más exigido será el izquierdo -lógico-científico, inductivo/deductivo-; en seguida, será aplicado a las ciencias/profesiones del cerebro central, como hicieron K. Marx, Max Weber, Elton Mayo, etc.; y, también, será aplicado a las áreas/profesiones del cerebro derecho como hicieron E. Durkheim y M. Weber (religión), Walter Benjamín y Adorno (artes), etc.

En el paso 3, la triadización consiste en distribuir el contenido típico de la Sociología alrededor de los tres cerebros, como su mini currículo de tres bloques, adaptable a cada grado de enseñanza o integración vertical a cada año o semestre. Un ejemplo:

SOCIOLOGIA

TEORÍA DE SOCIEDAD

Comprensión del modelo social e imperial en que se vive. Identificación de los tres subgrupos, sus juegos triádicos y sus desempeños proporcionales o no. Investigación y estadísticas en C. Sociales. Historia de los modelos de organización social. De Sociología a Ciencia Social General. EL mal-estar social. Organización social mundial. Utopías y manifiestos.

ARTE DE LA CONVIVENCIA

Disposición y adaptación a la vida grupal. Creatividad para ganar juegos, actitud frente a la victoria y a la derrota. Aceptación de las diferencias subgrupales e individuales. Capacidad de perdonar y pedir perdón, habilidad para ser mediador. Grado de solidaridad y confianza social. Justicia social y utopías. Derechos humanos. Sociología del arte, del ocio, del placer, de la religión, del sentido de honra y mérito.

PRÁCTICA DE CIUDADANÍA

Grado de inclusión en asociaciones, instituciones y movimientos de la vida comunitaria. Liderazgo para asumir tareas colectivas y movilizar personas. Éxito en tener contactos, padrinos y patronos en los niveles más altos del poder político, económico y sacral. Vivencia desmitificada de la "máquina" nacional y mundial (después de correr la cortina del maya). Empeño en la busca de mejoramiento social proporcional. Conflictos y luchas sociales. Ciudadanía planetaria.

Cuadro 50.2. Ítems para un currículo y feedback de competencias tricerebrales en Sociología

El cuarto paso es la triadización-holografía del desarrollo Histórico de la Sociología, triadizada e insertada en el contexto del poder político-económico-sacral y subordinada a los tres. Puede haber una Sociología brasileña o de cualquier país o bloque. Empero, como estamos en proceso ineluctable de globalización, sería preciso, primero, extender la sociología hasta llegar a ser una planetología con sus diversas formas de organización comunitaria y sus regímenes -teocrático, político o econocrático.

Eso mostraría que los estudios de la vida humana no pueden ser divididos entre diversas Ciencias Sociales con objetos/campos y límites exclusivos: cada una de ellas supone las demás; o todas tienen el mismo objeto de estudio –el todo de la vida triádica del ambiente, de individuos, mercado, colectividades, paises, culturas, etc.- abordado desde ejes, ángulos o puntos de vista subgrupales diferentes. Lo que tenemos ahora se parece mucho a la fábula de los ciegos "explicando" un elefante.

El abordaje de un mismo tema desde ángulos diferentes es llamado "relativización" que puede guiarse por los tres cerebros, por los tres subgrupos o por los 14 subsistemas y sus cuatro factores operacionales o por las "dinámicas", etc. Si no se usa ningún referencial, será "mi palabra contra la suya"; o "cada uno por sí, y dios por todos; o "cada cual saliéndose con la suya"; o "yo soy más yo" y todo será enloquecedoramente relativo y unilateral a punto de constituirse una "cultura" de la postverdad.

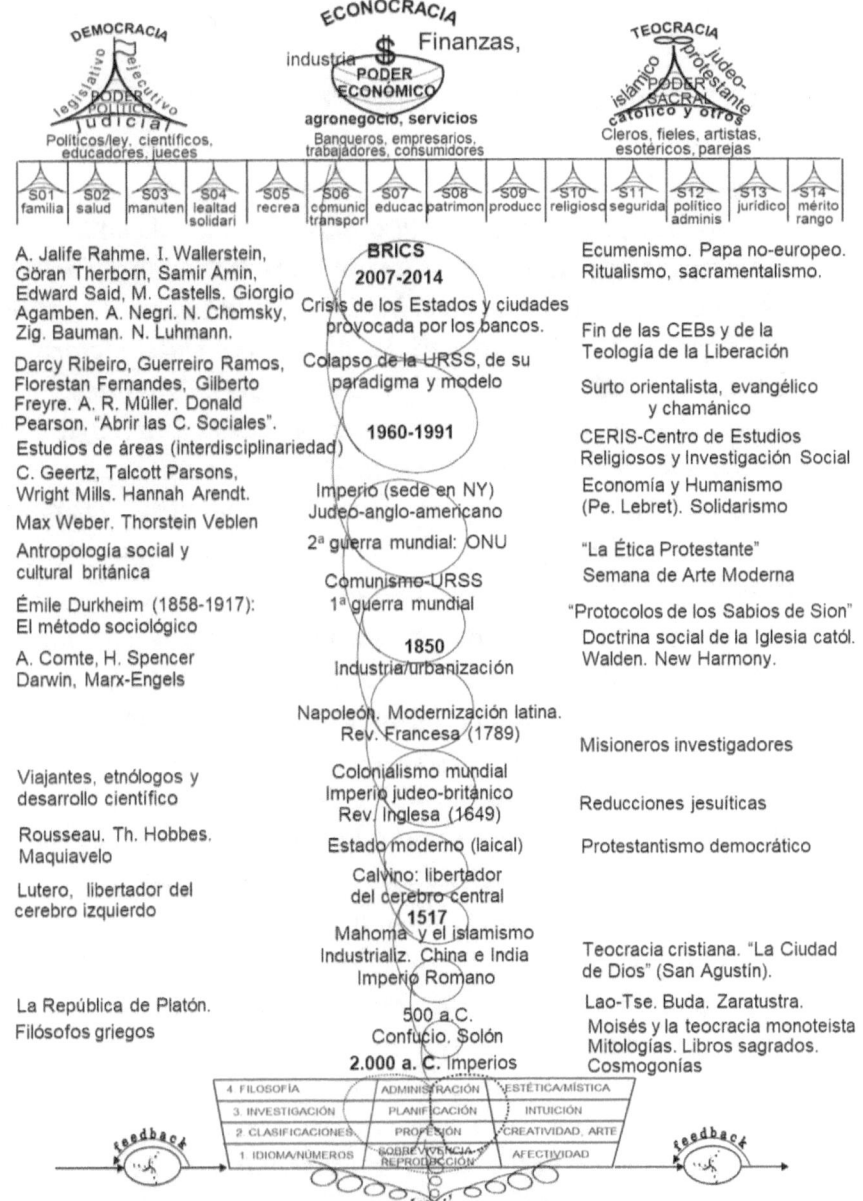

Cuadro 50.3. Flujograma evolutivo tri-uno sistémico de la Sociología

El quinto paso de la triadización-holografía, después de establecer el flujograma evolutivo, será elaborar breves textos para cada título que figure en el flujograma, con hiperlinks. Por ejemplo, si hay un hiperlink con "Imperio Judeo-Anglo-Estadounidense", usando ctrl+botón izquierdo del mouse aparecerá:

IMPERIO JUDEO-ANGLO-ESTADOUNIDENSE

El primer protagonismo notable de los judíos surgió en la cultura del cerebro derecho y su poder sacral, con la creación de la religiosidad monoteísta, hace más de 3.000 años, sintetizada en la Torá, una gran obra clásica, de la cual brotaron el cristianismo y el islamismo; después, crearon la cábala, el hasidismo, una vasta literatura en todos los géneros, así como geniales obras musicales, pictóricas, fílmicas, etc., con sus respectivos y geniales autores. Es de anotar que el judaísmo religioso no hace proselitismo, porque es una religión étnica o de un solo pueblo (no es universal). Las pocas conversiones de personas o pueblos al judaísmo (samaritanos, yemenitas, khazares, bereberes, etc.) se dieron para acceder a los privilegios y las ventajas que tenían los judíos (mientras las tenían).

El segundo y notable protagonismo judío surgió en la cultura del cerebro central, desarrollando su poder económico, mayormente urbano, creando redes de comercio, cambio, crédito, bancos, bolsas, invenciones tecnológicas, industriales e informativas, de corporaciones y sindicatos, de administración, de ventas a plazo, cheques y equivalentes, seguros, etc. Tuvieron igualmente protagonismo en la creación de Estados de la modernidad, tanto del capitalismo como del comunismo, así como en la creación de las TIC (Tecnologías de Información y Comunicación) todo con sus famosos y geniales autores.

Los judíos, poco o nada se interesaron en tener el poder político ejecutivo en los Estados donde vivían porque no se asimilaban, difícilmente se tornaban ciudadanos/patriotas del Estado; se mantenían extranjeros, o sea, judíos (un Benjamín Disraeli fue primer ministro de Inglaterra, y un Rothschild fue legislador, como excepción); aún ahora, en todos los países, se interesan por el tipo de poder que determina los demás poderes: el dinero y los negocios relacionados, principalmente los bancos centrales y otros creados por ellos. Con ese poder económico han sido, casi siempre, el poder detrás del trono (del poder político) y del altar (del poder sacral). Algunas veces llegaron a ser ministros de hacienda, colectores de impuestos y controladores de aduanas. Este poder detrás de los tronos se mantiene hoy día, más que antes, con el lobby (compra de políticos), como quedó demostrado ampliamente por el libro El Lobby Israelí y la Política Exterior de los Estados Unidos (Mearsheimer & Walt, 2007).

El tercer notable protagonismo de los judíos surgió en la cultura del cerebro izquierdo, filosófico-científico. Primeramente, brillaron el historiador Flavio Josefo, los filósofos Philo de Alejandría y Maimónides, hasta que, en la modernidad, brilló Baruch Spinoza, seguido de muchos otros; en tiempos de Premio Nobel, se puede notar que la gran mayoría de los premiados son personajes judíos de todas las áreas del conocimiento. En el campo de la teoría sociológica y política hay muchos autores judíos tanto de derecha como de izquierda, igualmente sofisticados y brillantes.

El inicio de la Edad Moderna marcó el fin del imperialismo eclesiástico/papal, que quedó reducido a los países latinos (Italia, España, Francia, Portugal y respectivas colonias) mientras que el poder del Estado laical se tornó hegemónico en los países anglosajones al someter y debilitar al Poder Sacral. Este hecho permitió la ascensión de la autoridad de la ciencia que prevaleció sobre la autoridad de la Biblia. Marcó el fin de la presencia árabe/islámica en el sur de Europa y la ascensión del Imperio Turco Otomano con la toma de Constantinopla. Marcó, aún, el comienzo del imperialismo mercantil-guerrero europeo con los viajes marítimos alrededor del planeta, conquistando, sometiendo y paralizando el desarrollo autónomo de los demás continentes, como hizo con la industria de China y de India. Además, marcó, principalmente, el comienzo y la futura consolidación del imperialismo anglosajón comercial-guerrero e industrial, iniciado por Holanda que luego fue suplantada por Inglaterra, contando con la genial influencia comercial y financiera de los judíos expulsados de los territorios católicos latinos. Esa influencia o rasgo cultural, más que la presencia de judíos en persona hace que se asocie el imperio *anglo-americano al sionismo: imperio judeo-anglo-estadounidense.*

Este poder hegemónico imperial, con su modelo de democracia, de libre mercado, de racionalidad y de ética mesiánica protestante, sufrió ataques religiosos, científicos, económicos y políticos de todas partes. Y los venció a todos. Entre los más notables hechos históricos de esa resistencia derrotada se pueden destacar las guerras religiosas movidas por la Iglesia Católica Romana; Napoleón Bonaparte y su proyecto imperial francés; la Primera (1914-1918) y la Segunda Guerra Mundial (1939-1945), lanzadas por la Alemania.

El último y más importante reto a esa hegemonía angloamericana fue la ideología dialéctica - tesis, antítesis, síntesis- de Hegel y su aplicación hecha por Marx/Engels, que buscaba la substitución del paradigma racionalista y neomesiánico angloamericano, creando el correspondiente experimento neomesiánico socialista liderado por la ex-URSS, hasta 1991.

Con el colapso de la URSS, se rompió el precario equilibrio de poder mundial y se instaló el triunfalismo soberbio y unilateral del bloque angloamericano con la adhesión más explícita de Israel de cuya creación fue el patrono. Al discurso mesiánico e ideológico de la ley del más fuerte y del "libre" mercado, con su pretensión de "fin de la historia", de globalización/unificación de mercados, preconizada y transformada en doctrina por el Consenso de Washington y, en legislación, aunque privada, por el TRIMs (Trade Related Investment Measures -Acuerdo de Inversionistas), el mundo responde tan solo con palabras de orden y con protestas contra la globalización, esto es, con el vacío ideológico y la ausencia de propuestas alternativas globales.

Con el resurgimiento económico de China, India y Rusia empezaron a rivalizar, en producción, con el imperio judeo-anglo-estadounidense financista, con recíprocas amenazas de guerra nuclear. Pero lo que más nos preocupa a todos (menos a ellos) es la amenaza de colapso del ecosistema físico-natural de un planeta superpoblado y superconsumidor.

El paso 6 de la triadización holográfica de una disciplina es su visión/aplicación sistémica toto-total que empieza por la rueda-viva, en 14 subsistemas, y se completa en el Hológrafo. Para hacer profundizaciones/reticulaciones inter, multi y transdisciplinarias, se toma cada subsistema, cada factor operacional y cada una de las esferas dinámicas, como eje de una nueva rueda-viva u holografía toto-parcial, como se ejemplifica en el cuadro 19. Las líneas externas, en diagonal, simbolizan las esferas dinámicas (5, 8, o 16) en que se va a expandir/aplicar la disciplina.

S01 - FAMILIA: Antropología, demografía, migraciones. Poblaciones autóctonas. Conflictos étnicos. Sistemas de parentesco. Movimientos feministas, negros, gays, étnicos. Machismo y poder femenino. Prostitución, trata de blancas, desapariciones. Estudios de comunidad, etc.

Cuadro 51.4 Transdisciplinarización-holografía del Poder Sacral

S02 – SALUD: etnosalud. Salud ambiental. Servicios de salud, epidemias. Bioética, aborto, suicidio, eutanasia. Tradiciones funerarias, etc.

S03 – MANUTENCIÓN: comercio interno, externo, contrabando. Hábitos de consumo, hambre, drogas, etc.

S04 – LEALTAD: relaciones humanas, relaciones primarias, secundarias, estereotipos sociales. Redes sociales. Tejido social. Asociativismo. Sociedades secretas.

S05 – RECREACIÓN: Diversión de masa. Juego legal, clandestino. Industria cultural. Turismo. Deportes como sublimación de las tensiones sociales. Juegos de Internet.

S06 – COMUNICACIÓN y TRANSPORTE: Marketing, TIC y manipulación de la opinión pública. "Realidad" virtual. Sociología de la lengua y de la comunicación, fake news. Movilidad física, tránsito urbano, medios de transporte.

S07 – EDUCACIÓN: Sociología de la educación, de la cultura. Sociología del conocimiento. Educación popular, analfabetismo. Educación y desarrollo.

S08 – PATRIMONIAL: clases sociales y distribución de la renta. Cuestión agraria, latifundio, movimientos campesinos. Capitalismo, socialismo, solidarismo. Sociología del Poder Económico. Doctrinas económicas.

S09 – PRODUCCIÓN: industrialización, energía. Sociología del emprendimiento, del trabajo y del empleo/desempleo. Informalidad. Movimientos obreros. Ética del trabajo. Teorías de desarrollo. Sociología del arte.

S10 – RELIGIÓN: Sociología religiosa, religiones comparadas. Teocracias, religión y política. Fanatismo y libertad religiosa.

S11– SEGURIDAD: tipos de violencia, terrorlogía. Sociología del belicismo. Estudios de la y para la paz. Seguridad nacional, regional e internacional.

S12 – POLÍTICO-ADMINISTRATIVO: Sociología política. Partidos y campañas electorales. Sociología del poder, minorías, movimientos sociales. Cambio social. Revoluciones. Municipalismo. Relaciones internacionales, imperialismo, globalización. Geopolítica.

S13 – JURÍDICO: Sociología de las leyes y del Poder Judicial. Ética, moral, privilegios. Derechos humanos y ecosistémicos. Justicia social.

S14 – MÉRITO-RANKING: Sociología del éxito, movilidad social. Meritocracia, celebridades y mitos. Moda. Memoria cultural. Celebraciones.

Las Ciencias Sociales y Humanas reconocen, implícitamente, la necesidad de conectarse entre ellas. Por eso incursionan por las dinámicas y por los 14 subsistemas tanteando, buscando sus diferentes aspectos o diferentes campos de aplicación, porque no conocen el mapa del Hológrafo y los referenciales de la CSG.

Por eso, se encuentran "corrientes" o subgrupos de sociólogos dedicados a la Sociología del Conocimiento (S07), a la Sociología del Ocio y Recreación (S05) a la Sociología de las Religiones (S10), a la Sociología del Trabajo (S09), a la Sociología Política (S12), etc.

Por la misma necesidad de expansión interdisciplinar, se encuentran "corrientes" o subgrupos de psicólogos dedicados a la Biopsicología, a la Neuropsicología, a la dinámica de la personalidad, a las constelaciones familiares, a la Psicología Social, a la Psicología Transcendental etc. (por las dinámicas); y otras "corrientes" dedicadas a la Psicología del ambiente, de la Historia, de la etnia, de los símbolos, de las creencias, de los valores, etc. (por los operacionales); y otras dedicadas a la Psicología de la sexualidad y de la vida familiar (S01), de la salud, la hipocondría y tanatología (S02), de la nutrición, obesidad, de las drogas y los vicios (S03), etc. Con un poco más llegarían a los S14 subsistemas.

Lo mismo hacen la Historia, la Geografía, la Filosofía, la Antropología, la Comunicación, la Política, la Economía, el Derecho... En lugar de "inventar" especializaciones fragmentarias para alimentar la industria de los doctorados, sería mejor que cada una de las Ciencias Sociales y Humanas hiciera su triadización holográfica completa.

Hay otros diversos ensayos de triadización-holografía en marcha de Física, Química, Geografía, Psicología, Filosofía, Educación Física, Comunicación, etc

TRIADIZACIÓN DE LOS TRES PODERES
SUPREMOS: PODER SACRAL

Como tema de triadización holográfica tienen prioridad el Poder Sacral (religiones, iglesias, teocracias), el Poder Político (Estados, gobiernos, democracias, tiranías) y el Poder Económico (empresas, trabajo, mercadocracias, finanzas, econocracia). Adoptamos esta secuencia por la cronología de la aparición de esos tres poderes, en la evolución histórica de la organización social, desde los clanes, a las teocracias y a los imperios.

La primera forma de organización social parece haber sido el liderazgo de un padre-patriarca-sacerdote o de una madre-matriarca-sacerdotisa de un clan, de una tribu. Después vinieron los profetas, los reyes-sacerdotes o reinas-sacerdotisas y sus teocracias, hasta la pretensión de reyes-monarcas de ser descendientes y representantes directos de los dioses, tal como los papas, ayatolas y lamas, monarcas de alegado derecho divino. Eso se debió, sin duda, al predominio del cerebro derecho, en aquella época.

Cuadro 51. Triadización 1ª: cultura general   Cuadro 51.1. Triadización 2ª: del Poder Sacral Tri

La inmensa diversidad cultural, para ser entendida y manejada, debe ser reducida al formato holográfico universal triuno, porque toda ella brota de los tres cerebros. Entre los animales, la organización está basada en el cerebro central del poder de la fuerza y de la sexualidad; después, en algo de ostentación o exhibicionismo; por último, en algún vestigio de lógica de la reproducción y sobrevivencia.

En el paso 2 de la triadización holográfica, se empieza ordenando las más de 10.000 religiones del planeta, en tres grandes bloques. En el bloque del cerebro central estarían el zoroastrismo, el judaísmo/hebraísmo, el brahmanismo y el islamismo, con sus "constituciones" (biblias) "reveladas", con fuerte y rígida organización socioeconómica. En el bloque del cerebro derecho, estarían el hermetismo, el zen-budismo, el taoísmo y el sufismo, basados en prácticas meditativas del cerebro en ciclaje reducido (ondas alfa, theta, delta); ahí no existen dioses o entes sobrenaturales antropomórficos, ni cielo e infierno, apenas referencias vagas al "todo" y a un estado beatífico denominado "nirvana".

En el bloque del cerebro izquierdo, está el catolicismo que, después de ser una corriente gnóstica, llegó al poder y, desde San Agustín, argumentaba filosóficamente contra los "paganos"; desde Santo Tomás de Aquino argumentaba contra el islamismo y desde los jesuitas argumentaba contra los protestantes por la Reforma/revolución separatista de los anglosajones. A esta argumentación defensiva se le llama Apologética. Cada una de las corrientes religiosas citadas involucran siempre los tres cerebros, aunque teniendo un lado diferente del cerebro como predominante, en regiones y épocas diferentes. Véase Diccionario de Religiones en (copiar y poner en Google):

https://play.google.com/books/reader?
id=ypxOJAAAAEAJ&pg=GBS.PA0

Las teocracias comenzaron a declinar con el despunte del cerebro izquierdo cuestionador, como hicieron Aquenatón y Nefertiti frente al politeísmo egipcio, como hizo Buda frente al brahmanismo, como hizo Confucio frente al taoísmo, como hicieron Jenófanes y Sócrates frente al panteón de los dioses homéricos de los griegos y como lo hizo Lutero frente a la Iglesia romana. Esto nos lleva a concluir que donde persisten teocracias se mantiene la hegemonía del cerebro derecho sofocando al izquierdo. El hecho histórico de los anglosajones (desde la Carta Magna, 1215) y el resto del Occidente y sus imitadores de emanciparse del dominio del cerebro derecho (con mayor o menor éxito), creando democracias con el primado de la razón y de las leyes, trajo muchas diferencias en la evolución de las respectivas sociedades.

Para el entendimiento de las organizaciones humanas no se debe comenzar enseñando religiones; se debe comenzar enseñando poder sacral que engloba todos los poderes ejercidos por religiones en la Historia y los que siguen en función actualmente, al lado del poder económico que se agiganta, y al lado del poder político en plena descomposición. Para eso, sería necesario realizar el paso 3 del proceso: triadizar su contenido para el enseñaje y la evaluación.

RELIGIÓN

APOLOGÉTICA RELIGIOSA

Moisés: Pentateuco
Hermes Trismegisto.
Talmud: Doctrina de los Rabinos.
Predicación de Pablo de Tarso.
San Agustín: Ciudad de
Dios y Ciudad de los Hombres.
Sto. Tomás: Suma Teológica.
Maimónides: Guía para los Perplejos.
Martín Lutero: Del Cautiverio Babilónico de la Iglesia. Ateos/agnósticos.
Nietzsche: Así Hablaba Zaratustra.
Teología de la Liberación.

LA MÍSTICA DE LA LIBERACIÓN

Hermetismo.
Budismo zen, jainismo.
Taoísmo. Pitagorismo.
Evangelio de San Juan.
Los gnósticos y los apócrifos.
Sufismo.
Haxixe, láudano, opio.
Hasidismo.
Teosofía, espiritismo.
Gurdjieff-Ouspenski.
Nueva Era. LSD, ayahuasca.
Neohumanismo.

TEOCRACIA DIRECTA/INDIRECTA o encubierta

Aquenatón y Nefertiti. Moisés, Hammurabi y Licurgo de Esparta tuvieron sus leyes "reveladas". Moisés y sucesores. Mitología hindú, griega, romana, cristiana, maya, incaica. Papas católicos. Lamas tibetanos. Emperadores japoneses (hijos del sol). Teocracias Islámicas. Calvinismo (salvación por la prosperidad). Separación Estado e Iglesias. Antroposofía. Bahá'í. PROUT (Progresive Utilization Theory). Evangelismo. Carismáticos.

Cuadro 51.2. Ítems para un currículo y feedback de competencias tricerebrales en Religión

Puede ser que, por una histórica separación y rivalidad occidental entre ciencia-razón y fe-religión, el cuadro anterior parezca raro, si lo tomamos ítem por ítem.

Es mejor tomarlo como tres grandes conjuntos: el Oriente Medio como cuna y sede de las teocracias más resistentes (judaísmo, cristianismo e islamismo); el Occidente como esfuerzo de laicización-democratización social, sometiendo o restringiendo las teocracias/religiones y sus renovadas tentativas de interferencia política; y el Extremo Oriente como espacio de práctica de filosofías espiritualistas más privadas e intimistas que institucionales y públicas, donde el cerebro izquierdo nunca tuvo una irrupción como el griego de Sócrates y como el del iluminismo inglés y francés. Las creencias y ritos de África y de los nativos de las Américas no constituyeron credos sistematizados a punto de erigirse en teocracias. Se quedaron en el animismo y el chamanismo.

Sea donde y cuando sea, el poder sacral tiene gran influencia en la vida personal y familiar, coincidiendo con la preponderancia, ahí, del cerebro derecho. Las madres en contacto con niños son puro cerebro derecho, coincidiendo, en eso, con las religiones y estableciendo su mini-teocracia doméstica con la correspondiente divinización/mitificación de la madre. Las madres tienen necesidad de justificar y consolidar su oficialismo. De ahí la histórica complicidad de las madres con las religiones, un imperio de cerebros derechos. Cuando las feministas reivindican derechos sobre sus cuerpos, la resistencia no viene de gobiernos y mercados; viene de las religiones.

Los hijos de parejas que se dicen ateas tienen programación por algún otro sistema de creencias de los cerebros derecho y práctico (¡es de lamentar que el cerebro izquierdo despunte tan tardíamente y, muchas veces, ni despunte!).

La religionización de la mujer y de la familia con la correspondiente programación tricerebral de los niños, crea en sus cabezas divisiones que van a repercutir, más tarde, en la división de las lealtades y de la ciudadanía -terrestre y celeste- dificultando la unidad nacional. En las teocracias esto es explícito, totalizante y radical; en una palabra, monádico. En las democracias o Estados laicos, la actuación del poder sacral o la búsqueda de poder es más insidiosa, disfrazada de defensora de valores humanos, de la justicia social, etc.

A pesar de que la construcción del poder sacral fue una exigencia de la era agraria/rural, el poder sacral y las religiones continúan con aquella misma estructura y las mismas propuestas de vida, en un mundo urbano y de sociedades informatizadas. Por eso, cuanto más teocracia o más proximidad a ella, más dictaduras, más absolutismo, más totalitarismo y más atraso tricerebral. Y más guerras y perecuciones como las del siglo XVII entre católicos y protestantes, como las de ahora entre sunitas y chiitas, etc. Cuanto más sometimiento de las religiones o separación de Estado y religiones; o cuánto más reducción de las religiones a prácticas místicas sin institucionalización, más libertad tricerebral y más probabilidad de civilización. El paso 4 de la triadización-holografía del poder sacral es su flujograma histórico:

Cuadro 51.3. Flujograma evolutivo sistémico tri-uno del Poder Sacral

El paso 5 es la elaboración de breves textos para cada ítem del flujograma con vínculo de hiperlink, como ya se ha demostrado anteriormente. Algo puede ser visto en: Presencia Total del SETU (M. Judith Hurtado, 2015), en la parte "Diccionario del Cerebro Derecho Sublimador" (copiar y poner en Google):

https://books.google.com.br/books/about?id=q0QICwAAQBAJ&hl=pt-BR

S01. FAMILIA/PARENTESCO. Origen de la vida, creacionismo, evolucionismo, diseño inteligente. Control de la sexualidad (castidad), métodos de control de la natalidad, aborto, matrimonio, divorcio. Represión a la exposición corporal. Preparación para el matrimonio, ceremonias de matrimonio, ceremonias de bautismo,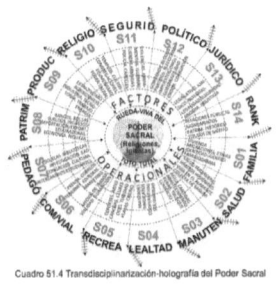

Cuadro 51.4 Transdisciplinarización-holografía del Poder Sacral

padrinazgo, circuncisión masculina, escisión del clítoris. Madres como primeras catequistas. Celibato para miembros del clero católico. Mujeres en la jerarquía religiosa.

S02. SALUD. Duración de la vida como determinación divina. Enfermedad como punición divina. Sanaciones como milagro. Atención a los enfermos. Exorcismos. Rituales funerales y destino post-muerte. Resurrección, reencarnación. Cementerios y su particular arquitectura.

S03. MANUTENCIÓN. Uso religioso del agua y del fuego. Totemismo y consumo de símbolos del tótem. Alimentos con prohibición religiosa. Gula como pecado, ayunos como virtud y técnica de ciclaje reducido. Vestuario (hábito) típico de cada religión.

S04. LEALTAD/SOLIDARIDAD. Doctrinas de amor, fraternidad, compasión hacia el dominio interno y rivalidad hacia el dominio externo, a excepción del ecumenismo. Obras sociales a favor de la infancia, de los mayores y de las minorías.

S05. RECREACIÓN. Represión al placer intramundano y uso del sacrificio como recurso de salvación y felicidad ultramundano. Todas las artes de cada organización religiosa. Calendario de fiestas religiosas. Días santos y de descanso de cada religión. Turismo religioso.

S06. COMUNICACIÓN Y TRANSPORTE. Libros sagrados y su recibimiento "revelado". Lenguaje y símbolos religiosos. Exégesis. Oratoria. Predicación por los diversos medios. Comunicación entre seres "celestes" y terrestres. Centros de documentación religiosa. Ascensión, asunción. Segunda venida de Cristo. Televisiones, radios y sitios de cada corriente religiosa. Editoriales. Bendición de vehículos y viajes. Procesiones y romerías.

S07. EDUCACIÓN. Catequesis. Estudios teológicos, arqueológicos. Historia de las religiones. Escuelas y universidades confesionales. Uso del cerebro en ciclaje reducido considerándolo como algo religioso o preternatural. Conflictos entre ciencia que disuelve misterios y las religiones aferradas a los que les quedan. Educación para valores y virtudes tricerebrales.

S08. PATRIMONIAL. Riqueza o medios de sustentación de cada religión. Diezmos, limosnas y donaciones. Votos de pobreza. Teología de la prosperidad (calvinismo: "por el dinero hacia Dios"). Diferentes doctrinas religiosas sobre dinero, pobreza, riqueza. Comercio y tráfico de productos religiosos.

S09. PRODUCCIÓN. Doctrinas sobre el trabajo, esclavitud, capitalismo, socialismo. Trabajo pastoral, trabajo en los rituales. Construcción y manutención de templos. Prohibición del trabajo en los días santos o festivos religiosos. Trabajo como castigo de los dioses.

S10. RELIGIOSO. Juego triádico de una fe: creyentes-oficiales, ateos-antioficiales y agnósticos-oscilantes. Identificación de las más de 10.000 religiones y más de 1.000 dioses y diosas. Otros personajes del mundo religioso (espíritus, demonios, ángeles, santos, personajes con dos naturalezas, etc.). Fundadores, héroes, profetas y celebridades de cada religión. Rituales/liturgia de cada religión. Satanismo. Conocimiento de las religiones y sus propuestas de evolución espiritual. Respeto y tolerancia a diferentes creencias, ritos y símbolos religiosos. Celebraciones ecuménicas. Cuestionamiento del sometimiento mental por las religiones. Combate al fanatismo religioso, a las teocracias, a ficciones religiosas, a supersticiones/creencias populares.

S11. SEGURIDAD. Guerras interreligiosas, guerras santas, cruzadas. Persecución religiosa. Tribunales de "santas" inquisiciones, tipos de castigos terrenales y sobrenaturales. Guerra entre el bien y el mal y sus personajes y símbolos.

S12. POLÍTICO-ADMINISTRATIVO. Sedes/centros de administración de cada corriente religiosa (Jerusalén, Vaticano, Meca, Ginebra, Lhasa, etc.). Divisiones internas de cada religión, excomuniones. Jerarquías, monacatos masculinos y femeninos, movimientos religiosos, apostasía, desafiliación. Países teocráticos, religiones bajo el poder civil, países con concordato, países laicos y libertad religiosa. Organización teocrática-político-económica-sacral del país, estado y municipio (arquidiócesis, diócesis, parroquias, comunidades). Modo de escoger candidatos para cargos administrativos teocráticos. Tipo de planificación y administración (pastoral). Tipo de liderazgo de los jefes religiosos. Relaciones entre religiones. Diplomacia y relaciones internacionales.

S13. JURÍDICO. Doctrina del bien y el mal. Los 10 mandamientos, los 8 caminos de Buda, etc. Sentido de justicia y proporcionalidad global. Juicio postmuerte y juicio final.

S14. MÉRITO y RANKING (precedencia). Epopeyas religiosas (El Paraíso Perdido de John Milton, La Divina Comedia de Dante Alighieri, El Bhagavad-Gita, etc.). Prestigio y credibilidad de cada religión. Museos religiosos. Elección/canonización de modelos/héroes/celebridades que valga la pena admirar e imitar. Atribución de nombres a recién-nacidos.

TRIADIZACIÓN DEL PODER
POLÍTICO/ESTADO/GOBIERNO

El concepto y el hecho "poder" deben verse como inherentes a la estructura misma de la matergía tri-una diferenciadora y jerarquizante. Como corolario, "poder" significa la posición más elevada o superior de una jerarquía con sus niveles, de donde algo o alguien individual, subgrupal (partido) o nacional de cerebro central mayor se impone a los demás para sacar ventaja de ellos; y los demás en los niveles subordinados, con cerebro central y el izquierdo menores y derecho mayor, se someten inconscientemente o tienen que acatar el juego y las reglas impuestas por los "de arriba" por miedo de castigos, aunque unos pocos con cerebro izquierdo mayor disientan, denuncien la inmoralidad de ese juego y estén expuestos a las persecuciones. Eso sucede desde lo familiar hasta lo internacional.

El poder político-administrativo o Poder Político no es todo el ESTADO. Este es el conjunto de los tres poderes máximos -Político-Económico-Sacral- como primera triadización del poder. Solo en teoría el Poder Político se identifica como el ESTADO y el GOBIERNO; en la práctica somos gobernados por los tres poderes máximos y, cada vez más, por el Poder Económico. Son los conocidos tres subgrupos -oficial, antioficial y oscilante- con sus respectivos tres comportamientos y uso de sus tres arsenales diferenciados, en disputa de medios satisfactores de sus necesidades tri-tetra niveladas o expandidas por los 14 subsistemas y sus cuatro niveles.

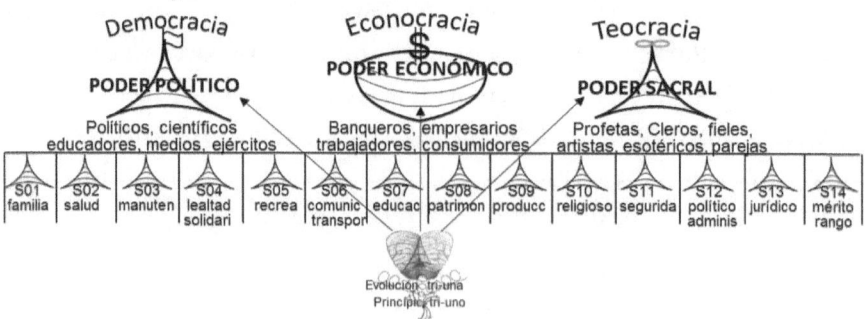

Decimos esto para conectar el tema con su origen físico-natural y para no tomarlo como invención ingeniosa de los políticos, sacerdotes o de los ricachones.

Ellos se especializaron en manipular ese juego para beneficio propio, desde la familia, el bando, el clan, la tribu, la comunidad, el país y el imperio, con reacciones esporádicas de los oscilantes oprimidos, seducidos por los antioficiales. Vamos a la triadización holográfica del poder político-gubernamental.

Cuadro 52. Triadización 1ª: cultura general

Los tres poderes del Poder Político -Ejecutivo, Legislativo, Judicial- son una segunda triadización. El gobierno o la administración pública de un Estado es conducido por un subgrupo oficial entronizado en el punto más alto de una jerarquía, elegido con la colaboración de los otros dos subgrupos en sus cuatro o más niveles (a veces es "autoelegido" como en las diversas versiones de golpes de Estado). El Estado es el conjunto de los tres subgrupos en sus cuatro niveles dentro de un territorio llamado "país", como un condominio cualquiera (copropiedad de todos o "res publica"); el Estado no debe confundirse con el gobierno. Estado son los tres subgrupos de un país, sin división entre gobierno y "sociedad". El Estado no es propiedad del rey, del monarca o del gobierno; este es apenas el subgrupo encargado de la gestión del condominio societario, por lo que se le paga: es un empleado del condominio (¿qué pueblo sabe eso y qué gobernante acepta eso?).

Así como los tres cerebros dan origen a los tres poderes

supremos -sacral, político, económico- dada la naturaleza triádica de todo, cada uno de ellos tiene, a su vez, estructura interna tri-una, como se ilustra en el cuadro 52.1. Ética y justicia están en el lado derecho del cerebro porque son conceptos y hechos inherentes a la naturaleza sistémica triádica de la matergía y su métrica, como se ilustra por los números del Proporcionalismo. La ética es tri-relacional y se requiere percepción holística, gestáltica, sistémica, de cerebro derecho, para abordarla. Su adecuación a diferentes subgrupos, niveles y dinámicas se hace por el cerebro izquierdo -leyes- teniendo que respetar la Triadicidad original. Como los legisladores se consideran subgrupo oficial independiente de los otros dos subgrupos y, propietarios del condominio llamado país, legislan para sus intereses unilaterales o para el lobby que compra su poder de legislar.

Por eso, la educación no puede ser partidaria: tiene que ser educación para el poder político, para entender el Estado, el país y su autoconducción. La legislación no puede ser partidaria: tiene que ser para el poder político de los tres subgrupos, proporcionalmente: el Estado. El poder judicial no puede ser partidario: tiene que ser del Estado. Los tres poderes de la triadización 2 no pueden ser independientes y autónomos como se pretende (en la práctica, dos se unen para atracar al tercero). El paradigma monádico, unilateral y maximocrático, en que están basados los tres poderes de un gobierno, y el paradigma monádico de cada uno de los poderes máximos/ soberanos -sacral, político, económico- no conducen a la democracia, a la justicia proporcional, ni a la paz. Solo hacen aumentar la competencia por más poder, más ventajas, más crueldad y más indiferencia por quienes "no son de los nuestros".

Cuadro 52.1. Triadización 2ª: Poder Político

Cuadro 52.1.1. Concepto soberano de Estado: auto-gubernética tri-grupal

Este cuadro quiere ilustrar el concepto de Estado laico, tri-uno, democrático, después de emanciparse de la teocracia. Implica la soberanía del poder político sobre el poder sacral y, principalmente, sobre el poder económico, ambos como poderes privados y sometidos al poder del Estado (sin lograrlo nunca).

El paso 3 de la triadización sería una propuesta, entonces, de currículo para la formación de la ciudadanía en el paradigma sistémico tricerebral y tetranivelado para entender el poder político -entender el Estado y sus instituciones, no solo la política- y la convivencia proporcional de los tres poderes supremos y sus respectivos tres subgrupos de un país y del planeta en los 14 subsistemas, en todos sus niveles.

La obscura noción de Estado/Gobierno/bien común, heredada del paradigma monádico, puede entenderse y explicarse mejor por su Triadización:

PODER POLÍTICO-ESTADO

FUNDAMENTOS DE LA LEY

Historia de las ideas políticas
Filosofía del Estado.
Platón, Maquiavelo, Hobbes,
Rousseau, Hegel, Leo Strauss, Carl Schmitt
N. Bobbio, Wallerstein, Habermas, J. Rawls.
De la democracia griega al Estado moderno.
Derecho natural, positivo. Historicismo.
Constituciones. Derecho internacional.
Democracia, anarquía, dictadura.
Aristocracia, populismo. Ideologías
Monarquías, repúblicas, parlamentarismo.
Manifiestos, revoluciones, cambio social.

FUNDAMENTOS DE LA JUSTICIA

Teorías morales. Filosofías de Ética.
Filosofías de la Justicia.
Teorías de felicidad. Utopías.
Industria cultural. Arte politizado.
Política cultural (Edward Said).
Literatura/arte ironizando el poder político
Liderazgos carismáticos. Profetas y
Mensajeros. Ideales de humanidad y
de convivencia de paz. Ecología y ambien-
talismo. Ecumenismo entre Teocracias.
Relaciones del Poder Civil con el Poder
Sacral (teología política y concordatos).

USO DEL PODER EJECUTIVO DE CONDUCCIÓN TRI

Administración pública, privada. Patrimonio público y privado.
Tributación, costo del Estado, Políticas públicas. Tecnología.
Violencia y Terrorismo de Estado. Sociedades secretas. Ser-
vicios secretos. Uso de la coerción. (Ciber)guerras entre Estados.
Revolución inglesa, francesa, soviética, china. Pos-socialismo.
Guerra fría. Ascensión y caída de imperios. Usurpación del poder
de las comunidades. Lobby y corrupción. Endeudamiento del Estado
por el Poder Económico. Obsolescencia del Estado. Desarrollismo
y mediciones (PIB, PNB, I.D.H., I. P.S. Felicidad Interna Bruta (FIP),
PDST (Producción y Disfrute de Satisfatores Tri) etc.

Cuadro 52.2. Ítems para un currículo y feedback de competencias tricerebrales en Política-Estado

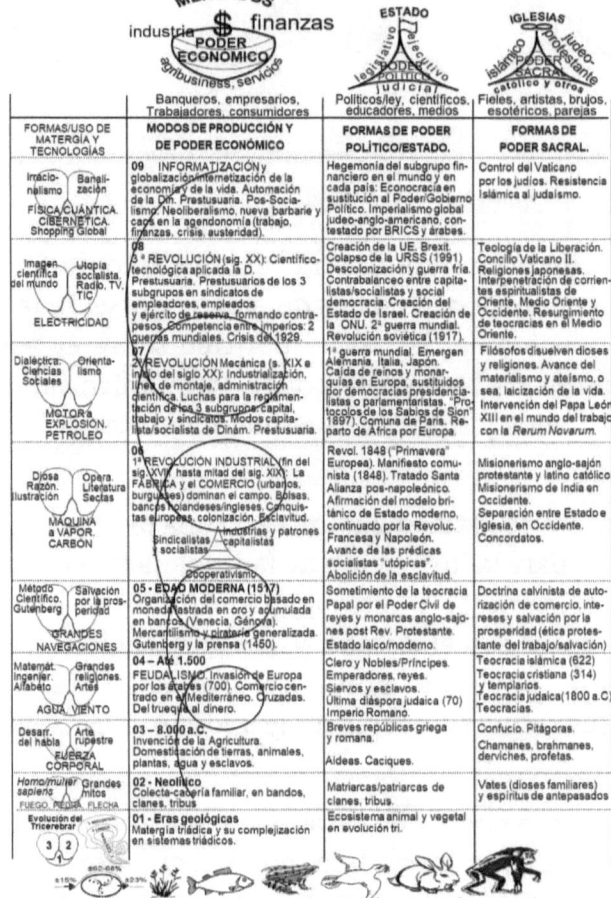

FORMAS/USO DE MATERIA Y TECNOLOGÍAS		MODOS DE PRODUCCIÓN Y DE PODER ECONÓMICO	FORMAS DE PODER POLÍTICO/ESTADO.	FORMAS DE PODER SACRAL.
		Banqueros, empresarios, Trabajadores, consumidores	Políticos/ley, científicos, educadores, medios	Fieles, artistas, brujos, esotéricos, parejas
Irracio-nalismo	Banali-zación	09 INFORMATIZACIÓN y globalización/internetización de la economía/de la vida. Automación de la Dñ. Prestusuaria. Pos-Socia-lismo. Neoliberalismo, nueva barbarie y caos en la agendonomía (trabajo, finanzas, crisis, austeridad).	Hegemonía del subgrupo fi-nanciero en el mundo y en cada país. Econocracia en sustitución al Poder/Gobierno Político. Imperialismo global judeo-anglo-americano, con-testado por BRICS y árabes.	Control del Vaticano por los judíos. Resistencia Islámica al judaísmo.
FÍSICA CUÁNTICA. CIBERNÉTICA. Shopping Global				
Imagen científica del mundo	Utopia socialista. Radio, TV, TIC	08 5.ª REVOLUCIÓN (sig. XX): Científico-tecnológica aplicada a D. Prestusuaria. Prestusuarios de los 3 subgrupos en sindicatos de empleadores, empleados y ejercito de reserva, formando contra-pesos, competencia entre imperios: 2 guerras mundiales. Crisis del 1929.	Creación de la UE. Brexit. Colapso de la URSS (1991) Descolonización y guerra fría. Contrabalanceo entre capita-listas/socialistas y social democracia. Creación de Israel. Creación de la ONU. 2.ª guerra mundial. Revolución soviética (1917).	Teología de la Liberación. Concilio Vaticano II. Religiones japonesas. Interpenetración de corrien-tes espiritualistas de Oriente. Medio Oriente y Occidente. Resurgimiento de teocracias en el Medio Oriente.
ELECTRICIDAD				
Dialéctica: Ciencias Sociales	Orienta-lismo	07 2.ª REVOLUCIÓN Mecánica (s. XIX a inicio del siglo XX): Industrialización, línea de montaje, administración científica. Luchas para la reglamen-tación de los 3 subgrupos: capital, trabajo y sindicatos. Modos capita-lista/socialista de Dinam. Prestusuaria.	1.ª guerra mundial. Emergen Alemania, Italia, Japón. Caída de reinos y monar-quías en Europa, sustituidos por democracias presidencia-listas o parlamentarias. "Pro-tocolos de los Sabios de Sion 1897). Comuna de París. Re-parto de África por Europa.	Filósofos disuelven dioses y religiones. Avance del materialismo y ateísmo, o sea, laicización de la vida. Intervención del Papa León XIII en el mundo del trabajo con la Rerum Novarum.
MOTOR a EXPLOSIÓN. PETRÓLEO				
Diosa Razón. Ilustración	Opera. Literatura. Sectas	06 1.ª REVOLUCIÓN INDUSTRIAL (fin del sig. XVIII hasta mitad del sig. XIX): La FÁBRICA y el COMERCIO (urbanos, burgueses) dominan el campo. Bolsas, bancos holandeses/ingleses. Conquis-tas europeas, colonización. Esclavitud. Sindicalistas → Industrias y patrones y socialistas → capitalistas cooperativismo	Revol. 1848 ("Primavera" Europea). Manifiesto comu-nista (1848). Tratado Santa Alianza pos-napoleónica. Afirmación del modelo bri-tánico de Estado moderno, continuado por la Revoluc. Francesa y Napoleón. Avance de las prédicas socialistas "utópicas". Abolición de la esclavitud.	Misionerismo anglo-sajón protestante y latino católico. Misionerismo de India en Occidente. Separación entre Estado e Iglesia, en Occidente. Concordatos.
MÁQUINA A VAPOR. CARBÓN				
Método Científico. Gutenberg	Salvación por la pros-peridad	05 - EDAD MODERNA (1517) Organización del comercio basado en moneda lastrada en oro y acumulada en banco (Venecia, Génova). Mercantilismo y piratería generalizada. Gutenberg y la prensa (1450).	Sometimiento de la teocracia Papal por el Poder Civil de reyes y monarcas anglo-sajo-nes post Rev. Protestante. Estado laico/moderno.	Doctrina calvinista de auto-rización de comercio, inte-reses y salvación por la prosperidad (ética protes-tante del trabajo/salvación)
GRANDES NAVEGACIONES				
Matemát. Ingenier. Alfabeto	Grandes religiones. Artes	04 - Año 1.500 FEUDALISMO. Invasión de Europa por los árabes (700). Comercio cen-trado en el Mediterráneo. Cruzadas. Del trueque al dinero.	Clero y Nobles/Príncipes. Emperadores, reyes. Siervos y esclavos. Última diáspora judaica (70) Imperio Romano.	Teocracia islámica (622) Teocracia cristiana (314) y templarios Teocracia judaica (1800 a.C.) Teocracias.
AGUA. VIENTO				
Desarr. del habla	Arte rupestre	03 - 8.000 a.C. Invención de la Agricultura. Domesticación de tierras, animales, plantas, agua y esclavos.	Breves repúblicas griega y romana. Aldeas. Caciques.	Confucio. Pitágoras. Chamanes, brahmanes, derviches, profetas.
FUERZA CORPORAL				
Homo/mujer sapiens	Grandes mitos	02 - Neolítico Colecta-cacería familiar, en bandos, clanes, tribus.	Matriarcas/patriarcas de clanes, tribus.	Vates (dioses familiares) y espíritu de antepasados.
FUEGO. PIEDRA. FLECHA				
Evolución del Tricerebrar		01 - Eras geológicas Materia triádica y su complejización en sistemas triádicos.	Ecosistema animal y vegetal en evolución tri.	

Cuadro 52.3. Flujograma del Poder Político/Estado y sus rivales: Poder Económico y Sacral

Veamos la triadización-holografía 4ª, en el cuadro 52.3. La columna de la izquierda fue introducida para mostrar que la evolución de los tres poderes supremos está enraizada en la evolución de la matergía mental y física.

El Poder Político/Estado se presenta junto con sus connaturales, los poderes Económico y Sacral, para tener una visión de conjunto de la competencia entre los tres poderes supremos. Estamos lejos de llegar a una comprensión más clara de la acción conjunta de esos tres poderes en la conducción de nuestra vida, de una comunidad, de un país y del planeta. Debería ser función soberana del Poder Político/Estado, si no fuera disfuncional y deformado. El actual poder Político/Estado/Gobierno está siendo cada vez más pervertido no solo por el asalto del Poder Económico planetario; sus tres poderes son asaltados, también, por la perversión de autoridades y funcionarios públicos que "privatizan" esos poderes, haciendo de ellos una oportunidad para los negocios y maldades que su egoísmo/narcisimo desenfrenado recomienda. El pueblo los identifica como: asaltantes legalizados. Se necesita otro paradigma para reinventar el Estado, que ya anunciamos como la interconducción comunitaria, regional, nacional e internacional. Ver Manifiesto de la Proporcionalidad en (copiar e poner en Google):

https://play.google.com/books/reader?id=kVQNKQAAAEAJ&pg=GBS.PA0

El paso 5 sería la creación de breves hipertextos para cada ítem del cuadro 52.3. El paso 6 culmina en el ensayo de transdisciplinarización de la materia académica o disciplina "Poder Político/Estado".

S01 - FAMILIA: Demografía, migraciones, control de natalidad. Plan maestro de las comunidades. Parques de preservación ambiental. Formación para la maternidad. Protección de la familia, de la libertad sexual, de la privacidad y de los más vulnerables.

S02 – SALUD: Salud ambiental, servicios de salud pública,

epidemias, zoonosis, saneamiento. Bioética. Reglamentación de la producción y uso de fármacos y drogas. Previdencia social.

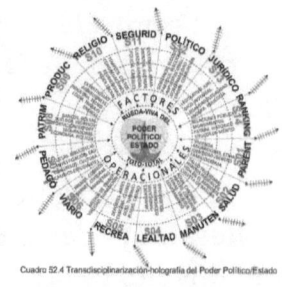

Cuadro S2.4 Transdisciplinarización-holografía del Poder Político/Estado

S03 – MANUTENCIÓN: comercio interno, externo, contrabando. Abastecimiento, inventarios reguladores. Agua. Reglamentación de mercados y comercio.

S04 – LEALTAD: Relaciones e integración de etnias. Preservación de la cohesión y solidaridad social nacional e internacional. Confiabilidad del poder público y sus instituciones.

S05 – RECREACIÓN: Juego como monopolio del Estado. Control del juego legal, clandestino, del turismo y deportes. Promoción de las artes.

S06 – COMUNICACIÓN y TRANSPORTE: Reglamentación de los medios, marketing y TIC. Preservación de la lengua, de la cultura, de la libertad de expresión y castigo de la mentira. Protección del espacio aéreo, acuático y del derecho de la libre circulación. Responsabilidad directa o indirecta por infraestructura, vías de transporte y movilización, puertos, aeropuertos y terminales. El Estado debe proveer las informaciones y estadísticas sobre la realidad nacional y la gestión pública, mensualmente.

S07 – EDUCACIÓN: Formación de educadores e investigadores, con inclusión de las neurociencias y TIC. Impulso a la ciencia. Expansión de la oferta y calidad de la educación pública y privada. Inversión en madres para la educación infantil desde el hogar. Guarderías. Educación financiera, para el emprendimiento y para la convivencia socioemocional. Producción e importación de know-how y tecnología.

S08 – PATRIMONIAL: Reglamentación del régimen de propiedad y acumulación del poder económico privado, cárteles, oligopolios. Control de la creación y circulación del dinero, del crédito e intereses. Confiscación de cuentas ilegales en el exterior y en paraísos fiscales. Protección de la moneda nacional. Actualización de los currículos de formación de economistas y administradores con teorías, currículos y lenguaje post-capitalista y post-socialista. Rescate de la pobreza vía empleo o impuesto de renta negativo o renta ciudadana. Bancos públicos como contrapeso al sistema financiero privado nacional e internacional. Control de la bolsa-casino. Costo país (Estado, políticos, funcionarios, burocracia).

S09 – PRODUCCIÓN: Oferta de energía industrial y doméstica tradicional o eólica y solar. Reglamentación y apoyo para el empresariado, el lucro, el trabajo/empleo y los salarios, por inversión pública suplementaria. Jubilaciones. Incentivo al desarrollo para el bienestar tricerebral tetranivelado y no solo económico.

S10 – RELIGIÓN: Garantía de libertad para religiones auténticas y tradiciones de fe. Reducción del poder sacral a entidad privada y prohibición de interferir en cuestiones del Estado (Estado laico).

S11– SEGURIDAD: Seguridad pública interna, defensa del país, de la región y paz internacional. Defensa civil. Estudios de la y para la paz social. Castigo de la violencia psico-moral-emocional tanto como de la violencia física y económica. El sistema carcelario será para crímenes violentos y para reparación a las víctimas por el trabajo remunerado del incriminado. Las demás infracciones serán pagadas en dinero y servicio comunitario.

S12 – POLÍTICO-ADMINISTRATIVO: Federación de municipios y estados. Tributación y límite de gastos públicos y endeudamiento. Clases sociales y acceso a los bienes. Administración pública, reducción de la burocracia y simplificación de los procesos reduciendo al mínimo el paso por las notarías. Preferencia por la administración privada sometida al bien público, reservando a la administración pública los sectores estratégicos de defensa de la nación. Administradores y funcionarios públicos regidos por la legislación común del trabajo. Relaciones internacionales, imperialismo, globalización. Geopolítica. Control de los subgrupos oficiales políticos, económicos y sacrales por el pueblo.

S13 – JURÍDICO: Organización del poder legislativo y judicial municipal, estatal, nacional e internacional, con base en la justicia triádica proporcional. Ética, moral, régimen de excepciones. Derechos humanos y ecosistémicos. Defensa de la constitución, democracia y justicia social. Combate al narcisismo y a la impunidad, promoviendo la corresponsabilidad familiar y social.

S14 – MÉRITO-RANKING: Control de la maximocracia. Cultura de la Historia, patrimonio histórico, museos y bibliotecas. Calendario unificado y celebraciones. Honra al mérito de todos.

TRIADIZACIÓN DEL PODER ECONÓMICO

Cuadro 53. Concepto de Poder Económico (econocracia/plutocracia/mercadocracia)

El "Poder Económico" está en la esfera privada/particular. En el tiempo de la teorización de Adam Smith, David Ricardo y Karl Marx, la sociedad estaría organizada en dos grandes bloques: el económico y el social o socioeconómico.

Traducido a los tres cerebros, lo económico sería todo lo que se refiere al cerebro central; y el social sería todo lo que se refiere al cerebro derecho e izquierdo. De ahí el término "Economía Política", esto es, la economía dirigida por el Estado (hoy día está invertida la proposición). Traducido a los 14 subsistemas, lo económico sería el bloque formado por el S09-Producción, S08-Patrimonial, S06-Marketing y Transporte/circulación y el S03-Comercio/manutención; el social serían los diez restantes subsistemas. Evidentemente, el lenguaje socioeconómico y su artificiosa "ciencia económica" del imperio judeo-británico-norteamericano, aún medio feudales, tienen que ser substituídos por algo más moderno. Algo que sea más adecuado para sociedades complejas, para un planeta informatizado que busca la globalización/integración no solo de mercados que es la cultura del cerebro central, sino de las tres culturas cerebrales y sus cuatro niveles.

Cuadro 54. Triadización 1ª: cultura general   Cuadro 54.1. Triadización 2ª: Poder Económico

El cuadro 54.1 se refiere a la economía o poder económico tradicional, clásico de los capitalistas (no socialista ni semi-socialista), que desplazó al poder feudal por el comercio e industria y, ahora, las finanzas. La Historia de la modernidad registra que el poder del Estado sobre la Economía Política fue mermando y el poder económico (privado, en contubernio con los gobernantes) fue creciendo hasta provocar la reacción de la Iglesia católica y de los socialistas, que desembocó en la revolución soviética contra el poder económico para someterlo al poder del Estado. El poder económico-político industrial de la época se vio obligado a hacer concesiones a los trabajadores, consumidores, iglesias y Estados, por el miedo al triunfo mundial de la propuesta socialista/comunista. Fue este el origen de la economía solidaria (cooperativas, mutuales, fondos de trabajadores por categoría y el Estado de Bienestar Social).

Con el colapso de la URSS y del ideal socialista-igualitarista, los grandes capitalistas perdieron el miedo; todas las concesiones fueron retiradas y substituidas por la propuesta de un viejo neoliberalismo salvaje, como revancha por el tiempo y el dinero perdidos. Trabajadores, consumidores, iglesias y Estados/Poder Político de Occidente fueron devueltos a las penurias del siglo XIX, bajo el eufemismo de "austeriad".

Irónicamente, eso permitió la ascensión del sudeste asiático y la formación de un nuevo bloque económico llamado "euroasiático" que tiene en el centro, a China, India y Rusia (esta tiene fronteras con Mongolia, China y Corea del Norte). Este bloque, con otros asociados, no menos furibundos capitalistas explotadores, se adueñaron del mercado industrial y de servicios del planeta, abortando la fuente de renta de los países industriales de Occidente, obligándolos a refugiarse en la especulación financiera, provocando la estanflación de sus PIBs. Para visualizar mejor este juego triádico, vamos a recordar el juego triádico al interior del Poder Económico, donde las finanzas son el subgruo oficial; la industria de transformación es el antioficial; y el agronegocio es oscilante:

finanzas

industria

Fábricas, empresarios, extracción, producción, circulación.

PODER ECONÓMICO

Banqueros, especuladores, ejecutivos, seguradoras, agencias de riesgo, rentistas. Gran comercio.

agronegocio, servicios
Agricultura, haciendas, minas, pequeño comercio, artesanía.

Cuadro 54.2. Juego triádico en el Poder Económico

Occidente, comandado por el imperio imperio judeo-anglo-estadounidense, perdió la batalla en el sector industrial porque se había vuelto demasiado caro en comparación con la producción en masa de la "eurasia". Como se les estancó esa fuente de ingresos, los capitalistas se atrincheraron en las bolsas, en la especulación y la guerra, para garantizar lucros sin producir nada y extraerlos de quienes aún producen. Todo este análisis puede ser profundizado consultando el libro GRAMÁTICA DEL DINERO (Gregori, 2016).

El paso 3 de la triadización es presentar el Poder Económico en sus tres bloques cerebrales/culturales. Conviven en su juego triádico -la Economía Política supuestamente comandada por el Estado/Gobierno; la Economía Social promovida por iglesias, ONGs, tercer sector, etc., con algún apoyo del Estado; y la Economía de Mercado libre que es de iniciativa privada para producir bienes satisfactores para los 14 subsistemas y sus 4 o más niveles, de manera sustentable y renovable por el lucro.

ECONOMÍA-PODER ECONÓMICO

ECONOMÍA POLÍTICA

Teorías económicas. Políticas públicas, tasa de inversión. Impuestos, tasa, fisco. Balanza de pagos. PIB, PNB, renta per cápita. Ministerio de Hacienda y órganos correlatos. Leyes de trabajo y derechos sociales. Defensa del consumidor. Control de la moneda. Títulos del gobierno. Deuda interna, externa, reservas. Economía mixta. Econometría. Economía de Big Data y algoritmos. Regulación del mercado y protección de la libre competencia. Estado de bienestar social. Bretton Woods. Crisis. Falencia de Estados.

ECONOMÍA SOCIAL

Socialismo. Solidarismo. Empresas sociales. Redes de trueque, moneda social, "bancos sociales" (Grameen Bank). Economía colaborativa. IDH, IPS, Índice de Felicidad Bruta. Tercer sector. Economía y humanismo. Cooperativismo, organizaciones filantrópicas civiles y religiosas. Fundaciones de apoyo a la cultura y de asistencia social. Confianza en las instituciones económicas. Ética en los negocios. Comunidades utópicas. Políticas compensatorias, indemnizaciones. Mecenato. Tasa Tobin. Redes de protección social. Miseria como fatalidad/punición divina. Fantasía de riqueza por promesas/juego. Pirámides.

ECONOMÍA DE MERCADO

Bancos, bolsas, corredoras, usura, finanzas, rentismo. Empresas de producción extractiva, agropecuaria, manufacturera y servicios. Cadenas productivas/usuarias de los 14 subsistemas. Tecnología. Comercio, mayorista y al detal, atravesadores (peaje de mercaderías), formación de precios, COMERCIO, falsificaciones. Supermercados, ferias, marketing. Sindicatos de patrones, sindicatos de empleados. Salarios directos/indirectos, renta, concentración, pobreza. BM, FMI, OMC, AIIB (Banco de Inversiones e Infraestructura de Asia). Paraísos fiscales, evasión de capitales e impuestos. Especulación. Busca de autonomía/hegemonía del poder económico. Compra de políticos. Imperio judeo-anglo-americano, BRICS y bloque euroasiático.

Cuadro 54.3. Ítems para un currículo y feedback de competencias tricerebrales en Economía

Este ensayo de triadización, juntamente con el paradigma y conceptos sistémico-triádicos de la Gramática del Dinero, podrían renovar el pensamiento, las aspiraciones y el enseñaje de la "ciencia" económica. Esta renovación es una exigencia de estudiantes de economía de diversos países (Dowbor, 2017), principalmente, a Inglaterra con el Post-Crash Economics Society http://www.post-crashecono-mics.com/ y Estados Unidos con el Institute for New Economic Thinking https://www.ineteconomics.org/ Es una endeble reacción al fracaso de la macro-economía judeo-anglo-estadounidense del neoliberalismo que no supo evitar la crisis de 2007/2008, aún sin salida (porque sigue el mismo figurín que ha generado dos guerras mundiales y las crisis cada vez más frecuentes y graves).

El paso 4 es el Flujograma triadizado de la Historia del Poder Económico:

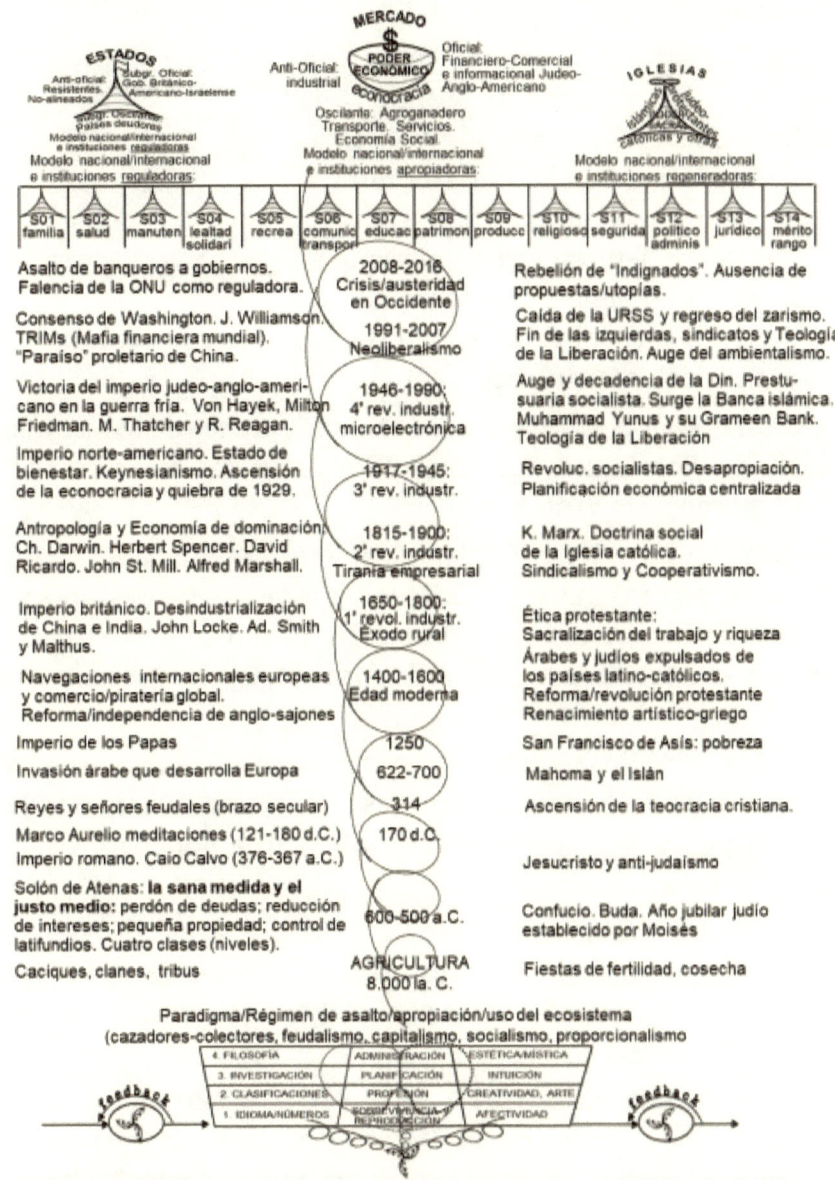

MERCADO
$
PODER ECONÓMICO
econocracia

ESTADOS
Anti-oficial: / Subgr. Oficial:
Resistentes. / Gob. Británico-
No-alineados / Americano-Israelense
Anti-Oficial: industrial
Oficial: Financiero-Comercial e informacional Judeo-Anglo-Americano
Oscilante: Agroganadero Transporte. Servicios. Economía Social.

IGLESIAS

Modelo nacional/internacional e instituciones reguladoras:
Modelo nacional/internacional e instituciones apropiadoras:
Modelo nacional/internacional e instituciones regeneradoras:

| S01 familia | S02 salud | S03 manuten | S04 lealtad solidari | S05 recrea | S06 comunic transpor | S07 educac | S08 patrimon | S09 produc | S10 religioso | S11 segurida | S12 político adminis | S13 jurídico | S14 mérito rango |

Columna izquierda	Centro	Columna derecha
Asalto de banqueros a gobiernos. Falencia de la ONU como reguladora.	2008-2016 Crisis/austeridad en Occidente	Rebelión de "Indignados". Ausencia de propuestas/utopías.
Consenso de Washington. J. Williamson. TRIMs (Mafia financiera mundial). "Paraíso" proletario de China.	1991-2007 Neoliberalismo	Caída de la URSS y regreso del zarismo. Fin de las izquierdas, sindicatos y Teología de la Liberación. Auge del ambientalismo.
Victoria del imperio judeo-anglo-americano en la guerra fría. Von Hayek, Milton Friedman. M. Thatcher y R. Reagan.	1946-1990: 4ª rev. industr. microelectrónica	Auge y decadencia de la Din. Prestusuaria socialista. Surge la Banca islámica. Muhammad Yunus y su Grameen Bank. Teología de la Liberación
Imperio norte-americano. Estado de bienestar. Keynesianismo. Ascensión de la econocracia y quiebra de 1929.	1917-1945: 3ª rev. industr.	Revoluc. socialistas. Desapropiación. Planificación económica centralizada
Antropología y Economía de dominación. Ch. Darwin. Herbert Spencer. David Ricardo. John St. Mill. Alfred Marshall.	1815-1900: 2ª rev. industr. Tiranía empresarial	K. Marx. Doctrina social de la Iglesia católica. Sindicalismo y Cooperativismo.
Imperio británico. Desindustrialización de China e India. John Locke. Ad. Smith y Malthus.	1650-1800: 1ª revol. industr. Éxodo rural	Ética protestante: Sacralización del trabajo y riqueza
Navegaciones internacionales europeas y comercio/piratería global. Reforma/independencia de anglo-sajones	1400-1600 Edad moderna	Árabes y judíos expulsados de los países latino-católicos. Reforma/revolución protestante Renacimiento artístico-griego
Imperio de los Papas	1250	San Francisco de Asís: pobreza
Invasión árabe que desarrolla Europa	622-700	Mahoma y el Islán
Reyes y señores feudales (brazo secular)	314	Ascensión de la teocracia cristiana.
Marco Aurelio meditaciones (121-180 d.C.) Imperio romano. Caio Calvo (376-367 a.C.)	170 d.C.	Jesucristo y anti-judaísmo
Solón de Atenas: **la sana medida y el justo medio:** perdón de deudas; reducción de intereses; pequeña propiedad; control de latifundios. Cuatro clases (niveles).	600-500 a.C.	Confucio. Buda. Año jubilar judío establecido por Moisés
Caciques, clanes, tribus	AGRICULTURA 8.000 la. C.	Fiestas de fertilidad, cosecha

Paradigma/Régimen de asalto/apropiación/uso del ecosistema
(cazadores-colectores, feudalismo, capitalismo, socialismo, proporcionalismo

4. FILOSOFÍA	ADMINISTRACIÓN	ESTÉTICA/MÍSTICA
3. INVESTIGACIÓN	PLANIFICACIÓN	INTUICIÓN
2. CLASIFICACIONES	PROFESIÓN	CREATIVIDAD, ARTE
1. IDIOMA/NÚMEROS	SOBREVIVENCIA REPRODUCCIÓN	AFECTIVIDAD

feedback — feedback

Hereditariedad Sintáctica   Hereditar. **Corporal-alimentar-procreativa**   Heredit. Vincular-sistémica

Cuadro 54.4. Flujograma evolutivo tri-uno del Poder Económico (con hipertextos)

El paso 5 sería la creación de hipertextos para cada título del Flujograma.

El paso 6 es el ensayo de transdisciplinarización del Poder Económico o sus posibles conexiones/interacciones con los 14 subsistemas.

SO1 - FAMILIA: Economía doméstica. Renta familiar, presupuesto, contabilidad familiar, capacidad de endeudamiento. Herencias. Contratos de matrimonio y efectos económicos del divorcio. Industria del erotismo. Demografía y mercado interno. Niños rehenes del mercado (re-

Cuadro 54.5. Transdisciplinarización-Holografía del Poder Económico

presión de la autoridad de los padres por el lobby económico: estatuto de niños y adolescentes).

SO2 – SALUD: Economía de la salud, planes de salud y socialización. Economía individual y social del nacer al morir por el Flujograma de la Vida.

SO3 – MANUTENCIÓN: comercio, e-commerce, formación de precios desde la fuente de producción/prestadismo al consumo/usuarismo final. Inflación, estanflación/deflación. Existencias reguladoras. Consumo forzado. Obsolescencia programada de productos.

SO4 – LEALTAD: confianza en el mercado. Crédito e insolvencia. Economía solidaria, empresas sociales. Hermandades y filantropía. Evolución de pobre/solidario a poderoso/psicópata.

SO5 – RECREACIÓN: industria del deporte, del show business, del juego legal (casinos, loterías, etc.) y clandestino. Negocio de los deportistas mercenarios. Subastas de arte. Mecenazgo. Bolsa-casino.

SO6 – COMUNICACIÓN y TRANSPORTE: Marketing, TIC e hipnosis de los consumidores. Periodismo de Economía. Medición, econometría y uso de resultados económicos. Interconexión internacional del sistema económico just in time. Costo económico y ambiental de todos los modos de circulación de mercancías y personas. Infraestructura para la economía

SO7 – EDUCACIÓN: Economía de la educación. Niños rehenes del mercado con la represión de la autoridad de los educadores por el lobby económico. Integración universidad/empresa. Educación financiera. Educación y desarrollo. Teorías/escuelas y cursos de economía, doctrinas económicas. Gramática del dinero. Asesoría económica. Investigación de mercado, Big Data y algoritmos.

S08 – PATRIMONIAL: redes bancarias e instituciones financieras mundiales, moneda y creación de dinero. Poder económico, econocracia/plutocracia. Propiedad pública/colectiva invadida por la privada/particular. Clases sociales y distribución de renta. Latifundio, medios de producción. Capital y trabajo, productividad, lucro. Capitalismo, socialismo, solidarismo. Lavado de dinero, paraísos fiscales. Medios de pago. Inversión productiva y especulativa. Falsificación contable.

S09 – PRODUCCIÓN: emprendimiento y vida de las empresas. Gestión empresarial y de los accionistas. Producción con preservación ambiental. Encarecimiento progresivo de las materias primas, commodities, rumbo al agotamiento. Tecnología. Legislación empresarial y del trabajo. Compra de cuotas de carbono (farsa ambiental).

S10 – RELIGIÓN: Economía religiosa, pago o exención de impuestos por las iglesias, economía del Poder Sacral. Religiones y cuestión social. Solidarismo, límites para la ambición y usura en la Biblia, en el budismo y en el Corán. Propuestas de vida sobria, antimaterialismo. "Milagros" económicos.

S11– SEGURIDAD: Economía de armamento y de guerra. Guerra fría/económica. Ciberguerra. Costo de la seguridad nacional y policial. Cálculo actuarial e industria de los seguros. Indemnizaciones de guerra y reconstrucción.

S12 – POLÍTICO-ADMINISTRATIVO: Economía Política, políticas públicas. Tasas de inversión y endeudamiento público. Impuestos, fisco, evasión. Fiscalización aduanera, contrabando. Costo país, cuentas nacionales y balanza de pagos.

S13 – JURÍDICO: Economía jurídica, legislación económica. Contratos, garantías, estabilidad jurídica. TRIMs (reglamento para inversión/comercio internacional). Capitales volátiles, buitres. Tribunal económico de la OMC (Organización Mundial del Comercio).

S14 – MÉRITO-RANKING: costo de las relaciones públicas y escalada social. Columna social de las mejores empresas y de los más ricos. Industria de la moda, de la vanidad, del lujo y de los títulos honoríficos. Programas de austeridad/sobriedad.

***

Los que claman por una Economía post-crash o por un nuevo pensamiento económico tienen aquí una propuesta. En la estantería de la vieja y clásica economía de paradigma monádico no hay recetas e ingredientes para tal renovación. Faltan nuevas herramientas, como las aquí presentadas.

La transdisciplinarización que se hizo antes tomó el bloque de los subsistemas que forman el Poder Económico (S09, S08, S06 y S03) como eje y mostró algunas de sus conexiones con los 14 subsistemas. Quedó implícito que los 14 subsistemas se articulan con los cuatro factores operacionales y las esferas dinámicas de aplicación en áreas cada vez más amplias. Para mostrar eso más explícitamente, podemos presentar la economía por el Hológrafo Social, lo cual se llama apropiadamente holografía, como mapa/matriz general:

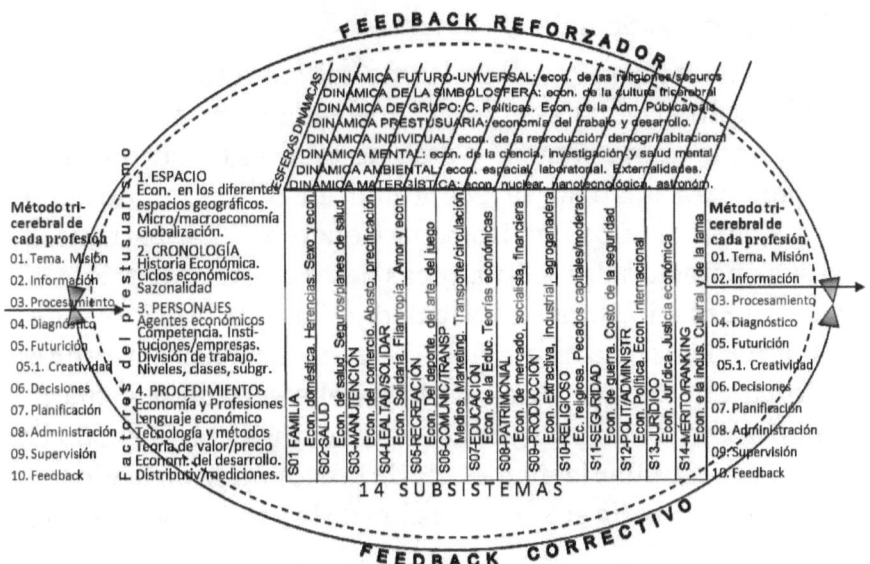

Cuadro 54.6. Holografía completa de la Economía

Este ejemplo de holografía de la economía puede ser elaborado para todos los saberes. En la estructuración de un currículo académico, cada uno de los grandes bloques del Hológrafo -Método tricerebral de la profesión, Factores del Prestadismo, 14 subsistemas y Esferas Dinámicas- tendrían peso, duración y jerarquía diferentes. Al interior de cada uno de esos grandes bloques, cada ítem tendría, también, peso y duración y jerarquía diferentes. Así, tendríamos un mapa organizador de la disciplina/ carrera que muestra diferentes rutas/ramificaciones de conexión entre los diversos bloques y cada uno de sus ítems, facilitando la formación de un banco de datos (memorización) y la organización mental.

Aunque una ciencia/carrera tenga la dimensión del Hológrafo, ella no lo abarca todo ni logra mucha eficiencia en el curso universitario de graduación; pero brindaría una visión sistémica general o panorámica (como la clínica general en medicina); la profundización y eficiencia vendrían con la especialización, maestría y el doctorado. Además, la especialización, maestría y el doctorado sin la visión sistémica general dejaría miope al profesional, alejado de la realidad, principalmente en las indivisibles Ciencias Sociales y Humanas.

El cuadro 54.6 muestra cómo trazar rutas de conexión interdisciplinaria; vale recordar que cada ítem del Hológrafo corresponde a una ciencia o área de saberes (cuadro 48). Por ejemplo, para analizar la economía en diversos puntos del planeta, trazaríamos una línea partiendo del S08-Patrimonial con sus operacionales y dinámicas hasta alcanzar el factor operacional Espacio, donde está la Geografía. Para la Historia de la Economía, la línea partiría del S08 hasta alcanzar el factor operacional Cronología. Para investigar el efecto de la economía sobre la salud de un país y viceversa, la línea uniría el S08 con el S02. Para estudiar la incidencia de la economía en la vida personal, la línea uniría el S08 y la esfera de la Din. Individual, etc.

**

Al finalizar la triadización holográfica de cada disciplina, es necesario reescribir el manual de texto básico (electrónico o impreso) de la misma, con su nuevo lenguaje, didáctica, dinámica de grupo y nuevos mapas mentales. Los manuales de texto actuales son de paradigma monádico, no incluyen el enfoque sistémico y subsistémico triádico, no incluyen el cerebro triuno de las modernas neurociencias y tienen horizontes lineales muy angostos. Les faltan herramientas para conectarse con el conjunto de las ciencias del comportamiento y de la convivencia y, para tener aplicación más práctica y eficaz.

Queda aquí una invitación a los profesionales de cada una de las Ciencias Sociales y Humanas para que ayuden a triadizar-holografiar sus carreras/especialiades, según los modelos/ensayos aquí presentados, mejorándolos. Nada es definitivo: todo, siempre es pre-definitivo. Nada es último: es siempre penúltimo.

Ocurrió así con la revolución de A. R. Müller en las Ciencias Sociales y Humanas, sin la cual no habría sido posible la Cibernética Social Proporcionalista; sin esta tampoco sería posible comenzar a desarrollar la Ciencia Social General, una síntesis en construcción colectiva. Penúltima.

QUINTA PARTE

PRINCIPIOS, REGULARIDADES, LEYES Y POSTULADOS DE LA CIENCIA SOCIAL GENERAL

Todas las áreas de saberes existen para solucionar problemas identificados o previsibles. Esto supone descubrir regularidades, leyes de funcionamiento y los principios básicos que rigen los fenómenos de que trata cada área. Son requisitos para su eficiencia y su poder de prever con alguna antelación fenómenos que se anuncian en el incierto futuro.

Las Ciencias Físicas se jactan de cumplir con esos requisitos, porque lidian con fenómenos determinados, mecánicos, químicos y discretos, con pocas probabilidades de huir de lo preestablecido. Son altamente probabilísticos y previsibles.

Las Ciencias Sociales y Humanas han tardado en alcanzar esos requisitos. La diferencia está en los fenómenos con que lidian, fenómenos sociales de la convivencia, los cuales no son determinados, mecánicos, rígidos como los de las Ciencias Físicas; son continuos. Son escassamente probabilísticos/plausibles y por eso escasamente previsibles. Si nos fijamos en el cuadro 34 de las 8 dinámicas, se puede establecer la siguiente regla (ya no se enumerarán cuadros, por repetidos):

- Cuanto más próximos a la base, más deterministas/probabilísticos son los fenómenos y más exactas y con más previsibilidad son sus respectivas áreas de saberes; cuanto más arriba en el cuadro, menos determinísticos/probabilísticos serán los fenómenos y menos exactitud y previsión alcanzarán sus respectivos saberes.

La Ciencia Social General lidia con fenómenos/eventos que se distancian cada vez más del determinismo y avanzan hacia campos progresivamente más indeterminados, por la presencia cada vez mayor del libre albedrío, libertad de decisión y acción. La ausencia de matematización avanzada puede ser suplida, mientras tanto, por la presencia de mapas mentales o herramientas (cuadros conceptuales, guías o referenciales para el cerebro izquierdo; modelos/ilustraciones para el cerebro derecho; y maquetas/miniaturas para el cerebro central). Las ilustraciones presentadas hasta aquí son referenciales teóricos y modelos; existen ya diversas maquetas de esos mismos referenciales y modelos. Muchas de esas herramientas están ya informatizadas y otras lo estarán.

A lo largo de años de experimentación con el bagaje de Cibernética Social Proporcionalista, conducida por sus expertos reunidos en la Academia Internacional de Cibernética Social, se han sistematizado algunos principios, algunas regularidades y "leyes" de la Ciencia Social General, aplicables en las diversas áreas triadizadas-holografiadas. Estas son derivaciones, como paradigma-producto (output) del paradigma-instrumento sistémico triádico (input).

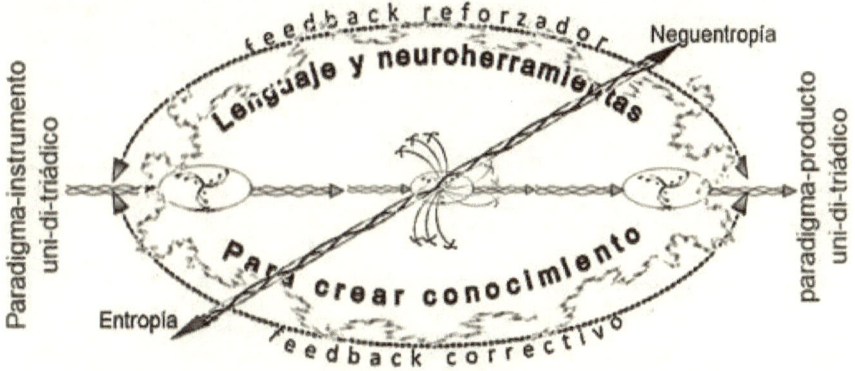

Nuestro "laboratorio" han sido y son personas, grupos y hechos que observamos con las lentes de nuestro micro-macroscopio sistémico triádico -el CCT conectado a los diversos referenciales- que la vida está validando.

PRINCIPIOS, HERRAMIENTAS Y POSTULADOS
DE LA CSG POR LAS 8 DINÁMICAS
DE COMPLEJIZACIÓN
(se lee desde la base al tope)

8. DINÁMICA FUTURO-UNIVERSAL (Escatologías, fe)
Polarización, Tensionamiento, Proporcionalismo triádico.
Invención de dioses, cielos e infiernos. Ideas y expectativas de progreso, de futuro, de rumbo y sentido de la evolución, de la vida y del mundo pos-humano. Fin de la Historia. Culto a la utopía tecnoespacial. Filosofías, teologías.

7. DINÁMICA DE LA SIMBOLOSFERA (3 culturas, en 4 niveles):
Representación verbal-escrita, icónico-artística, y monetaria darwiniana de las Dinámicas de la realidad. Problemas de integración proporcional de las tres culturas y sus paradigmas, sus tres áreas de saberes y sus tres áreas institucionales (escuelas, bancos, iglesias) por una Ciencia Social General.

6. DINÁMICA DEL PODER (Político-Económico-Sacral)
Disputa del Poder de Conducción entre los tres poderes supremos y sus subgrupos de cualquier nivel o área. Organización social, leyes de corresponsabilidad para los tres poderes y subgrupos. Cambio social y revolución, democracia, redes sociales, convivencia de justicia y paz.

5. DINÁMICA PRESTUSUARIA (Economía, tecnología):
Disputa Triádica en la producción y en el reparto de satisfactores. Ingenierías con niveles de trabajo o agendonomía y sus correspondientes niveles o estándares de vivencia. Prestusuarias públicas, mixtas, particulares, cooperativas. Guerras de mercados. Derecho a la propiedad. Dinero como símbolo de los satisfatores. Tecnoptimismo.

4. DINÁMICA INDIVIDUAL-FAMILIAR-ESCOLAR (Antropología, Psicopedagogía). Sociograma del Juego Triádico Familiar y sus recurrencias. Roles, derechos y deberes masculinos/femeninos. Educación familiar-escolar-étnica de los jóvenes, carrera de madre, padre y colaboradores. Relaciones de género, de etnias, diversidad.

3. DINÁMICA MENTAL TRICEREBRAL (Neurociencias, saberes)
Cerebro tri-uno y Ciclo Cibernético de Transformación con sus cuatro niveles. Métodos de investigación. El enseñaje centrado en el tricerebrar, ambiente y TIC. La manipulación de cerebros, la superstición, magia y enajenación. Epigénesis de la complexificación cultural por el tricerebrar.

2. DINÁMICA AMBIENTAL (Evolución, Biología, Genética)
El nuevo concepto de realidad y de mundo unificado, como sistema unitriádico, sin natural y sobrenatural y otros divisionismos: Red Ecossistémica Tridimensional. Complexificación físico-química-biológica.

1. DINÁMICA MATERGÍSTICA PROPORCIONAL (Físico-Química y base Ética)
En Cosmología: Sistema Efectuador Tri-uno Universal -SETU Proporcional-.
En Microfísica: Sistema unitriádico de partículas o quarks transfinito (que atraviesa o se hace presente en todo): un holograma que se replica en todos los demás niveles que vengan a emerger (recurrencias epigenéticas).

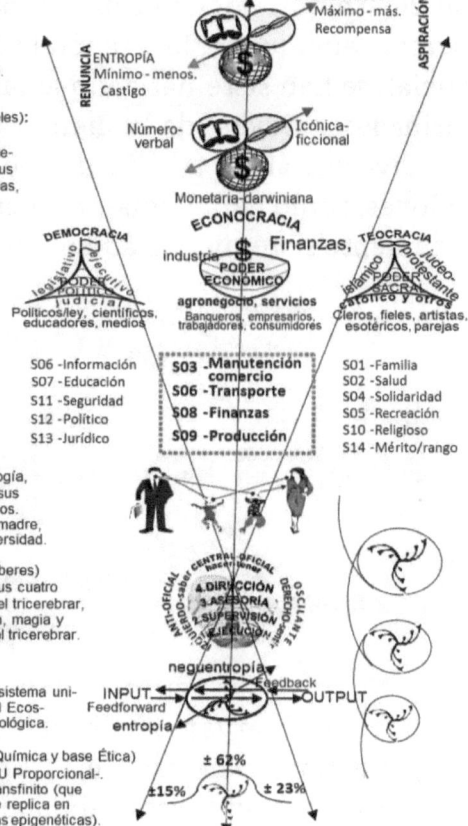

1. DINÁMICA MATERGÍSTICA
PROPORCIONAL

(Matergía como holograma tri-uno y tridimensional transfinito/recurrente; SETU: Sistema Efectuador Tri-uno Universal).

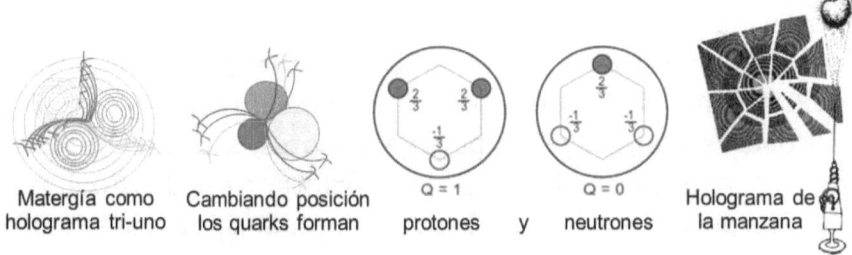

Matergía como holograma tri-uno | Cambiando posición los quarks forman | $Q = 1$ protones | y | $Q = 0$ neutrones | Holograma de la manzana

El punto de partida para la cuestión de los paradigmas es la definición de si se trata de monádico-universo, diádico-diverso o triádico-triverso. De acuerdo con la física cuántica, la matriz de todo es la matergía tri-una, tanto en ondas como en partículas y sistemas. El espacio vacío no existe. Hay un "vacuo" pleno de materia oscura y de fluctuaciones de energía en movimiento, capaces de crear partículas de materia (bosón de Higgs). El espacio es tri-unificado, es un holograma que se multiplica y expande, en formato trenzado y giratorio, sin división entre natural y "sobrenatural"; apenas con diferentes e infinitos tipos de energía vibratoria.

El patrón triádico y transfinito de la matergía tri-una conforma y gobierna la realidad, aunque eso sea poco perceptible para la especie humana (excepto para científicos y místicos, meditadores y gente más consciente; en sus mentes se tocan e integran los extremos: la dinámica Matergística con la Dinámica Futuro-universal). El proporcionalismo es inherente al modo de ser de los quarks-leptones, electrones-positrones-neutrinos y de toda su posterior complejización (todos los grados de complejización/vibración del Sistema Efectuador Tri-uno Universal-SETU). Cada órbita, cada escala y esfera de expansión de la matergía tendrá siempre formato tri-uno sistémico proporcional, agregando complejidad y características "emergentes" a cada órbita, escala o esfera dinámica.

Según la física cuántica, será preciso redefinir lo que es la "realidad" y su percepción (con las inevitables tri-distorsiones por el tricerebrar a corregir), como un ordenamiento de conjuntos o sistemas triádicos, cada nivel con su código o plan estructural y de desarrollo complejizador, a partir de lo que se puede constatar desde el inagotable número 1 (del cuadro de las 8 dinámicas). Esa redefinición de la realidad es de responsabilidad de científicos, experimentadores, artistas y meditadores, con foco en cada una de las 8 órbitas o escalas dinámicas y sus respectivos saberes a ser reformulados por triadización-holografía.

La teoría del caos o de la dinámica (flujo) de los sistemas físicos rompió con el determinismo absoluto y la linealidad estática reclamada por la física clásica. O sea: descubrió la estructura y evolución tri-una, trenzada y espiralada –la no-linealidad- también em las ciencias ya no tan exactas, pues ellas desechaban como "desorden, irregularidades, excepciones" todo lo que se saliera de sus ecuaciones lineales-monádicas y determinísticas.

2. DINÁMICA AMBIENTAL

fisicoquímico-ecológico-evolutiva como red sistémica tri-una. Ver Modos de ser y operar de los sistemas tri-unos (copiar y poner en Google):

https://play.google.com/books/reader?
id=eUdGJAAAAEAJ&pg=GBS.PA0

ERAS GEOLÓGICAS: Azoica. Arqueozoica. Paleozoica. Mesozoica. Cenozoica. Antropozoica Sapiens-Agrícola-Industrial-Microelectrónica (Antropoceno)

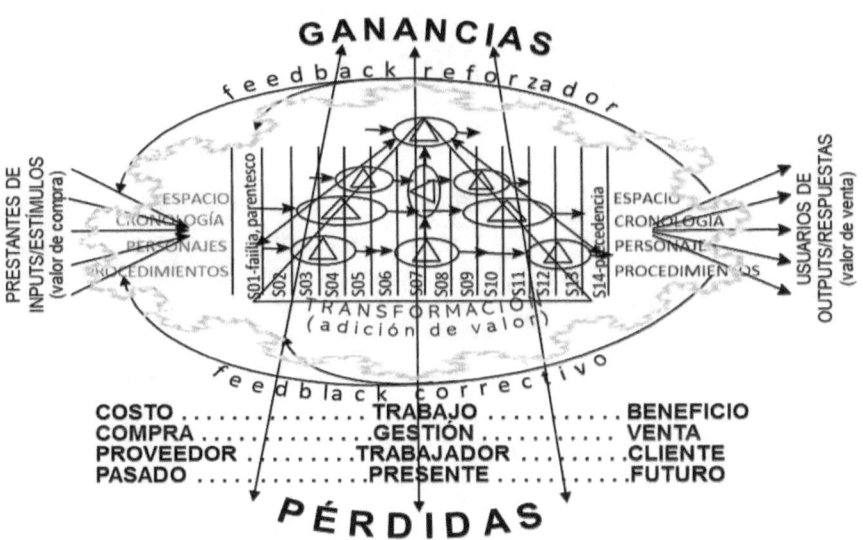

GANANCIAS

feedback reforzador

PRESTANTES DE INPUTS/ESTÍMULOS (valor de compra)

ESPACIO
CRONOLOGÍA
PERSONAJES
PROCEDIMIENTOS

S01-familia, parentesco
S02 S03 S04 S05 S06 S07 S08 S09 S10 S11 S12 S13
S14-procedencia

ESPACIO
CRONOLOGÍA
PERSONAJE
PROCEDIMIENTOS

USUARIOS DE OUTPUTS/RESPUESTAS (valor de venta)

TRANSFORMACIÓN
(adición de valor)

feedback correctivo

COSTO	TRABAJO	BENEFICIO
COMPRA	GESTIÓN	VENTA
PROVEEDOR	TRABAJADOR	CLIENTE
PASADO	PRESENTE	FUTURO

PÉRDIDAS

DINÁMICA AMBIENTAL
EN LA DIMENSIÓN FÍSICO-ESPACIAL

La matergía (materia+energía) forma los sistemas tri-unos o trimembrados (tres en uno y cada cual tan solo uno de tres) de expansión holográfica o fractal, todos interconectados por inputs-transformación-outputs en permanente flujo transformativo trenzado, en un espacio-velocidad curvo y relativo, polarizado por minimocracia-maximocracia (estrategia minimax).

Su autopropulsión está condicionada a la expansión del Big Bang y su electromagnetismo, su gravedad y a las fuerzas fuerte y débil de la vinculación.

El enlace entre sistemas tiene sus extremos plisados (fronteras, límites) sobrepuestos en el espacio-tiempo como escamas de pez. Las fronteras de países también se traslapan. La manutención y desarrollo de los sistemas consumen (disipan) energía, lo cual supone una agendonomía prestante-productora para que exista una agendonomía usuaria-consumidora, conocida como cadena alimentaria-reproductora tridimensional jerarquizada en muchos niveles. E instalan los procesos de competencia, cooperación y neutralidad para la obtención de bienes o medios satisfactores de las necesidades de sobrevivencia alimentaria-reproductiva. Después, todo lo demás será recurrencia, en diversas escalas, órbitas, esferas dinámicas en expansión.

Los sistemas forman una única red universal, vertical (jerarquizada), horizontal, transversal, trenzada, cuántica, biológica, mental, grupal, societaria, dentro del planeta organizado como jaula triangular/triádica multinivelada, de juegos de poder en producción/reparto de satisfactores para la (re)producción. Son los diversos niveles de complejización y manifestación de la trenza energética ondulatoria, como sacacorchos o hélice triple y embobinado (como la trenza y el moño de un peinado).

Como la red universal tiene detalles no del todo percibidos, el riesgo de las ilimitadas iniciativas interventoras de la biotecnología de los tres subgrupos humanos, principalmente los oficialistas más altos -élites- es enorme. Prevalecen la arrogancia y el vicio de riqueza y poder, sin el deseo de cooperar y convivir con la naturaleza y con todos.

DINÁMICA AMBIENTAL
(EVOLUTIVA EN LA DIMENSIÓN CRONOLÓGICA)

(tiempo o movimiento co-evolutivo-recapitulativo por ciclos cada vez más breves y efímeros -diario, semanal, mensual, anual, milenial, de los sistemas físicos, vegetales, animales y humanos en su infancia, adultez, vejez, muerte o transformación y reposición).

Mientras el universo siga en expansión, la flecha del espacio-tiempo (o matergía, o "espacio-velocidad") apunta hacia el futuro. Este impulso para la expansión infinita lo sufren también los seres humanos y sus subgrupos que se lanzan locamente rumbo al espejismo de la maximocracia, formando elevadas jerarquías y dilatadas burocracias para llegar a dictaduras, oligopolios y monopolios. Es la zanahorización natural, metamorfoseada o camuflada en metas con recompensas-placer o castigos-dolor. Los castigos-dolor son amenazas que generan adrenalina por miedo a la minimocracia; las recompensas-placer son motivaciones que generan endorfina por la fe maximocrática en ganancias sin fin.

Los sistemas en su jaula tridimensional planetaria están siempre en movimiento tri-transformativo-co-evolutivo, por ciclos ondulatorios regulares, irregulares, en escalas recurrentes, fractales o helicoidales. Todo son eras, edades, ciclos, etapas de un gran e infinito flujograma universal de la matergía tri-una que no hace más que emerger-pasar, emerger-pasar, emerger-pasar... La teoría de la evolución de Charles Darwin, continuada por Motoo Kimura y Lynn Margulis debe ser triadizada-holografiada, así como la Bioética.

Ciclos de la "Matergía" en 3 etapas; la última es de más desorden/caos

Cada ciclo es una epigénesis (ramificación diádica o triádica) como recurrencia de algo anterior, para la complejización sin fin, pudiendo progresar, retroceder, degradarse, dispersarse, perderse, descomponerse... Es el probabilismo, la plausibilidad, la propensión: incerteza, inestabilidad e imprevisibilidad.

La fase de "ascensión" es autoorganizativa y de cooperación de los elementos tri-unos; la fase de "auge" es hétero y auto consumidora por exceso de competencia; y la fase de descenso/decadencia es propiamente la fase del caos, de la desorganización (desorden) por envejecimiento y por derrumbe provocado por otra corriente de fuerza innovadora en ascensión para un nuevo ciclo. Cada ciclo y todo lo demás tiene un plazo de validez (expira su validez o eficacia).

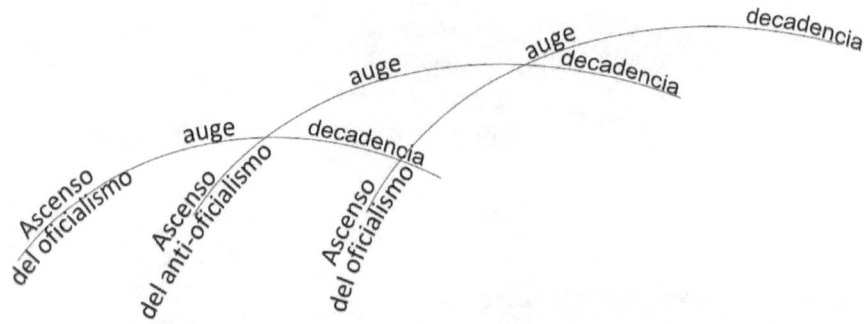

Cada subgrupo tiene ciclos propios y asimétricos entre sí y no tan simultáneos o coincidentes como puede sugerir la ilustración anterior: el oficialismo y el antioficialismo son alternativos, mientras el oscilante permanece casi estático, a no ser por algún espasmo reivindicativo incitado por el antioficialismo.

Eso se puede ver en la sucesión de los imperios o de los gobiernos en un país, en un municipio y en cualquier institución menor, siendo la duración del ciclo oficialista muy larga y, la del antioficialismo, más breve, meteórica, sirviendo solo para contrapeso, corrección, inseminación y renovación del oficialismo.

Aunque la energía, el ser, la vida impulsen para la existencia eterna o maximocrática, los tres subgrupos humanos, principalmente los oficiales, son inmediatistas; el futuro a largo plazo y la preservación no le importan: "a largo plazo estaremos todos muertos", dicen.

3. DINÁMICA MENTAL

(tri-múltiples inteligencias o tri-tetracerebrar)

PARADIGMA: Modo de usar los tres cerebros para percibir y manejar la realidad

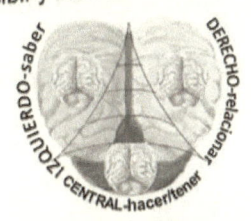

UNI-UNITARIO:
Aprendizaje de especialista:
unidades, en compartimientos.
Uni-saber: reduccionismo
al uno, único, unilateral,
preferido por las Ciencias Físicas.

Paradigma uni-cerebral

DIÁDICO/BINARIO:
Aprendizaje por pares opuestos:
burgués/proletario, opresor/oprimido.
Dos saberes: capitalista (de derecha)
y marxista (de izquierda),
en Ciencias Sociales y Humanas.

Paradigma bi-cerebral

TRI-UNITARIO:
Aprendizaje por tríades:
regente-positivo; divergente-opositivo;
convergente-puente. Tri-saberes:
físicos, sociales, y humanos-espirituales.
Base para una Ciencia Social General.

Paradigma tri-cerebral

Cuadro 35. Introducción al enseñaje centrado en el cerebro y sus paradigmas

El paradigma por asimilar y ejercer, educacional y gradualmente, sería el paradigma tri-cerebral sistémico universal, porque es natural, innato; pero fuimos condicionados, desde la programación familiar-escolar, al paradigma monádico, uni-cerebral especialista y parcelado, por la educación individualista, yoica y exageradamente materialista (cerebro central). La dialéctica bilateral fue derrotada.

El nivel 1 (ver los 4 niveles adelante) de los tres cerebros es innato o hereditario, regalado, así como la estructura sintáctica numérico-verbal, la combatividad para la supervivencia/procreación y la creación de lazos para la convivencia. Humanizarse es trascender o elevarse desde ese nivel 1 (uno) inconsciente, mecánico, animal o de mera inteligencia animal, hacia los niveles de tricerebrar 2, 3 y 4, superando sus recurrencias en dichos niveles con más concientización, más libertad y auto-conducción. El tricerebrar es la única vía de evolución futura.

Aunque la concepción del ser humano continúe atada al genoma y sus promesas "salvadoras", es hora de priorizar la noética: neuronas y procesos mentales o "neuroma". Eso refuerza la idea del valor de la educación precoz por las madres y cuidadoras/es. Las neuronas pueden actuar sobre los genes y darnos más libertad y dominio sobre el determinismo de la naturaleza, como probó el Premio Nobel de Medicina, Eric Kandel:

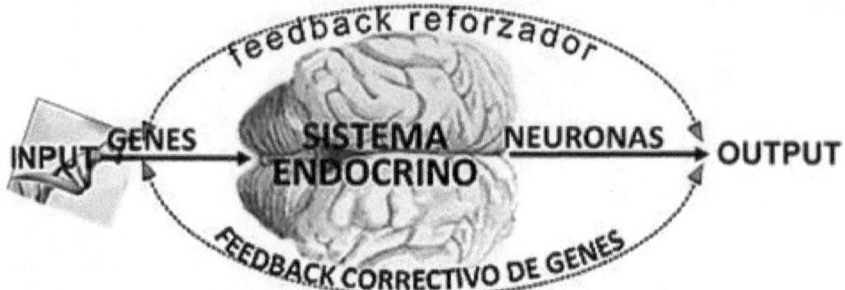

Sistema genético-endócrino-neuronal con acción reversiva de neuronas silenciando genes por feedback (Kandel, 2000)

Como a todas las dinámicas se aplican los postulados de la Dinámica Matergística y Ambiental-Potencial trievolutiva, en el caso del cerebro hay que enfatizar mucho más tales postulados, porque son el fundamento para la construcción y evolución de sus competencias, proporcionales en la tridimensionalidad, para la adaptación al medio social-profesional, cuyo escenario principal es la familia.

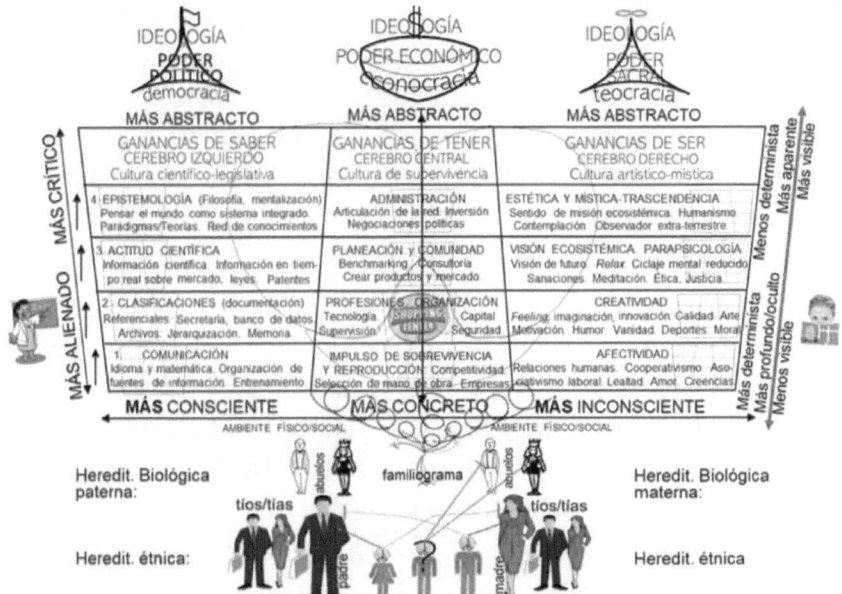

Lo Biológico-Inconsciente PROCREATIVO del nivel 1, con 38% de las neuronas, viene programado, determinado genéticamente por la herencia bioquímica (la hélice triple es su símbolo). Eso no lo decide la familia, ni Usted.

Los restantes 62% de neuronas están libres para ser programados por la familia-etnia, escuela y ambiente físico/social para la lucha de SOBREVIVENCIA. Después de los 18 años, cada cual decide, sin poder reclamar.

Mapa de la complexificación tricerebral en 4 niveles

Además de su desempeño en estado de vigilia o uso de los sentidos en funcionamiento con ondas beta, el cerebro tiene desempeño con ondas gamma (de aceleración) y con ondas alfa-theta-delta o de ciclaje electromagnético-químico reducido:

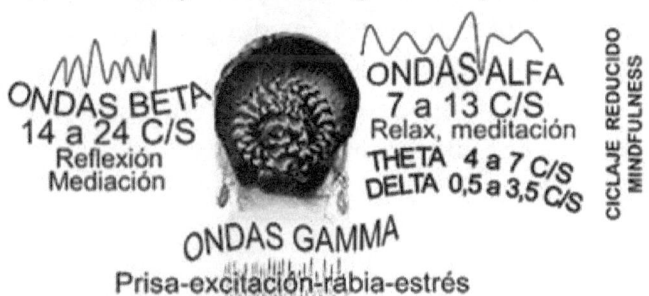

Esos diversos modos de funcionamiento tienen que corregir sus diferentes percepciones y ajustarse recíproca y proporcionalmente. No solo lo que es cuantificable, mensurable y controlable se aproxima a la verdad y ayuda el bienvivir. La

233

calidad, el feeling, las percepciones en ciclaje reducido, las experiencias místicas y otras manifestaciones del cerebro derecho, complementadas y evaluadas por el cerebro izquierdo y central, también son valiosas y aceptables porque hacen parte de la trama y tesitura de la realidad. No somos solo racionales o productivos; somos también inconscientes, soñadores, ociosos y apostadores.

La productividad tricerebral se mide por los grados de metaconciencia tricerebral conquistada, que es como ver, en un espejo, el inconsciente matergístico, familiar, étnico y escatológico de uno mismo. Se comienza por el test de Cociente Tricerebral de nivel 1, 2, 3, 4, graduado para diferentes grupos de edad, masculinos y femeninos.

Los investigadores y fanáticos de la inteligencia artificial (cerebros electrónicos, robots superinteligentes que aprenden solos, integración cerebro-máquina) pretenden crear supercerebros o robots con más potencial mental que los seres humanos (singularidad) - ¡un ser posthumano! Evidentemente, la tecnología nunca pasará de extensiones/amplificaciones del potencial humano, transformando progresivamente nuestra agendonomía y el propio cerebro humano.

Las perversiones individuales y subgrupales son rupturas comportamentales morales/éticas del principio de la proporcionalidad que condensa las leyes de la vida y, pocas veces, disfunciones cerebrales, como pretenden los ideólogos de la maximocracia y del hombre-máquina.

4. DINÁMICA INDIVIDUAL-FAMILIAR-ESCOLAR

(flujograma de la vida, programación tricerebral familiar-escolar, coaching, autoconducción, liberación personal).

No venimos a este mundo: nacemos aquí. No somos cuerpo y alma, sino sistemas tri-unos, tricerebrales, productos de la evolución de la matergía tri-una, cuya vida resumimos en 12 ciclos (en el gráfico que sigue). El ser humano no es rey del ecosistema: es apenas un producto de este y uno de los eslabones de la red o una de las etapa evolutivas del Show del Ecosistema Planetario.

Todos los sistemas nacen guerreros y asesinos (matar para comer, como cualquier animal) con predominio absoluto del cerebro central en su nivel 1 (uno) -lucha por supervivencia y procreación- por eso hablamos de complejo de sobrevivencia y procreación y no de Edipo y Electra.

Es esencial el desarrollo o la construcción del cerebro derecho-ético y del izquierdo-racional en dosis suficientes para hacerle contrapeso al central; junto con el desempeño articulado de los tres en niveles superiores es lo que transforma el guerrero/asesino inicial en un ser humano socialmente aceptable, "desreptilizado", "humanizado", "civilizado", por el coaching tricerebral. Los hijos son producto de la energía-genética determinista; sin embargo, por acción consciente de sus coaches (que son constructores tricerebrales) pueden conquistar hasta un 62% de libertad y control sobre los determinismos genéticos y sobre las imposiciones de la estructura social. La educación inicial tiene como currículo central la Gramática número-verbal y científica, la Gramática del cuerpo y del dinero, y la Gramática emocional de la convivencia proporcional; después, el "Currículo de la Vida Generalista en 14 Subsistemas"; en la universidad, continuaría con la profesionalización.

El coaching tricerebral familiar-escolar tiene que concluirse alrededor de los 18 años, con la conquista de la auto-conducción tricerebral proporcionalista por el "ex-hijo" que la usará de ahí en adelante, por su cuenta y riesgo. La mujer (o la femineidad, con predominio del arsenal emocional del cerebro derecho) es el subgrupo oficial de la familia o núcleo afectivo de cualquier modalidad, como extensión de su oficialismo en la procreación. Por eso postulamos la Carrera de Madre, Padre, docentes y otros influenciadores de la triprogramación mental. La dinámica individual-familiar es la recurrencia de las dinámicas matergístico-ambiental y mental-subgrupal; y esa matriz o molde se proyectará como recurrencia en las demás dinámicas, siendo la más grave la dinámica futuro-universal con la invención de lo sobrenatural y de los dioses como justificación del oficialismo monádico y como necesidad permanente de padre, madre, hermanos, familia y autoridad para los oscilantes.

5. DINÁMICA PRESTUSUARIA

(producción-prestadismo y reparto-usuarismo de satisfactores tetranivelados de los 14 subsistemas). Ex-economía.

PROCEDIMIENTOS en producción y disputa triádica de satisfactores

Los sistemas y sus subgrupos son movidos por la búsqueda y acumulación de bienes satisfactores (clasificados por los 3 cerebros o por los 14 subsistemas) en sus 4 niveles, a servicio de la procreación y del buen vivir, basándose en sus poderes tricerebrales: información, creatividad y esfuerzo o lucha con todos los arsenales disponibles, rumbo a la maximocracia.

La complejización de necesidades, deseos e imposiciones ha impulsado una tecnología de producción (agendonomía prestante: prestadismo interno y exportador) y reparto/uso de satisfactores tal (agendonomía usuaria: usuarismo interno e importador), que se tornó el ojo del huracán del juego triádico moderno, una tecnología desbordada y esclavizadora que se mueve por su propio impulso.

El objetivo de la Dinámica Prestusuaria (ex-economía) es el buen vivir tetranivelado de los tres cerebros o 14 subsistemas de los tres subgrupos tetranivelados de ciudadanos planetarios y no el desarrollismo o la producción de riqueza para unos pocos del tope de una pirámide cada vez más elevada. La copropiedad colectiva del ecosistema es principio superior (res publica) a la propiedad particular.

El juego triádico del libre mercado debe ser protegido del desbordamiento de los oficialistas de todas las esferas y niveles, principalmente del oficialismo financiero (bancos, bolsas, megacorporaciones y economistas pagados). La competencia horizontal (el mismo nivel, las mismas oportunidades) es saludable; la competencia vertical es mortal porque es la ley del más fuerte (el de arriba) atropellando el más débil (el de abajo).

La productividad o progreso individual es la transición del usuarismo al prestadismo cada vez mayor; la productividad o progreso colectivo es la razón armónica o proporcional entre prestadismo y usuarismo, medidos por el PDST -Producción y Disfrute de Satisfactores Tri-cerebrales-grupales- en cada uno de los catorce subsistemas. Es una alternativa al actual medidor conocido como PIB y su complemento el I.D.H. y el reciente I.P.S. (Índice de Progreso Social) que son típicos del paradigma económico-social monádico.

La acumulación debe tener como límite un porcentaje del PDST o un intervalo basado en la Ley Fibonacci, hasta 21 veces el usuarismo de minivivencia, definido en 14

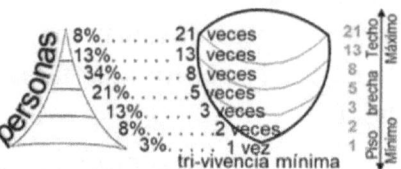

Ensayo de distribución proporcional y limitada (piso y techo) de la riqueza

subsistemas, para corregir la desigualación e igualación absolutas y no terminar de destrozar los recursos ambientales. El problema no es "pobreza". El planeta nunca produjo tanta riqueza como ahora; ni tampoco el empleo o el desempleo ni el desarrollo o el subdesarrollo son el problema. Con lo que hay, alcanzaría para las necesidades reales tetraniveladas de todos, pero no para la maximocracia de todos. El problema es la descontrolada corrida maximocrática eterna, un lamentable espejismo para vidas tan breves.

El mercado "humano" pasa a ser ecomercado para incluir el planeta y todos sus ocupantes en agendonomía prestante y usuaria proporcional y así garantizar la intersustentabilidad. Todo empieza en la ecorregión local (en sustitución al municipio) que proponemos como la unidad menor de la organización social. Todo lo demás es superestructura organizativa y reguladora (es preciso invertir la pirámide actual de organización en que el gobierno central es el poder mayor y concentrador). Para llegar a tales avances culturales, hay que mejorar el tricerebrar y universalizar el uso del Ciclo Cibernético de Transformación en todos los niveles.

¡La ambición de progreso o desarrollismo máximo de los subgrupos oficiales más altos, principalmente del subgrupo oficial financiero que todo lo succiona y encarece, está violentando todos los límites naturales y bioéticos del planeta y de todos sus ocupantes y apuntando hacia la extinción precoz de la especie humana!

"El planeta existió antes de la especie humana y existirá después de su desaparición. ¡Un poco más de respeto, pues" (Claude Lévy-Strauss).

6. DINÁMICA DE GRUPO

(conducción del planeta por el poder político-económico-sacral. Inter-gobernabilidad triádica).

En el aspecto PERSONAJES (agentes, sujetos, jugadores, prestusuarios en búsqueda de más poder y riqueza que forman subgrupos con interacciones movidas por fuerzas "tri").

Los sistemas, los agentes, las fuerzas, los sujetos de cualquier acción que llamamos "juego tri-uno" ocupan tres posiciones complementarias y forman tres subgrupos "siameses", simbióticos, rotativos, alternativos como en un chinchorro o en un baile:

Subgrupo OFICIAL: regente, manipulador, buscador de poder y riqueza; el conjunto típico de sus comportamientos-arsenales para ser ganador se llama "oficialismo". En otras épocas se decía nobleza, burguesía, élites, derecha, etc.

Subgrupo ANTIOFICIAL: divergente, opositor, competidor, buscador de información y libertad; el conjunto típico de sus comportamientos-arsenales para ser ganador se denomina "antioficialismo". Tiene apodos como hereje, rebelde, subversivo, izquierda, eje del mal, lado errado de la Historia, etc.

Subgrupo OSCILANTE: convergente, engañado, seguidor (en lugar de sujeto) de salvación religiosa y económica; el conjunto típico de sus comportamientos-arsenales para ser ganador se denomina "oscilantismo". A él se refieren como populacho, masa, rebaño, etc.

Cada individuo y subgrupo es derivado de un particular uso de su cerebro tritetranivelado, en que siempre predomina uno de sus lados o procesos mentales:

Cerebro central/pragmático es la base del subgrupo oficial;
Cerebro izquierdo/analítico es la base del subgrupo antioficial;

Cerebro derecho/creyente/confiado/vacilante es la base del subgrupo oscilante.

Los subgrupos unas veces se quedan aislados, otras veces cooperan y casi siempre compiten dos contra el tercero. Aunque cada sistema-grupo-conjunto sea trimembrado y que los tres elementos sean internecesarios e interapoyados, no quiere decir que los tres miembros sean corresponsables: existe el interés unilateral de cada uno, la competición, la para-autonomía, la oposición, el ardid, la traición. Este es un mecanismo determinista natural. La concientización y el deseo humanos de controlar tal mecanismo para obtener mejor convivencia han hecho pocos avances y muy lentos, debido a la perspectiva/ansia monádica y unilateral de cada subgrupo por obtener ventajas máximas en todo (¡con cuántos trucos!). El proporcionalismo, el triálogo y la mediación tendrían que volverse norma legal para reducir la fricción trigrupal.

Nunca nada es solo y para siempre sujeto u objeto; causa o consecuencia; oficial, antioficial u oscilante. Todos cambian/rotan de posición, son "mutantes trirecíprocamente influenciadores-influenciados rotativos".

Figuración de la matergía tri-una positiva-opositiva-neutral; o regente-divergente-convergente. Por la rotación, cambia la jerarquía: cada lado se convierte en su contrario (enantiodromia) o se va al fondo común neutral. El mismo fenómeno ocurre en política y en todos los sistemas.

Cada posición físico-social subgrupal impone percepción y comportamiento típicos -como "deber de oficio"- a quien la ocupa (las tres posiciones son fijas e inextinguibles; los ocupantes son los que vienen y van).

En lo individual, el sujeto no es tan autónomo e independiente: es siempre uno de tres, compartiendo una corresponsabilidad tripartita o tri-una, proporcional a su posición subgrupal. Es el juego triádico o democracia triádica de la matergía, que además de hacer rotación de las posiciones, hace a cada actor retroactuar por el mecanismo de feedback.

Los tres subgrupos se crean, se autoorganizan, se apoyan y se definen recíprocamente (autopoiesis) y se jerarquizan en pocos o muchos niveles (antes, se decía clases): 4 niveles como en el tricerebrar; 8 o 16 como en el Show del Ecosistema Planetario y su Juego Tri-uno; o 21 como en la distribución de renta por la sucesión Fibonacci.

Cada subgrupo de jugadores/actores desarrolla una idiosincrasia diferenciada y con disfraces propios para ganar el máximo, unilateralmente. Este disfraz se denomina "ideología" o autojustificación, racionalizada con verborrea cada vez más sofisticada: religión, capitalismo, socialismo, ley de mercado, solidarismo, igualdad, selección natural, bien común, voluntad general, etc. Todo se hace para llegar a la posición oficial más alta. Cuanto más alta la posición de oficial, más se puede torcer la ley e, incluso, imponer excepciones o ser arbitrario, con riesgos cada vez menores. Así, lo que sería excepción (fraude, corrupción, mentira) se vuelve regla.

SUBGRUPO OFICIAL/OFICIALISMO
(padres, jefes, líderes, gobiernos, banqueros, imperios)

META: mantener poder y riqueza, sabotear el crecimiento de competidores, eliminar anti-oficiales para tener el mercado libre y, libremente depredar a los oscilantes indefensos.

ESTRATEGIA IDEOLÓGICA: Simular virtudes de civismo, sacrificio por el bien común, ética. Autocanonizarse. Ser fuente exclusiva de la verdad/legalidad, buscar unanimidad porque es dueño único de la prensa adoctrinadora .

ESTRATEGIA FACTUAL: Asalta "legalmente" desde el trono, se protege con ejército y policías, espionaje, *lawfare*/golpes de Estado, intervención militar, burocracia, leyes y control de la información, del dinero y de los empleos. Desata la violencia 1ª para su maximocracia.

SUBGRUPO ANTIOFICIAL/antioficialismo
META: cambio social, renovación, substitución del oficial con ayuda de oscilantes seducidos.

ESTRATEGIA IDEOLÓGICA: Concientización, crítica, denuncia, retórica brillante y virulenta, pasión por el debate sin fin, predicación mesiánica la favor de los pobres y de la justicia. Fantasías de salvación y utopía.

ESTRATEGIA FACTUAL: Movimientos sociales, sindicatos, reivindicaciones, marchas, tumultos, huelgas, clandestinidad, terrorismo, guerrilla, revolución "blanca" ("democrática") o armada. Desata la violencia 2ª para su maximocracia.

SUBGRUPO OSCILANTE/oscilantismo
META: unidad, amor, paz, familia, descompromiso, buena vida, ser cuidado, gozadera.

ESTRATEGIA IDEOLÓGICA: Inconsciencia, pasividad. Justificaciones mitológicas, sacrales, familiescas. Uso de consignas y adagios como "sabiduría". Escapes mágicos al mundo de la fantasía. Infantilismo.

ESTRATEGIA FACTUAL: Trabajador alienado, víctima aliada a su verdugo. Tráfico de pequeñas ventajas. Suaviza los extremos. Centrismo político y conformismo religionizado. Aguanta cualquier tipo de poder. Desata la violencia 3ª para su maximocracia

Los sistemas y los actores no son solo los humanos: lo son también los físico-minerales, las bacterias, los arqueanos, los eucariotas o virales, son los vegetales, los animales, los humanos, no solo como individuos, sino también como grupos, subgrupos, como especie, como colectivos y totalidad del edificio de la vida. La especie humana es narcisista, autocentrada; y los subgrupos oficiales son los más narcisistas -solo se interesan por ellos mismos-; son los "autoelegidos" (élite) de dioses inventados por ellos mismos a su imagen y semejanza, como proyección o recurrencia de su inconsciente tri-cerebral-familiar-grupal. El ser humano está hecho a la imagen y semejanza de la matergía y dinámica tri-una del cosmos.

La posición de subgrupo oficial permite aplicar la ley de la depredación/asalto legal a los otros subgrupos: LEY DE LA DEPREDACIÓN. La depredación corre desde la periferia y desde abajo, hacia el centro; y de ahí hacia arriba.

LEI DE LA PREDACIÓN

Presidente imperial. FMI. BM. Papas/Ayatolás

Gobierno. Banqueros. Ejecutivos. Cardenales

Gobernantes. Megaempresarios. Obispos

Profesores. Jefes. Curas/pastores.
Padre/esposo. Madre/esposa

En las posiciones más altas del trioficialismo, hay 4% más psicópatas y conspiradores que en otras partes. Son deficientes morales, y no deficientes físicos.

El oficialismo, desde el micro (madres y padres, esposas y esposos), hasta el macro (élites políticas, económicas y sacrales), usurpa a todo y a todos y acelera la maximocracia, disparando hacia los extremos, bordeando o rompiendo los controles y límites, y buscando coartadas y disfraces para mantenerse "sujeto social oculto" e impune (ojo: ¡en las leyes de la matergía no hay impunidad!).

A pesar de todo, la red ecosistémica global y multinivelada necesita mantener límites, demarcaciones y diferenciaciones proporcionales (media y extrema razón, serie Fibonacci, curva de Gauss, justa medida, comedimiento, armonía, etc.), o sea, ubicarse entre los extremos de neguentropía (tendencia a lo máximo, todo) y de entropía (nada, mínimo) para continuar existiendo. Su representación es así:

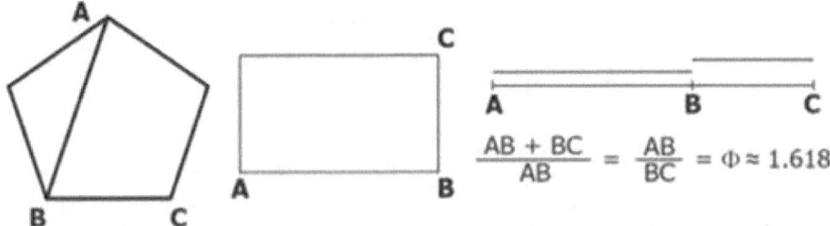

Ley de la media y extrema razón (φfi) de Pitágoras

$$\frac{AB + BC}{AB} = \frac{AB}{BC} = \Phi \approx 1.618$$

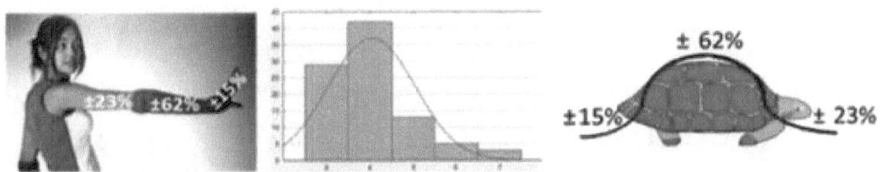

Proporcionalidad trimodal (ley de las distribuciones de Carl Gauss)

Entre un micro (padre, madre, docente) y un macro oficialismo (presidente, banquero, papa) la diferencia es solo de cantidad y no de calidad, aunque los grados entre lo proporcional y lo desproporcional puedan variar de un mínimo al máximo como en el ejemplo entre el 1% y los 99%.

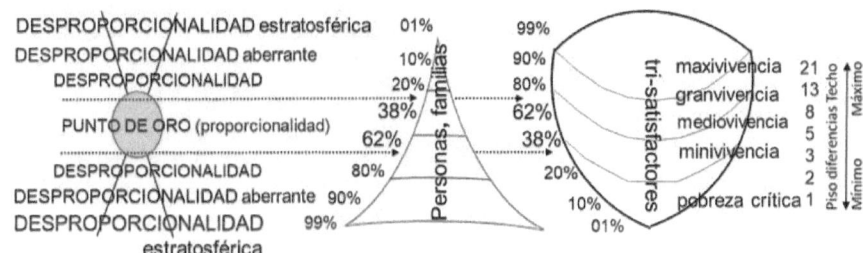

Los tres subgrupos usan medios graduales de imposición, defensa y neutralidad para salir ganando más en el juego triádico; pero el subgrupo oficial es el que busca el monopolio y es el generador número uno de resultados desproporcionales por cualquier medio de coacción (violencia 1ª), que genera otras formas de medios de defensa por la violencia 2ª del antioficial y la violencia 3ª del oscilante, etc.

VIOLENCIA 1ª: del oficialismo

Violencia "legalizada" con aprieto creciente por los subgrupos oficiales (madres/padres, jefes, gobiernos e imperios), camuflada de voluntad divina, de razones de Estado o de mercado (bancos y bolsas), haciéndose pasar por SUJETO OCULTO (¡no fui yo!). Es el crimen bien organizado desde los palacios y los bunkers de la banca, sin riesgos. Corresponsable por 62% del desorden tri.

VIOLENCIA 2ª: del antioficialismo

Subgrupo que reacciona a la violencia 1ª impuesta por el oficialismo, calificada por el oficial, como "ilegal", terrorista, "eje del mal" e injusta. Es la contra-violencia que lucha por la liberación, perseguida hasta la muerte. Es corresponsable por 30% del desorden tri.

VIOLENCIA 3ª: del oscilantismo

Es la violencia popular, común, callejera. Los del pueblo creen que tienen los mismos "derechos" que "los de arriba". Corren todos los riesgos porque tienen que salir a la calle para asaltar. Crimen mal organizado. Corresponsable por 8% del desorden tri.

Orden en que ocurre violencia/terrorismo entre subgrupos y niveles

A eso es necesario añadir y triclasificar algunos de los recursos, medios, trucos, mañas de cada subgrupo para vencer y dominar a los demás:

3 arsenales de dominación y violencia

ARSENAL IDEOLÓGICO (contra-información o guerra psicológica)

5 4 3 2 1

"Cantaleta" (alegato o habla atormentadora). Discusión sin lógica. Mentira. Lavado de cerebro. Represión al pensar. Difamación. Prisión tricerebral. Acusación. Desinformación, fake news. Recurso a la excepcionalidad. Manipulación ideológico/doctrinaria.

ARSENAL EMOCIONAL-MORAL (silencioso, sutil)

1 2 3 4 5

Discurso del amor (arte femenino). Lágrimas. Seducción. Infantilización. Chantaje afectivo y sexual. Desprecio. Descualificación. Mutismo. Engaños. Negar su oficialismo y "ofenderse". Hacerse la víctima. Crueldad moral. Creación de complejo de culpa. Odio. Terrorismo espiritual, condenación.

ARSENAL FÍSICO-ECONÓMICO (con estruendo):

1 2 3 4 5

Discurso del Macho (fuerza, falo, dinero). Bullying. Gritos, insultos, amenazas, estupros, golpes, tiros. Imposiciones. Castigos. Persecuciones. Asesinatos. Discriminaciones. Explotación del trabajo y del ambiente. Acoso consumista (marketing). Obsolescencia forzada Robo. Extorsión banquera/financiera. Econocracia. Espionaje. Golpe y violencia de Estado. Tortura. Guerra.

Arsenales individuales, subgrupales y de los 3 poderes máximos

Cada individuo y cada subgrupo están siempre tratando de burlar clandestinamente las reglas o límites impuestos por la naturaleza, por la ética, por las leyes, generando los 3 tipos de violencia. Los ideólogos de los subgrupos oficiales repiten y repiten, niegan y niegan que haya conspiración (niegan la teoría/

práctica de la conspiración, de las componendas, de las complicidades económicas y políticas) para que el oscilante crea y acate el oficialismo sin sospechas y sin darse cuenta de la sucesión de asaltos, atracos y golpes.

Lo opuesto de la guerra no es la paz (uniformidad, "cantar" en triunísono); es la proporcionalidad triunitaria en el Show del Ecosistema Planetario y su Juego triádico.

El reto consiste en volver aceptables las diferencias proporcionales para impedir la maximocracia y permitir una convivencia más soportable, más pacífica y recíprocamente respetuosa y cooperativa.

Se debe impedir la creación de más municipios, estados/departamentos y países, porque equivale a crear más subgrupos oficiales que roban a los pobres para darle a los ricos, a pesar de la ilusión de independencia y más libertad (solo para los oficialistas, eso es verdad).

Solo un gobierno de justicia triádica y proporcionalista - UPLAT - Unión Planetaria Tri-una- produciría más paz. Sin Proporcionalismo no hay Civilización, ni Paz.

7. DINÁMICA DE LA SIMBOLOSFERA
O DE LAS TRES CULTURAS

(teorías número-verbales, icónico-ficcionales
y monetarias; mundo virtual, semiología):

IZQUIERDO-RACIONAL	CENTRAL-OPERATIVO	DERECHO-EMOCIONAL
Filosofía/Holografía (supradisciplinariedad)	Gestión triádica gubernética	SETÚ red tri-unitaria universal
CCT/investigación (ciclo tricerebral)	Gramática del Dinero. Mercado	Fluencir (ciclaje reducido)
Mapas tri-mentales	Dinámica de grupo explícita	Arteterapia. Tri-arte nuevo
Desdoblamiento, logotriadización	Programación tricerebral	Convivencia. Terapia del afecto

Ese cuadro sintetiza las tres simbolosferas o culturas. Esos saberes y sus cuatro niveles son complementarios, proporcionales e interdependientes y no monádicos y desproporcionales. La cultura es pluralista, ecuménica, multifacética, pero, no monádica, caótica y llena de retazos y listados: es pluralista, pero ordenada. El exceso de análisis reduccionista, buscando las unidades mínimas de algo, debe ser complementado por la síntesis o reagrupamiento del sistema tomado como toto-total y su inserción en la red universal. El reduccionista agarra las partes, pero pierde el todo; ve el árbol y no ve la floresta. "Tres" es el principio ordenador primordial, desdoblable, irreductible, pero reaglomerable y complejizable al infinito.

La investigación y la ciencia que no sean direccionadas a la solución de problemas reales, y que se usen para crear necesidades artificiales y fama para el "científico/inventor" o para enriquecimiento de cualquier empresa, deben ser severamente reprimidas. La inversión para el avance de los saberes debe ser compartida más proporcionalmente entre las tres culturas cerebrales y no exageradamente para saberes y tecnologías de las Ciencias Físicas, al servicio de los intereses de los subgrupos oficiales. Parece que las Ciencias Físicas cumplieron su misión y llegaron a horizontes intranspasables, según John Horgan (1998). Falta más inversión en Ciencias Sociales y Humanas para mejorar al ser humano y su convivencia. ¿Por qué será que toda dictadura reprime la enseñanza de Ciencias Sociales y Humanas?

Cada una de las Ciencias Sociales y Humanas solo es válida como eje o punto de saque (algún ítem específico del Hológrafo, triadizado-holografiado) de las demás, que son su contexto multidisciplinar o generalista. Ya no vale como especialidad autónoma, suelta, independiente y paralela de las demás. Cada eje del conocimiento y cada carrera deben ser reformulados por la triadización holográfica.

La comunicación verbal, lineal y discursiva, tiene que ser reducida por el uso progresivo de mapas tricerebrales (referenciales, gráficos, modelos, maquetas, etc.) para sobrevivir a la avalancha (des)informacional que chorrea de los medios masivos. Nadie se comunica para confesar o buscar la verdad; se comunica en búsqueda de victorias. Por eso, más importante que lo que siente, dice y hace una persona, es por qué lo siente, dice y hace. La técnica para descifrar eso es el desdoblamiento triádico, la técnica de ponerse en la piel de la otra persona, tratando de intuir y traer a flote sus razones y actitudes relativas, circulando por los tres cerebros y por los tres subgrupos, en sus niveles y cruces tridimensionales.

El cerebro, al captar, interpretar y operar la realidad a través de su desempeño subgrupal en estado de vigilia, produce tri-distorsiones de acuerdo con las preferencias o conveniencias de su jerarquía tricerebral, la correspondiente jerarquía subgrupal tetranivelada y de acuerdo con el dominio que tenga del lenguaje y la cultura. Eso refuerza la necesidad de triadización holográfica y desdoblamiento de todo para reducir tales distorsiones. De hecho, la Academia Internacional de Cibernética Social Proporcionalista está avanzando en la triadización y holografía de cada área incluida en el cuadro anterior y está a la espera de colaboradores.

Los subgrupos más altos de la ciencia, política, moral y del mercado tratan de definir el reglamento o las reglas de juego de cada uno de los tres rincones de la jaula (planeta) y de sus ocupantes/jugadores en diversos niveles. ¿Con qué tri-distorsiones?

Lo hacen por los conocimientos de la ciencia matematizadora de las leyes de los 4 factores operacionales y por las Ciencias Sociales que inspiran legislaciones y tradiciones. Los oficialistas monádicos pretenden que el conocimiento que soporta sus reglamentos es objetivo, "realista", y que sus regulaciones son verdaderas y eficaces con aplicación universal. Los descontentos, antioficiales y oscilantes, alegan que el conocimiento soporte es una mezcla proporcional de subjetividad y objetividad, lo cual los torna tan solo aproximativos (no tan exactos) porque son en parte "reales" y en parte "creados", inventados, triadaptados a los vicios de percepción e intereses de cada jerarquía tricerebral individual y subgrupal en puntos diferentes del planeta (variación histórica y geográfica).

Hay diferentes grados de respeto, adhesión y cumplimiento del reglamento prehumano (ciencias y leyes de la naturaleza) y humano-interferido (Ciencias Sociales y cultura creada) en la jaula triádica planetaria: es la diversidad cultural. Lo que podría reducir la ambigüedad y la cibernosis intercultural e intergrupal sería adherirse al uso del lenguaje sistémico triádico, compactado en referenciales, modelos y maquetas número-verbales de la Ciencia Social General. Funcionaría como metalenguaje post-sacral, post-capitalista y post-socialista, con nuevas clasificaciones, con nuevas conexiones de la realidad y reducción de la multiplicidad de discursos.

Los medios de comunicación tienen que ser compartidos proporcionalmente por los tres subgrupos y sus niveles, como sucede en la propaganda electoral (¿por qué solo en campaña electoral?). La comunicación engañosa y la mentira deben ser tratadas como crímenes inafianzables.

Las Paraciencias (parapsicología y otras) no son ciencias o saberes menores: corresponden a saberes originados por la percepción en ciclaje mental reducido, que deben entrar en diálogo con las ciencias, saberes y la práctica tricerebral del nivel beta.

8. DINÁMICA FUTURO-UNIVERSAL

(expectativa de progreso, mejoramiento, utopismo,
evolución posthumana y postmuerte
hasta lo "sobrenatural").

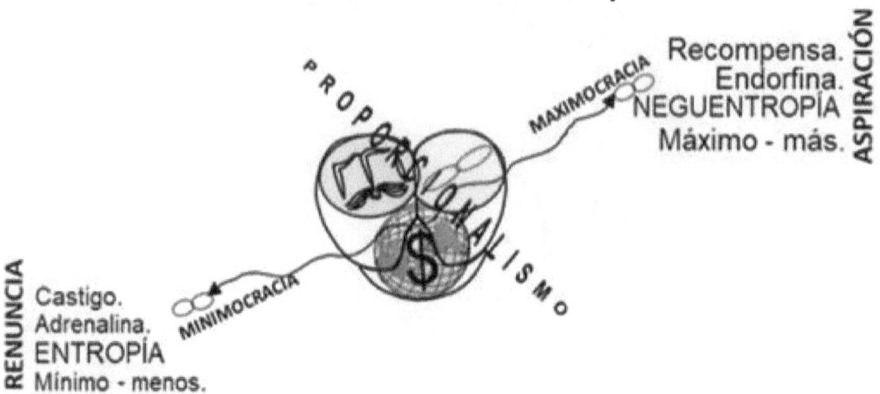

Determinismo y deseo entre dos polos de tensión

El universo es un Sistema Efectuador Tri-uno Universal (SETU), superior, infinito, eterno, dentro del cual, de acuerdo con el cual y con el cual todo coevoluciona, y lo hace incluyendo al ser humano, que debe conocerlo, preservarlo y reverenciarlo, con nuevos rituales triádicos (el ateísmo es el rechazo a la multiplicidad de dioses y religiones étnicas o regionales y no, negación del SETÚ). De ahí nace el sentido de identidad y de misión cocreadora, coevolutiva, aquí, ahora y siempre.

La identidad personal y colectiva brota en la Dinámica Matergística, atraviesa todas las dinámicas y se expande por la Dinámica Futuro-Universal, para una ciudadanía planetaria, universal -ciudadano del infinito- moviéndose entre el infinito deseo de venir a ser-saber-tener más y el miedo a perder todo con horror a la muerte.

La instancia denominadda "sobrenatural" y sus personajes son invenciones con base en las recurrencias, proyecciones o eco del inconsciente matergístico, familiar y social, de interés del oficialismo. Este fenómeno se denomina religionización, sacralización, o "limbización" (referente a la acción de la parte límbica/emocional del cerebro). Por eso, hay que buscar la des-religionización del nacer/morir, de la salud, del dinero, de las autoridades, de la salvación, de las recompensas, de los castigos y de todo. Las recompensas triádicas progresivas y proporcionales, así como las puniciones o los castigos, deben comenzar aquí y ahora.

Los estudios científicos serios sobre el ambiente (no los pronunciamientos de científicos pagados por el poder económico) son una especie de "muerte anunciada" de la biodiversidad y de la atmósfera, que dan sostenibilidad a la "racita" humana, superprocreativa y superconsumidora, cuya maximocracia no importa a los subgrupos oficiales moderar, porque tendrían que ser los primeros a moderarse. La fantasía de progreso o desarrollo infinito es imposible en un ecosistema finito; además se tendría que redefinir "progreso" por los tres procesos mentales (no solo por lo económico del cerebro central), por los 14 subsistemas o por el Show del Ecosistema Planetario, en ciclos sucesivos.

Los paraísos fiscales y los viajes espaciales no pasan de ser fantasías de los subgrupos oficiales más altos esperando encontrar un refugio para cuando llegue su hora de una Revolución Francesa universal o su hora de un nuevo Holocausto, esta vez -planetario-.

La última utopía generadora de esperanza de la humanidad -derrotada, pero no superada- fue el socialismo, ya que el capitalismo es la utopía de solo los del 1% o 10% del tope de la pirámide social.

La utopía de la Ciencia Social General está en el Manifiesto de la Proporcionalidad (ver enlaces al final del Prefacio).

GLOSARIO DE LA CIENCIA SOCIAL GENERAL
Y SU PARADIGMA

Presentamos un breve glosario para ayudar en la comprensión del texto y su contexto. En algunas redefiniciones/explicaciones, se hace un esbozo de "traducción" del lenguaje monádico-unilateral y diádico del poder económico-político-sacral para el lenguaje sistémico-triádico, que llamamos "propuesta de logotriadización y logoterapia".

LOGOTERAPIA o "semioterapia". Se necesita porque son verdaderas prisiones conceptuales-verbales de las tres culturas. Con el ejercicio de LOGOTRIADIZACIÓN se trata de revelar lo que omiten, distorsionan u ocultan tales conceptos o categorías y sus silogismos de lógica monádica de ahí derivados, que son típicos de las Ciencias Físicas porque trabajan con números que representan realidades discretas (exactas, delimitadas). Como las Ciencias Sociales y Humanas trabajan con conceptos que representan realidades continuas (sin fronteras delimitadoras exactas) tendrán que adherirse al lenguaje sistémico-triádico y su lógica "incierta", "difusa", "paraconsistente", o sea, lógica de las proporciones triádicas elásticas. Todo esto para llegar a percibir, prever y proponer nuestra organización social planetaria como post-capitalista, post-socialista y post-sacral, un poco más allá de los viejos patrones o modelos conceptuales-lingüísticos y silogismos unilaterales de ahora.

AGENDONOMÍA: Son todas las agendas, ocupaciones prestantes/usuarias de los catorce subsistemas, en sus cuatro niveles (toda una jerarquía). Substituye el concepto de "trabajo" de la era industrial, porque "agendonomía" es un concepto mucho más amplio y explicativo. "Agente" es un concepto más amplio y mejor que el de trabajador. "Prestusuario" es aún mejor. Una jerarquía es un conjunto horizontal y vertical de agendas coordinadas y convergentes, son niveles o puestos de agendonomía, por donde ingresan, escalan y salen agentes prestantes y usuarios de todos los niveles. Con esos nuevos conceptos no hay segregación entre empleados "trabajadores" y patrones "no-trabajadores". Todos son prestusuarios en niveles diferentes de agendonomía de una jerarquía, aunque los correspondientes niveles de remuneración o apropiación del excedente o valor agregado sean desproporcionales.

ANTROPOGOGÍA: Es el concepto para denominar un programa de desarrollo permanente del ser humano por los cuatro niveles de sus tres cerebros. Puede sustituir el concepto ya muy desgastado de Pedagogía.

ARQUETIPOS: Son las imágenes inconscientes y recurrentes más antiguas y primordiales, como el principio tri-uno, el molde triádico del cerebro, de la familia, de la política, de los dioses. Sobre el arquetipo matergístico tri-uno (todos los demás son tan solo recurrencias) la familia y el ambiente construyen las primeras experiencias de los niños, sus rutinas tricerebrales, las respuestas automáticas y también inconscientes del nivel 1, para cualquier estímulo o situación. Esos son los arquetipos tri-culturales. Ver "CULTURA".

BIAS: Es el sesgo, distorsión de percepción e interpretación, debida a la posición y cosmovisión de los intérpretes. Puede ser monádica, unilateral (la peor porque omite los otros dos lados); diádica/dialéctica (distorsión mediana porque omite solo el tercer lado) y a la posición y cosmovisión triádica o tri-una (distorsión menor, porque abarca los tres lados que es lo mínimo para descubrir algún sentido en todo.

BIG DATA: Lo constituye la masa de datos colectados por Microsoft, Google, Facebook, Apple, Amazon, al servicio del gobierno norteamericano, además de los colectados por el sistema de espionaje del proyecto Echelon, NSA, CIA, etc. El gobierno de cada país hace lo mismo: "panoptismo" ("vista de todo") sirviéndose de las TIC. Es una forma de control social que supone una "panceguera" de parte de los demás, excepto un Julian Assange, un Edward Snowden, una Chelsea Manning y otros.

CANTINFLISMO, cantinflesco: Se refiere al discurso interminable y vacío, al estilo del comediante mexicano, Cantinflas (Mario Moreno).

CAOS, Teoría del Caos: Es el nombre popular dado a la Teoría de los Sistemas Dinámicos, y a su movimiento evolutivo-trenzado (no-lineal), en ciclos y períodos regulares e irregulares, etc. El paradigma tri-uno sistémico proporcionalista incluye y trabaja todo eso.

CAPITAL INTELECTUAL: Es la evaluación de competencias de un individuo o de un equipo empresarial. Es un concepto monádico que se tiene que pasar a triádico, a las tres inteligencias, a los tres cerebros convirtiéndose en Capital Tricerebral (saber-crear-hacer; o conocimientos-habilidades-actitudes) y su forma integrada en el CCT mínimo.

CARTESIANO: Lo referente a René Descartes (1596-1650) uno de los creadores del método científico-matemático, después del inglés Francis Bacon (1561-1626). El método procede por separación, descomposición, disociación y análisis de las partes, hasta llegar a la última, la única, para establecer la única verdad, el principio único. Eso de agarrarse a un único principio, a una única verdad, a un sólo lado, sin ver las relaciones y sin aceptar la interdependencia, se llama paradigma monádico, unilateral, exclusivista, disociador. De ahí viene: monopolio, monótono, monarquía, etc. Cartesiano y monádico se usan como sinónimos. Lo no-cartesiano se llama: diádico, cuando enfoca la realidad por pares opuestos, como en la dialéctica marxista; y se llama triádico, cuando enfoca la realidad agrupando tres lados cuyo esquema de interacción es de dos opuestos y un tercero, intermediario, vendiendo apoyo a uno de los disputantes. De ahí la monoléctica, la dialéctica, la trialéctica, etc.

CCT: Ver Ciclo Cibernético.

CHA: Es el acrónimo de Conocimientos, Habilidades y Actitudes que son los componentes de cualquier competencia, según la corriente de consultoría de Gestión por Competencias (Thomas Durand, 2000).

CIBERNÉTICA ELECTRÓNICA: Es la ciencia de la construcción de máquinas con partes articuladas por interinformación de tal manera que posibiliten la autorregulación y el autodireccionamiento (feedback).

CIBERNÉTICA SOCIAL: Es una teoría sistémica que integra en un solo cuerpo teórico supradisciplinario las Ciencias Sociales y Humanas para lidiar con la complejidad de la organización humana moderna, ofreciendo neuroherramientas prácticas de autorregulación y evolución más proporcionales para los tres subgrupos y sus varios niveles. Nueva gobernabilidad. Gubernética.

CIBERNOSIS: Es la enfermedad de la comunicación y de la acción, cuando se entiende mal, cuando funciona mal, cuando es ambigua, cuando se crea confusión. Malentendidos. Babel.

CICLOS: Como todo es ondulatorio en diferentes anchos, alturas y duración de onda, cada oscilación con su comienzo-auge-descenso forma un ciclo. Los fenómenos humanos son secuencias sin fin de ciclos, más breves o largos (estos pueden ser subdivididos en ciclos menores). Dividimos cada ciclo en tres fases o etapas: ascensión, auge, descenso; comienzo, mitad, fin; intumescencia, tope, detumescencia; input, transformación, output; variable independiente, proceso, variable dependiente, etc.

CICLO CIBERNÉTICO DE TRANSFORMACIÓN: Es la suma articulada de las operaciones de los tres cerebros, como proceso de investigación, estrategia y direccionamiento de la sobrevivencia individual o societaria. Se dice "Ciclo" porque gira y se desarrolla sin cesar, repetitivamente; se dice "cibernético" porque hay computación/procesamiento que revela articulaciones, causalidad, transformación y comprensión del movimiento; y de "feedback" porque sirve para el autocontrol, la autorregulación del sistema y para darle rumbo o direccionamiento.

CIENCIAS (casi) EXACTAS

MAPA TENTATIVO DE ALGUNAS CIENCIAS EXACTAS/FÍSICAS

ESPACIO. Ambiente. Física. Química. Astronomía. Ciencias Naturales CRONOLOGÍA Calendarios PERSONAJES Biometría. PROCEDIMIENTOS Matemáticas	S01-PARENTESCO	S02-SALUD Biología (casi exacta)	S03-MANUTENCIÓN Nutrición. (casi exacta)	S04-LEALTAD	S05-RECREACIÓN	S06-COMUNICACION & TRANSPORTE Ingeniería de sistemas (casi exacta)	S07-EDUCACIÓN	S08-PATRIMONIAL Contabilidad (casi exacta)	S09-PRODUCCIÓN	S10-RELIGIOSO	S11-SEGURIDAD	S12-POLITICO-ADMINISTRATIVO	S13-JURIDICO	S14-MÉRITO Y RANKING

El uso de "tentativo" y "casi exacta" se da porque la división de saberes entre ciencias exactas, sociales y humanas es indebida e inadecuada. El objetivo de los saberes es volver la vida más inteligible, bella y provechosa, y no que un ramo o bloque dictatorialice a los demás, aunque exista juego triádico, jerarquías y relativizaciones. A veces, es lo que sus profesionales desean, pero los saberes son democráticos. La noción de conocimiento "científico" como privilegio de las Ciencias más Exactas debe ser sustituido por el de penúltimos saberes válidos para los tres cerebros.

MAPA TENTATIVO DE ALGUNAS CIENCIAS SOCIALES Y HUMANAS

ESPACIO. Ambiente. Meteorología. Oceanografía. Geografía. Ecología. Astronáutica. Arquitectura. Ingenierías CRONOLOGÍA Evolución. Arqueología. Historia. Periodismo. PERSONAJES Etnología. Antropología. Sociología. Rel. Públicas Recursos Humanos. Humanismo. PROCEDIMIENTOS Administración. Cultura. Lingüística. Tecnología. Internet. Tradiciones. Creencias. Filosofía. Lógica. Ética.	S01-PARENTESCO Trabajo Social. Sexología. Demografía. Estudios urbanos	S02-SALUD Psicología. Psicología Social. Psiquiatría. Medicina.	S03-MANUTENCIÓN Economía doméstica.	S04-LEALTAD Arte de Amar. Relaciones Humanas. Sindicalismo. Cooperativ.	S05-RECREACIÓN Educación Física. Turismo. Folklore. Artes marciales	S06-COMUNICACION & TRANSPORTE Comunicación, Marketing. Literatura, C. de la Información	S07-EDUCACIÓN Pedagogía. Bibliotecología. Producción de saberes	S08-PATRIMONIAL Economía. Econometría. Ciencias Actuariales	S09-PRODUCCIÓN Agricultura. Artes.	S10-RELIGIOSO Teología. Exégesis. Pastoral. Moral. Der. Canónigo	S11-SEGURIDAD Art de la Guerra. Geopolítica.	S12-POLITICO-ADMINISTRATIVO C. Políticas. Administración. Diplomancia. Municipalismo	S13-JURIDICO Derecho. Derecho internacional. Jurisprudencia.	S14-MÉRITO Y RANKING Meritología. Heráldica. Protocolo. Etiqueta. Museología

Esta reclasificación de saberes, aunque igualmente inadecuada, apunta hacia la enormidad de la problemática a ser solucionada por las Ciencias Sociales y Humanas. Una clasificación más adecuada de saberes sería por el mapa de las 8 dinámicas o por el Show del Ecosistema Planetario y cada uno de sus 14 subsistemas. Los que despertaron para la interdisciplinariedad lo agradecen.

CORTINAS ANTI-HOLOGRÁFICAS: Son velos, barreras, divisiones, fronteras, separaciones, muros que impiden la visión holística, la percepción del todo global, geográfico, cronológico y ecosistémico, representado en el Hológrafo.

COSMOVISIÓN o paradigma: Se refiere al modo de usar los tres cerebros para percibir, interpretar y usar/operar el universo o la realidad. Es como el sistema operacional de un computador. Lo que primero define un paradigma es tomar el mundo como monádico (compuesto de unidades aisladas), como diádico (compuesto por pares de unidades contrapuestas) o como triádico (compuesto por partes relacionadas tres a tres). Cualquier paradigma genera una cosmovisión correspondiente: científica, en el cerebro izquierdo; pragmática, en el central; y ética-moral-estética, en el derecho. Ver paradigma.

CT: Revelador del Cociente Tricerebral. "Revelador" indica que es subjetivo y que es una "revelación" del tricerebrar de un dado momento. Unos meses o un año después, el tricerebrar se "revelará" diferente, porque es mutante. Para que sea más objetivo, los datos horizontales, verticales y transversales del CT tienen que ser confrontados con el desempeño real tricerebral-grupal de la persona en la cotidianidad, durante algunas semanas e ir rectificando poco a poco.

COMPLEJIDAD: Es la teoría para explicar cómo de un sistema inicial simple o compuesto de pocas partes se da la evolución hacia innumerables sistemas densos, compuestos de innumerables partes, formando la tesitura del ecosistema planetario tridimensional. Por el paradigma monádico o diádico, el ecosistema parece una ebullición complicada y confusa, mezcla de orden y desorden. Por el paradigma sistémico tri-uno el ecosistema está compuesto de sistemas tri-unos con partes proporcionales según la media y extrema razón de Pitágoras, en movimiento giratorio elíptico por la media y extrema razón y en movimiento evolutivo complejificante por ciclos próximos a la secuencia Fibonacci. Es más fácil representar esto con diseño de modelos y flujogramas que por ecuaciones (diferenciales) matemáticas.

CUADRO DE REFERENCIA o Referencial: Es un esquema conceptual para ordenar, clasificar y procesar información, hechos, etc. Son mapas mentales de cerebro izquierdo. Se denominan también "cuadros o mapas conceptuales".

CUANT: es un especialista en análisis y en gestión de información cuantitativa de estadísticas diacrónicas de desempeño, para establecer algoritmos que orienten la toma de decisiones en los negocios, en las elecciones, en los deportes, en el control social, etc.

CULTURA: Para los monádicos del cerebro derecho, cultura se refiere al deporte, arte, costumbres, fiestas y tradiciones folclóricas; para los del cerebro izquierdo, se refiere al grado de formación académica o sabiduría; para los del central, se refiere al desarrollo material/económico. En CSP, se dice tricultura para abarcar las tres acepciones: la producción tricerebral de la humanidad. Cuando queremos referirnos al uso del concepto de cultura para sustituir el de "raza" es preferible usar el término "etnia". Así, al escribir "triétnico" nos referimos a lo tricultural de un pueblo o nación. Diremos, entonces: tal etnia con sus 3 culturas.

CURVA DE KOCH: Una curva presentada, en 1906, por el matemático sueco, Helge von Koch. Se construye con sucesivas triadizaciones de los vértices de dos triángulos equiláteros superpuestos en posiciones invertidas, llegando a ilus-

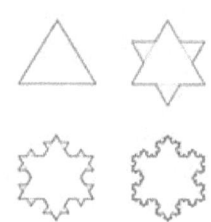

trar el contorno "dentado" de un copo de nieve o de las franjas de los bordados. Otro ejemplo de la curva de Koch es el usado en la carátula del libro *Capital Tricerebral y Administración Sistémica* (GREGORI, 2012).

DESDOBLAMIENTO TRIÁDICO: Es la interpretación del discurso, de las expresiones no-verbales y de los actos de personas y cada uno de los tres subgrupos, tratando de revelar las intenciones latentes inconscientes o camufladas que cada uno maneja como táctica para ganar el juego frente a los demás.

DIÁDICO, DIALÉCTICA: Son palabras que originaron "diálogo", "dialógica", que puede ser entre dos o más. Por eso, "dialéctica" tiene que indicar el número de involucrados: "dialéctica entre o de base 2, dialéctica entre o de base 3 (en este caso es mejor decir "trialéctica".

DINÁMICAS: Es un referencial que organiza la realidad en esferas u órbitas concéntricas o con intersección, de amplitud progressiva espiralada. Son remolinos de la trievolución, del movimiento revuelto de la vida en que hay que esforzarse para conseguir algo o para sobrevivir. Distinguimos varios círculos, "remolinos", esferas de este dinamismo:

Dinámica Matergística (energía cuántica, física, química, etc.);

Dinámica Ambiental-Potencial (trievolución, ambiente, ecosistema, recursos de la naturaleza);

Dinámica Mental (los tres cerebros, sus procesos y funciones);

Dinámica Individual-familiar-escolar-étnica (personalidad y autodesarrollo);

Dinámica Prestusuaria (producción y distribución de satisfactores de nuestras necesidades);

Dinámica de Grupo (relaciones, poder, competencia, cooperación);

Dinámica tricultural o dinámica de la simbolosfera (cultura teórica; cultura icónica; y cultura monetaria);

Dinámica Futuro-Universal (todo lo que transciende nuestra existencia, el infinito, eterno, superior). El Show del Ecosistema Planetario es un montaje y una ampliación progresiva de esas "dinámicas".

DOMINIO INTERNO Y EXTERNO (D.I., D.E.): Conceptos para indicar el "lado de adentro" y el "lado de afuera" de un sistema, marcado por una frontera, piel, campo, jurisdicción, como "aduana" o válvulas de control de lo que entra (inputs) y de lo que sale (outputs) del sistema. Una familia tiene una acción de organización interna (D.I.: dominio interno) y una acción de relacionamiento con vecinos, comercio, trabajo en búsqueda de medios de sobrevivencia (D.E: dominio externo).

DRONES: Son naves tripuladas a distancia para matar de cerca. No son "aviones no tripulados" como pretende el viejo truco oficialista de pasarse por sujeto oculto y anónimo. Matar a cuchilladas o matar por drones, es siempre matar. No ver la víctima no suprime la culpa o responsabilidad.

ECONOCRACIA, mercadocracia o plutocracia: Es cuando el gobierno es conducido o manipulado por el poder económico o plutocracia, dominando o usando a los políticos y a los religiosos como testaferros.

ECOSISTEMA, ecomercado: Denomina el planeta como conjunto de sistemas en red tridimensional y jerarquizada, viviendo unos de los otros de forma intersustentable. Esta red incluye la parte física, mineral, vegetal, animal, humana, societária y atmosférica, todas interdependientes, todas intercambiando satisfactores para sobrevivir o existir. Ahí está el concepto amplio de ecomercado y ecosobrevivencia. Hasta hace poco, los humanos solo pensaban en el mercado o intercambio entre ellos mismos, sin valorizar la interdependencia con los demás ocupantes del planeta.

EFECTUADOR: Se dice efectuador porque el sistema efectúa la transformación de inputs en outputs, de enseñaje en aprendizaje, de insumos en productos, de inversión en renta, de costos en beneficios, etc., al largo y ancho del flujo usuprestante.

ENDORFINA: Es un neurotransmisor que produce la sensación de placer y plenitud cuando se es ganador; la adrenalina produce lo opuesto, cuando se siente amenaza o riesgo de ser perdedor.

ENSEÑAJE: Es un híbrido compuesto de enseñanza y aprendizaje, para indicar la reciprocidad del proceso entre upayador-coach (maestro) y el upayado-coachee (discípulo), aunque en proporciones distintas, según el área.

ENTROPÍA: Es la imantación de la matergía hacia la decadencia, reducción al estado de caos, muerte térmica del universo. Su opuesto es NEGUENTROPÍA.

EPIGÉNESIS: Indica surgimiento de un nuevo ciclo o sistema cuando el anterior aún no ha terminado del todo, con sus extremidades sobreponiéndose, como escamas, plumas de gallina, tejas, o como generaciones de padres e hijos.

EPISTEMOLOGÍA: Es la parte de la filosofía destinada a cuestionar y revolucionar los fundamentos, métodos y validez del conocimiento, del arte, de las religiones y de la tecnología económico-política. Es la búsqueda constante de evolución, de integración, de sentido y refinamiento para las tres culturas (de los tres cerebros). Los franceses le dicen: Filosofía de la Ciencia.

ESPIRITUALIDAD: Se refiere a la religiosidad y reverencia a lo que sea superior a los humanos, a la matergía o realidad primordial y su desarrollo en conciencia humana, que preferimos llamar "estético-mística" (nivel 4 del cerebro derecho). La religión se distingue de la espiritualidad porque aquella es la institución que dirige el proceso espiritual. Por falta de claridad de conceptos, muy común en todas las áreas en que predomina el cerebro derecho, vale citar al jesuita español Marià Corbí (2007): Me gustaría poder prescindir del término "espiritualidad", porque puede conducir a equívocos, por esa carga de dualidad cuerpo/espíritu que transmite, tan propia de una concepción del ser humano muy anticuada y alejada de las concepciones que manejamos en el presente.

FACTUAL: Es todo lo del mundo fáctico, la esfera de lo real, factosfera, en contraposición a lo virtual, a la simbolosfera. "Comunicación factual" es transmitir significados, órdenes, orientaciones, comandos, por actitudes fácticas, acciones: de preferencia sin palabras, sin discursos, sin avisos.

FAMILIOGRAMA: Es el estudio de las relaciones triádicas entre los miembros de una familia. Ver Sociograma Familiar.

FASE: ver CICLOS.

FEEDBACK: Es el proceso y aparato, dispositivo o capacidad de regulación, ajuste, direccionamiento de un sistema tanto en relación con variaciones en su dominio interno como en relación a variaciones de su dominio externo o medio ambiente (todo se mueve, evoluciona, cambia siempre, todo son variaciones; es el eterno devenir que requiere siempre feedback). Para un feedback, que es el número 10 del CCT, se tienen que recorrer los otros 9 pasos porque se torna el eje de un microciclo. Por eso se dice Ciclo Cibernético de Transformación como equivalente a CCT, cuya denominación fue tomada del flujo sistémico (input-transformación-output y feedback).

FESP: Fundación Escuela de Sociología y Política de São Paulo (FESPSP).

FLUJO PRESTUSUARIO: Es el nombre dado al proceso, secuencia o torrente de intercambios y transformaciones entre sistemas y sus 14 subsistemas con sus válvulas o puntos de transmisión (emisores-receptores) de inputs y outputs (throughflow). Entre los humanos, le dicen proceso económico o de producción y consumo. "Flujo Usuprestante o Prestusuario" representa mejor ese fenómeno y, además, se aplica a cualquier sistema-parte del ecosistema. Los sistemas humanos y los no-humanos formamos una única red tridimensional que se inter alimenta en un flujo usuprestante universal.

FLUJOGRAMA: Es la secuencia de pasos o actividades de

un proceso que conducen a la realización final de un proyecto; es establecer lo que viene antes y después en la ejecución de un trabajo.

FRACTAL: viene de fracciones. Es una de las palabras que más caracteriza la teoría del caos: que todas las formas de los sistemas son como fracciones de curva que se van repitiendo en escalas diferentes. Recurrencia es réplica de un mismo estándar, con variaciones, no solo en cuanto a la forma geométrica (espacio o forma plisada) sino por los cuatro factores operacionales. Decir fractal significa "compuesto de fracciones de curva y, también, que es recurrente, repetitivo en forma espacial". De ahí salió la Geometría Fractal, de Benoît Mandelbrot, diferente de la Geometría Euclidiana que es de líneas rectas. La relatividad confirmó que no hay líneas rectas, solo curvas, ondulaciones.

GANANCIAS: Es una redefinición indicando que, en perspectiva triádica, todo es trifocalizado: por el cerebro izquierdo la ganancia es de aprendizaje, concientización; por el cerebro derecho es de satisfacción, de placer y gloria; por el cerebro central es ganancia financiera, ganancia de poder. Los costos, de igual manera, son costos de know-how, costos emocionales y costos financieros.

HOLOGRAFIAR: Es reestructurar un concepto, texto o hecho, adaptándolo al lenguaje sistémico triádico del y en el Hológrafo. Se dice también "triadizar-holografiar" porque se empieza por organizar el concepto, texto o hecho alrededor de los tres cerebros y se termina situando sus diversos aspectos en los escaños o ejes del Hológrafo.

HOLOGRAMA: Siendo que todo y cualquier ser, ente o sistema es "tri" (de tri-uno, tridimensional, trisistémico, triestructurado, trifuncional, etc.) se puede descomponer con rayos láser que van a mostrar su "molde" o formato original tri en imagen de pura luz, lo cual después se irá complejizando, repitiendo siempre el mismo formato tri, no-lineal, en cualquier escala mayor o menor. Cada partícula del holograma contiene el todo y viceversa, aunque en proporciones diferentes. Es el mismo principio de la clonación: una célula de un hilo de cabello contiene el principio o la fórmula que puede reproducir todo el cuerpo humano.

HOMEÓSTASIS: Los ciclos evolutivos de la matergía tienen diástole (expansión, intumescencia), auge (pausa para la reversión) y sístole (detumescencia, bajada). En su movimiento expansivo, la matergía tri-una tiende a los extremos, a un auge que se llama neguentropía (siempre más, rumbo al máximo); después de una parada en el auge, empieza la entropía (merma, bajada para la distensión, preparándose para recomenzar una nueva ascensión). El punto o atractor centrípeto, fluctuando entre la explosión por exceso y la implosión por carencia, se llama homeóstasis, en una especie de equilibrio móvil, inestable como el surfista en la tabla sobre las olas. Los márgenes de fluctuación entre la explosión y la implosión son dados por los números del Proporcionalismo.

ÍCONOS: Son imágenes, símbolos. Lenguaje icónico quiere decir lenguaje no-verbal, lenguaje artístico. La televisión, el cine, la expresión corporal son lenguajes icónicos.

IDEOLOGÍA (ver bias): Es el conjunto de argumentos o disculpas con que cada uno de los subgrupos, pequeño o grande, religioso o civil -tanto el oficial, como el antioficial y el oscilante en cualquiera de los 4 niveles de actuación- justifica sus aspiraciones y acciones. El subgrupo oficial-monádico, que siempre se considera del lado cierto de la historia, acostumbra a acusar al antioficial de actuar por ideología (generalmente la marxista o religiosa; los marxistas "del lado cierto de la historia" acusaban los no-marxistas de "reaccionarios burgueses"; las religiones "del lado cierto de la historia" acusan a las otras y a los no religiosos de idólatras-infieles-goyms-condenados). El oficial monádico -sea político, económico o religioso- oculta su ideología y apunta contra la de los otros subgrupos, porque la ideología de estos contradice y desenmascara la de ellos y sus prerrogativas inherentes. La ideología de las "derechas sin ideología", como la del imperio judeo-anglo-estadounidense, puede, por ejemplo, ser sintetizada así:

Megaparadigma judeo-anglo-estadounidense (subgrupo oficial de todos los oficialismos; o Ideología judeo-anglo-estadounidense (sin ideología, dicen...)

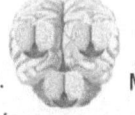

CIENTÍFICO-FILOSÓFICO:
Método monádico-positivista.
Bacon-Descartes-Newton, Ayn Rand.

RELIGIOSO-SACRAL:
Judeo-calvinista-mesiánico.
Moisés, Lutero, Calvino, Swedenborg.

POLÍTICO-FINANCIERO:
Poder económico-financiero ilimitado, democracia
solo electoral, libre mercado, selección natural, imperio.
Thomas Jefferson, Adam Smith, Charles Darwin, Herbert Spencer,
Protocolos de los Sabios de Sion, Von Hayek, Leo Strauss.

INCLUSIVISMO: Es un postulado del enfoque triádico que requiere, en todo, la inclusión, la consideración, la participación de tres lados, sean del cerebro, sean los tres subgrupos, etc. El opuesto es el exclusivismo o unilateralismo que solo consideran o enfocan un lado, monádico, excluyendo los demás.

INDOAMÉRICA: Se refiere al conjunto de las Américas. De los esquimales a los patagones, del Estrecho de Bering al Estrecho de Magallanes, incorporando como parte de nuestra historia la cultura de los nativos que aquí estaban desde hace unos 40.000 años, indebidamente llamados "indígenas". La cultura de los "indígenas" cruzada con la de los europeos invasores produjo Indoamérica. Indo-Árabe-Afro-América indica nuestra matriz étnica: la raíz árabe presente por 700 años en el sur de Europa; la raíz africana por los negros traídos como trabajadores forzados; y América por los europeos "descubridores" y todos los inmigrantes llegados después. Ver Amerindia.

INTROSPECCIÓN (como parte del método de investigación): Es un autoanálisis o análisis del dominio interno de un grupo o una etnia, con el riesgo de "bias" o sesgo/distorsión por autopromoción, narcisismo o corporativismo.

IZQUIERDA-CENTRO-DERECHA: Son términos desgastados, sustituibles por subgrupo antioficial, subgrupo oscilante, subgrupo oficial, una denominación más exacta y universal.

LOGOTERAPIA: Es "descifrar o convertir" conceptos del

lenguaje monádico (capitalista y religioso) o diádico (del marxismo) en conceptos sistémico-triádicos, que disminuyen las ambigüedades, la superficialidad, la unilateralidad y la manipulación.

MAPAS MENTALES: El psicólogo inglés, Tony Buzan, popularizó un modo de tomar apuntes en clase, sobre un dibujo con ramificaciones asociadas libremente, alrededor del tema central (el dibujo puede asemejarse a un árbol, a una telaraña, a una neurona) para favorecer la organización mental y la mnemónica. Sin embargo, se puede ir más allá de la libre asociación si usamos las neuroherramientas de Cibernética Social. Entonces, serían tres bloques de mapas mentales: a) cuando predominan dibujos se llaman "modelos"; b) cuando predominan esquemas con palabras se llaman "referenciales"; c) cuando son objetos en miniatura se llaman "maquetas".

MATERGÍA, MATERGISMO: Es la combinación de materia +energía para indicar que no hace falta decir materialismo o antimaterialismo, pues, según la fórmula de A. Einstein, $E=mc2$, son convertibles entre sí, dadas las condiciones necesarias. "Matergía" es la esencia, el meollo, relleno y apariencia de todo.

MAXIMOCRACIA: Es el ímpetu de propulsión de los sistemas para ser, tener y querer siempre más de todo (siempre más energía, crecimiento, salud, poder, dinero, riqueza, gloria, vida, etc., infinita y eternamente) evitando caer, perder, retornar a la nada, al mínimo (minimocracia). Hay un polo positivo (que empuja-arrastra hacia arriba, para la neguentropía) y un polo opositor, negativo (que empuja-arrastra hacia abajo, para la entropía). Mantenerse en la cuerda floja entre las dos fuerzas, es sabiduría proporcionalista.

MAYA: Es un concepto del budismo zen para referirse al inconsciente étnico-cultural que toma lo que es tan solo apariencia, juego de escena, teatro, espejismo, como si fuera real, verdadero. Para dejar de ser un crédulo/zombi social, o para rasgar los velos de la "creencia maya" es preciso desarrollar concientización crítica en estado mental beta o meditación en estado mental alfa. S. Freud se dedicó más al inconsciente individual-familiesco y a su recurrencia en el inconsciente escatológico o "sobrenatural"; Carl Jung se dedicó más al inconsciente matergístico-colectivo (arquetipos); el budismo zen denunció el inconsciente étnico-cultural como maya; y el marxismo lo denunció como alienación mental.

MERCADO: Es el conjunto de agendas o trabajo prestusuario de los 14 subsistemas para producir, ofrecer y consumir satisfactores en los 4 niveles de vivencia, ganando y gastando dinero en el intercambio, resultando en bienestar, en riqueza y pobreza, etc. Pero "mercado" no es un concepto que abarca toda la realidad; es parte de la Dinámica Prestusuaria -un nuevo nombre para la ex-economía. La totalidad de la realidad para alguien o para un país y el planeta abarca todas las "dinámicas", no solo la prestusuaria o "mercado"; la realidad total es toda la que figura en el Hológrafo. Otra clasificación de "Mercado" y "economía" sería la suma de los subsistemas S09-Producción, S06-Transporte y Publicidad, S08-Patrimonial/finanzas/adquisición y S03-Manutención, consumo.

NIVELES DE AGENDONOMÍA Y DE VIVENCIA: Como no hay igualdad ni desigualdad absolutas, y sí diferencias proporcionales, los sistemas se organizan en niveles o jerarquías (clases). Para división de trabajo, capacitación y poder/autoridad, hablamos de cuatro Niveles de Agendonomía. Los estándares/modelos de vida o bienestar correspondientes son los cuatro niveles de vivencia.

Niveles de Agendonomía	Cer. izquierdo	central	derecho	Niveles de Vivencia		
	Mentalización	Gerencia	Espiritualidad	maxivivencia	$ 21	Techo / Máximo
	Información	Planificación	Valores éticos	granvivencia	$ 13 $ 8	
	Transmisión	Liderazgo	Creatividad	mediovivencia	$ 5 $ 3	
	Educación	Capacitación	Solidaridad	minivivencia	$ 2 $ 1	Piso / Mínimo

FIBONACCI

NOOFAGIA: Así como "antropofagia" es comer carne humana, noofagia es "comer" la mente humana. Peor: es robar, inutilizar los tres cerebros de alguien. Eso se hace por alienación, inconciencia, terrorismo religioso, por marketing abusivo y por los diversos "opios" del pueblo (fútbol, carnaval, religión, novelas, medios, etc.). Este crimen es casi invisible para la mayoría oscilante, porque es una violencia ideológico-emocional disfrazada de beneficio y por justificaciones tales como "es para tu bien", "hago eso por amor", "es para tu salvación", "es para tu modernización", etc. En Harry Potter, los "noofagados" son las víctimas de los "Dementors". Y en el vudú, son los zombis.

OBJETIVIDAD, realismo, verdad: Es un criterio de todo investigador y profesional que necesita de entendimiento o diagnóstico de una dada situación que desea remediar. La dificultad está, primero, en los límites orgánicos de la mente: la realidad es inagotable; segundo, la distorsión causada por el condicionamiento subgrupal, étnico, profesional de cada cual, de todo un equipo o cultura, que causa el bias, el sesgo, la parcialidad. El deseo de neutralidad u objetividad queda, así, comprometido; por eso, se dice que todo conocimiento es provisional, manchado, penúltimo. La objetividad mejoraría por el paradigma sistémico-triádico-proporcionalista si el investigador o profesional concientiza su familiograma que es el primer condicionamiento de todos, seguido de otros educacionales y ambientales político-económico-sacrales, que son más fáciles de corregir y mejorar.

OBJETIVIDAD EN LAS CIENCIAS SOCIALES: Es la búsqueda de la correspondencia o simetría entre hechos y fenómenos de la práctica y su representación mental, simbólica, en la teoría. No existe aprensión exacta de nada; existe aproximación, que es mayor en las Ciencias Físicas porque tienen matematización y tecnología amplificadora de los sentidos/cerebros y, es menor en las Ciencias Sociales y Humanas porque tienen poca matematización y pocas herramientas amplificadoras de los sentidos (la Ciencia Social General es un esfuerzo para ofrecer herramientas amplificadoras cerebro-mentales).

OBSERVADOR EXTRATERRESTRE: Es imaginarse bien

alto, lejos, fuera del planeta, observando e interpretando con el "yo superior" todo lo que sucede "allá abajo", incluso nuestro otro "yo terrestre". Sirve para la "metatricerebralidad" (metacognición se refiere solo al cerebro izquierdo) o transconciencia tricerebral: saber que sabe, sentir que siente y hacer con diligencia lo que está haciendo.

OFICIALISMO: Es la pila de personas, grupos, clases sociales y países con poder de mando sobre los demás, debido al uso predominante del cerebro central y sus tácticas y arsenales: riqueza, ley, fuerza, influencia, liderazgo, orden, coordinación. Cuando el oficialismo es desproporcional, recurre a la intimidación, violencia económica, violencia legal, violencia guerrera, etc. Cualquiera de los tres subgrupos debe siempre ser calificado como proporcional o desproporcional, en diferentes gradaciones, dado que los tres son indispensables e inevitables.

PARADIGMA (ver cartesiano y cosmovisión): Es el modo de usar el cerebro tri-uno para percibir y operar la realidad. Es un macro paradigma cuando abarca los presupuestos y contenidos de los tres cerebros integrados; en caso contrario, se habla de paradigmas específicos: del religioso (cerebro derecho); del paradigma científico (cerebro izquierdo); del paradigma económico-político (cerebro central) o de uno de los 14 subsistemas. Popularmente se puede decir "Visión 3D".

PDST – Producción y Desfrute de Satisfactores Tri-cerebrales-grupales en cada uno de los catorce subsistemas. Es una alternativa al actual medidor conocido como PNB/PIB y sus complementos (I.D.H., I.P.S.) que son típicos del paradigma económico-social del imperio anglo-estadounidense

PERFIL TRICEREBRAL: Es la jerarquía tri-tetra cerebral como resultado del CT. Al observar el lenguaje verbal, no-verbal y las acciones y reacciones de alguien, se puede deducir el paradigma y los arquetipos a que está vinculado y el repertorio de sus rutas mentales tri-tetra. Esto es la base tanto para el upaya-coaching, como para la comunicación religioso-carismática y para el marketing manipulador.

POSITIVAR: Es tornar positivos los subgrupos, conseguir que sean proporcionales, que colaboren unos con los otros. Que sean proactivos, constructivos, más que reactivos u obstructores.

PRESTANTE y usuario: El prestante es quien presta, ofrece, vende el servicio: prestadismo u oferta; el usuario es quien compra, recibe, usa el servicio: usuarismo o demanda. Como somos alternadamente prestantes y usuarios, juntamos los dos conceptos y formamos el de "prestusuarios" o "usuprestantes". La red de sistemas es un flujo usuprestante o prestusuario. Las personas, las organizaciones son usuprestantes o prestusuarias (reciben inputs como usuarias y ofrecen outputs como prestantes y viceversa).

PRESURIZACIÓN: Es la graduación de la competencia, del esfuerzo exigido en un grupo, empresa o país para conseguir más productividad. Si la presurización es fuerte o demasiada, cansa, desanima o rebela a la persona/población. Si es floja, cae la productividad, por la ley del mínimo esfuerzo. Considera que la empresa privada presuriza demasiado por la meritocracia; y que la empresa pública presuriza muy poco, como en promoción/ganancia por tiempo de servicio, en lugar de hacerlo por esfuerzo y mérito.

PROPORCIONALISMO: Es la propuesta de fundamento ético-numérico de vida y de justicia social, basada en matemática de la media y extrema razón que supone, en todo, medidas aproximadas de 38% por 62%. Es el punto de oro, conocido en publicidad como sección áurea o rectángulo áureo. Los principales autores que dan soporte al proporcionalismo son los matemáticos Pitágoras, Fibonacci, Carl Gauss y John Nash. La igualación máxima del socialismo es contraria a las leyes de la matergía y, por tanto, imposible. La desigualdad máxima buscada por el neoliberalismo (darwinismo social por la ley del más fuerte) destruye la vida y la armonía. El proporcionalismo expresa la sabiduría de la naturaleza, de la cual somos tan solo una de sus manifestaciones y no sus dueños ("hombre ex-rey de la creación").

PUNTO DE ORO (Ver Proporcionalismo): Es la expresión o la medida del equilibrio, de la justicia, de la belleza, derivada de la media y extrema razón. Es un atractor existente en la naturaleza, que los subgrupos buscan transgredir, principalmente los oficiales. El Punto de Oro puede ser tomado como el fundamento de una nueva ética incluyente y universal, que acata diferencias, pero proporcionales: El PROPORCIONALISMO.

REALIDAD VIRTUAL: Es la representación simbólica de la realidad. Es lo mismo que simbolosfera. Existe la realidad virtual gráfica o verbal, que son las palabras, los escritos y teorías; existe la realidad virtual icónica, imagética, artística que es no-verbal; y existe la realidad virtual monetaria, que es no-verbal, es simbólica, compuesta de moneda, estampillas, títulos de crédito, etc. La realidad virtual y la realidad factual son los extremos de un gradiente que se puede representar por los 4 niveles de los 3 cerebros. El marketing está consiguiendo que los tontos se embelesen y se ocupen mucho más de la realidad virtual que de la factual; más con la ficción que con la realidad. Es un retorno a la caverna de Platón.

RECURRENCIA: Es la reiteración, repetición periódica o no, recapitulación, proyección de algo de lo anterior en lo posterior. Algunos ejemplos de recurrencia: la estructura de animales y plantas, así como su forma ondulatoria es recurrente, autosemejante, con algunas variaciones de escala y de tiempo; los ciclos en que se da la evolución de todo son recurrentes, reaparecen, aunque con variaciones y sin frecuencia regular; la imagen que se tiene de Dios, de la Virgen, a veces es recurrencia de papá o de mamá. La programación inconsciente de comportamientos en la infancia reaparece, se proyecta en las relaciones de trabajo, de pareja, de religión, etc.; la simpatía o la antipatía por alguien, a veces tiene que ver con la evocación inconsciente (recurrencia) de figuras semejantes a las de nuestra infancia amnésica; la preferencia por un hijo o una hija puede ser porque nos evoca o es recurrencia inconsciente de nuestro padre o nuestra madre.

RELATIVIZAR: Es mirar algo, por un lado, después por otro y por otro. Es cambiar el ángulo de observación, el eje de significado. Podemos enfocar una flor por el cerebro izquierdo y la clasificamos en su familia con sus elementos distintivos; si la relativizamos por el cerebro derecho, la sentimos en su belleza y poesía; si la relativizamos por el cerebro central, la medimos en su valor económico o medicinal, etc. Usar un referencial ayuda a relativizar más y mejor. "Relativismo" es otra cosa: pretensión psicópata de tener-imponer la verdad.

RELIGIONIZADO (ver "religionizar"): Se dice de la persona que tiene los tres cerebros montados y direccionados por una ideología religiosa y sus autoridades. Todo lo que un religionizado hace será para cumplir con las normas doctrinarias de su institución religiosa, en lugar de buscar su emancipación y evolución espiritual propias, en armonía con el cerebro izquierdo y central.

RELIGIONIZAR, limbizar, sacralizar: Es proclamar que algo es sagrado, que es de la esfera del cerebro derecho, por lo tanto, bajo la jurisdicción de Dios y de sus autoproclamados representantes. Moisés religionizaba casi todo, para conseguir que, por temor a Dios, se lavaran las manos antes de la comida, evitaran la peligrosa carne de cerdo, y que la mujer parturienta se protegiera de infecciones en cuarentena, ya que el pueblo no tenía noción y percepción racional de causa y efecto entre contaminación, enfermedad y muerte. Todas las religiones hacen eso. La política también quiere politizar todo; y el mercado quiere mercantilizar todo.

RUEDA-VIVA o Rueda de la VIDA: Es la representación de una realidad por los catorce subsistemas en forma de rueda, con uno de ellos en el centro como eje, y un segundo como sub-eje que sería el antioficial. Con eso, se puede decir que -ver y ordenar la realidad toda- es ver/ubicar un subsistema en el centro, más 13 alrededor, para reforzar la idea que todos los sectores están interconectados, formando subgrupos y jerarquía.

RUTAS o rutinas TRICEREBRALES: Son mapas o representaciones mentales inconscientes; son hábitos automáticos de acción-reacción frente a cualquier estímulo (gestos o símbolos del cerebro derecho; objetos y acciones del central; palabras e informaciones del izquierdo) derivados de las primeras vivencias en infancia, por fuerte marca/engrama emocional en el nivel uno, y que se repiten como un comando oculto que se impone sobre un CCT más consciente y realista. Mientras esas rutinas no sean concientizadas no pueden ser modificadas.

SACRAL: Se refiere a una propiedad del cerebro derecho que atribuye carácter sagrado, religioso, misterioso, sobrenatural, a todo lo que le corresponde: cosmos, amor, arte, inspiración-creatividad, religiosidad, nacimiento, muerte, tiempo, eternidad, percepción extrasensorial-esotérica, o fenómenos del cerebro en ciclaje reducido, etc. La expresión "poder sacral" no se refiere solo a religión, sino que a todo lo del cerebro derecho.

SATISFACTORES: Son todos los bienes que satisfacen necesidades. Los satisfactores pueden ser clasificados por los tres cerebros o por los catorce subsistemas en sus 4 niveles. Hay que dejar de clasificar los satisfactores como bienes materiales y espirituales, o como bienes primarios, secundarios y servicios, como lo hace el paradigma socioeconómico.

SECUENCIA o sucesión Fibonacci: Es otra versión de la media y extrema razón y de la curva de Gauss, en que cada número es la suma de los dos anteriores: 1, 1, 2, 3, 5, 8, 13, 21, etc.

SELECCIÓN NATURAL: Es un concepto creado por Charles Darwin para explicar el avance de la evolución por la sobrevivencia y empoderamiento de los más aptos, más adaptables o más fuertes. Pero eso es visión monádica: ¿de qué vivirían los más fuertes? Por eso, la selección natural triadizada tendría tres ramas, tres líneas (una trenza) de evolución: sobrevivencia y empoderamiento de los más aptos de cada uno de los tres subgrupos, después de luchar y comerse entre todos.

SEMINARIO PANTO-ISO-CRÁTICO: Es el título de la técnica de reunión, clase y tutoría grupal usada por el Prof. Dr. Rubbo Müller, con cada uno de sus pasos grabado en una hoja de un rotafolio (como en los calendarios).

SHOW DEL ECOSISTEMA PLANETARIO Y SU JUEGO TRI-UNO: Es un gráfico que representa, en miniatura, el planeta y sus muchos niveles de forma unificada, sistémica, probabilística, moviéndose como un gran juego unitriádico conjunto o simultáneo, de lo micro a lo macro. El nombre "Show" es una analogía, ya que la TV y los multimedios están mostrando el planeta, hasta las guerras, como un espectáculo permanente: "el show debe continuar". Se dice "juego" en substitución al concepto "lucha" por la sobrevivencia o "lucha" de clases, para significar que se debe tomar la vida más como disfrute que como guerra. En la era de la ciudadanía global, cada cual tiene que estar al tanto de su planeta e identificar los hechos que le favorecen y los que le perjudiquen, situándolos adecuadamente en el Show del Ecosistema Planetario. La versión original tiene 16 escenarios, en presentación vertical u horizontal para mejor comprensión de los hechos y noticieros; hay una versión en 8 escenarios, que es para ubicar áreas de estudios teóricos.

SÍMBOLO-ILUSIONISMO: Es hacer prestidigitación con palabras. Como lo virtual está triunfando sobre lo factual, la mentira oficial -fake news- crece, favorecida por tecnologías asombrosas. Los antioficiales y oscilantes ya pueden hacer lo mismo, reeditando una nueva Babel bíblica.

SIMBOLOSFERA: ver Realidad Virtual.

SINTAXIS: Es el orden o secuencia en que se distribuyen las categorías gramaticales para construir frases y relacionarlas en un texto, en el caso del cerebro izquierdo. Hay también una sintaxis de las artes (más notoria en música) para el cerebro derecho; y, una sintaxis de las acciones o una secuencia de causalidades y eventos cronológicos, que son flujogramas, para el cerebro central. Las tres sintaxis son manifestaciones del flujo sistémico tri-uno de todo, con mayor o menor operacionalización. Son hereditarias e instintivas. De ahí que hay sintaxis en los 4 niveles de las tres culturas, desde el nivel uno, que es primario, concreto y poco preciso/lógico, hasta el nivel cuatro abstracto que alcanza mayor precisión, coherencia y sofisticación.

SOCIOGRAMA FAMILIAR o familiograma: Es el estudio de las relaciones triádicas entre padres e hijos, resultando en fijaciones, rechazos, indiferencias, que van creando la programación tricerebral de los comportamientos o arsenales para disputar satisfactores por el resto de la vida. La proyección o repetición de esa programación en los demás ciclos del Flujograma de la vida se denomina "recurrencia". Como todo eso queda enterrado en un nivel de memoria inconsciente, los que desconocen este hecho, después se van a referir a eso como "naturaleza", "el destino", "nació así, "carácter", "yo soy así", "está en la sangre" y otras ignorancias.

SOCIOMETRÍA: Es una técnica creada por Jacobo Moreno para medir relaciones/vinculaciones entre miembros de un grupo. Se puede proceder por votación (en quién votaría Ud. para...) y representar el resultado de quien votó en quien en un gráfico llamado sociograma. Para quien entiende de subgrupos y juego triádico basta observar por algún tiempo los comportamientos para llegar a las mismas conclusiones.

SUBGRUPOS: Por fuerza o impulso del molde tri-uno de la matergía, dentro de cualquier grupo se forman tres corrientes, facciones, líneas, tendencias o subgrupos que llamamos: subgrupo oficial regente; subgrupo antioficial divergente; y subgrupo oscilante convergente. Este impulso triádico es el motor de todo, de la matergía cuántica a la astronomía o a los cielos, atravesando la Historia humana.

SUCEDÁNEO: Es adoptar una fuente no-humana de endorfina: mascotas, plantas, juego, teleadicción, deporte, bebida, comida, drogas, religión, dinero, etc.

SUJETO OCULTO: Es el truco de usar palabras genéricas en lugar del nombre de los autores de algo como: la vida es así; es la imperfección humana; es el mercado, la coyuntura, la mala suerte, la ley de la oferta y demanda, la mano invisible, la patria, el gobierno, el azar, el destino; son las circunstancias, son fuerzas ocultas, son intereses superiores. Decir "capitalismo" deja ocultos los grandes ejecutivos que manipulan el capital. Decir "la política es así" deja oculto el nombre de los políticos que manipulan las leyes y el poder para sojuzgar los ciudadanos. En el poder sacral, los sujetos ocultos se disculpan "divinamente": La Iglesia es santa, pero como está en manos humanas...

SUPRADISCIPLINARIO: Este concepto sugiere abandonar la denominación tradicional de los saberes, en disciplinas aisladas, por lo menos en las Ciencias Sociales y Humanas. La Ciencia Social General y su paradigma sistémico-triádico tiene otras denominaciones para las actuales Ciencias Sociales y sus contenidos reformulados. Es urgente una "logoterapia" con triadización y holografía para sanar el descontrolado discurso de las Ciencias Sociales y Humanas.

TETRANIVELADO: Se refiere a los 4 niveles de los 3 cerebros, o a los 4 niveles de vivencia o a la división de trabajo en 4 niveles mínimos, etc. La falta de ese concepto empobrece cualquier análisis social.

TOTO-TOTAL, TOTO-PARCIAL: Son expresiones para indicar cuando tomamos algo como un sistema en su todo (toto-total) y, en seguida, tomamos otro sistema como parte (toto-parcial) del primero. En el paradigma sistémico todo está interligado y jerarquizado.

TRIADIZAR (véase Holografiar): Es reestructurar un concepto, texto o evento por los referenciales de la trialéctica sistémica y su lenguaje. Ejemplos de triadización-holográfica son los de Pedagogía, Sociología, Poder Sacral, Poder Político-Gobierno, Poder Económico-Econocracia, presentados en el capítulo 4.

TRIÁNGULO DE LAS BERMUDAS brasileño: Es una expresión usada por el eminente político Ulysses Guimarães y por el general Golbery do Couto y Silva para ironizar las élites oficialistas de São Paulo, Rio de Janeiro y Minas Gerais en su papel de colonizadores/depredadores de las demás regiones brasileñas, como sucesoras de los colonizadores portugueses.

TRICEREBRAR: Es una palabra creada para significar que hay que usar los tres cerebros o los tres procesos de forma integrada y complementaria -información, creatividad, acción-formando un ciclo que solo se completa cuando concurren los tres procesos, como en el CCT. Lo contrario se dirá: uso fragmentario y fragmentante de los tres cerebros o del CCT.

TRI-CEREBRAL-GRUPAL: Todo requiere e incluye un mínimo de tres elementos o actores desde la matergía tri-una, pasando por todos sus niveles de composición o complejización, especialmente los tres subcerebros en su composición y funcionalidad en dominio interno, y su manifestación en dominio externo, que se expresa en tres tipos de actuación, formando y caracterizando tres subgrupos. Matergía tri-una, cerebro tri-uno, grupo tri-uno. Triadizar no es complicar: es lo mínimo pensable.

TRIUNIDAD o UNITRIADICIDAD: Es un concepto que indica la estructura o composición de los seres: cada uno tiene tres partes y cada una de las tres partes es parte de otra triunidad. Todo es tri-uno o unitriádico, no importa si procedemos por adición y multiplicación hasta ver el planeta como un todo unitriádico, o si procedemos por sustracción y división hasta ver cada partícula del átomo como uni-triádica. No hay reduccionismo posible al uno, ni al dos o bilateral; tan solo al tri-uno.

UPAYA-COACHING: Es el proceso educativo y el conjunto de lances y contra lances que se dan entre un educador o gerente y el educando o trabajador, compartido en partes complementarias, apuntando progresivamente a la emancipación y la excelencia en autoconducción o performance del educando o del trabajador hasta culminarla. Upaya es un concepto tomado de la filosofía zen y sus gurúes. Como entró de moda el coaching pasamos a usar "upaya-coaching".

USUPRESTANTE: Es palabra compuesta de "usuario" y "prestante". Podría ser prestusuario. La palabra se justifica porque en un dado momento o actividad somos simultáneamente usuarios y prestantes, aunque en proporciones distintas. Alvin Toffler creó el concepto de Prosumer (producer + consumer) que se refiere sólo al proceso productivo. Nadie es una solo y única cosa. "Nadie es tan rico que no le falte nada; nadie es tan pobre que le falte todo".

VIOLENCIA: Se da cuando alguien fuerza a otros a hacer cosas contra su voluntad o sus intereses. Los medios para eso son la fuerza físico-económica del cerebro central, la fuerza ideológica/propagandística del izquierdo y la fuerza moral-emocional del derecho. Son los "arsenales" de los tres subgrupos en disputa. La fuerza ideológica es usada principalmente por el marketing, por la adoctrinación y por las discusiones y debates donde la verdad es la mayor víctima (robo de palabras). La fuerza o violencia físico-económica es usada principalmente por la masculinidad y por los gobiernos, mientras la fuerza y violencia moral-emocional es usada principalmente por la feminidad y las religiones. Esta forma de violencia es la más difícil de percibir y combatir porque es suave, está cubierta de apariencias de afecto, dulzura y servicio. Tiene variantes como tiranía afectiva, crueldad mental, engaño, soborno, terrorismo espiritual, chantaje emocional, creación de complejo de culpa, descalificación, amenaza con poderes mágicos, inferiorización, etc. La violencia ideológica y la moral-emocional son las más destructivas y peligrosas porque son las más bien disfrazadas y matan la autoconfianza y la auto-conducción.

YO-FUENTE, YO-GENERADOR: Es el nombre que se da a

alguien que genera algo nuevo y actúa por upaya. Lo contrario es el domesticador, el sometedor, el yo-noófago, yo-dominador.

ZANAHORIZACIÓN: Es un estratagema que promete recompensas futuras inalcanzables, usado por subgrupos oficiales engañadores, tanto del poder político y económico como del religioso, para conseguir que los oscilantes se esfuercen, se sometan, hagan sacrificios en el presente, con la esperanza de ganancias mayores en el futuro, a pesar de que los hechos lo contradicen. Cuentos para explotar y engañar a los ingenuos, cuyo ejemplo histórico es el caballo de Troya o la promesa de la serpiente en el paraíso.

BIBLIOGRAFÍA

AMIDON, Debora. *Global knowledge economics*. Tartu (Estonia): Tartu University Press, 2006.

ANGUS, Ian. *Facing the anthropocene: fossil capitalism and the crisis of the earth system*. New York: New York University Press, 2016.

BATISTA, Sebastião. *Aproximación al concepto de Derecho por la perspectiva triádica* (tesis doctoral). Universidad de Almería, Almería (España), 2004.

BERLINCK, Cyro & FERRARI, Alfonso Trujillo. *A Escola de Sociologia e Política de São Paulo*. São Paulo: Sociologia Política, 1958.

BERTALANFFY, Ludwig. *Teoría general de los sistemas*. México, DF: Fondo de Cultura Económica, 1976.

CAPRA, Fritjof. *El tao da física. Un paralelo entre la física moderna y el misticismo oriental*. México: Sirio, 2000.

_____. *El punto crucial. Ciencia, sociedad y cultura naciente*. Buenos Aires: Editorial Estaciones, 1999. Edición original en inglés: 1982.

CAVALCANTI, Maria Laura Viveiros de Castro. *Artigo sobre Oracy Nogueira* em Tempo soc. vol.11, N.1, São Paulo, 1999. www.scielo.br/scielo.php?pid=S0103-

DE BONO, Edward. *El pensamiento lateral. Manual de creatividad*. Madrid: Paidós Ibérica, 1991.

DOWBOR, Ladislau. *A era do capital improdutivo - a nova arquitetura do poder, sob dominação financeira, sequestro da democracia e destruição do planeta*. São Paulo: Autonomia Literária, 2017.

FROMM, Eric. *Más allá de las cadenas de la ilusión: mi encuentro con Marx y Freud*. México: Herrero Hermanos, 1968.

FUKUYAMA, Francis. *El fin de la historia y el último hombre*. Barcelona: Planeta, 1992.

GELL-MANN, Murray. *El quark y el jaguar. Aventuras en lo simple y lo complejo*. Barcelona: Tusquets, 1998.

GLEICK, James. *Caos: la creación de una ciencia*. Madrid: Editorial

Seix Barral, 1988. El nombre técnico de esta área de investi-gación es: *teoría de los sistemas dinámicos o estudio de los flujos sistémicos.*

GREGORI, W. De. *Cibernética social – Un método interdisciplinario de las Ciencias Sociales y Humanas.* Bogotá: ISCA ed., 1986.

_____. *Endoculturação de modelos sócio-políticos* (tese de doutorado, de 1977, publicada como *Hacia la Quinta Ameríndia.* Bogotá: ISCA Ed., 1986).

_____. Construcción familiar-escolar de los tres cerebros. Bogotá: Kimpress, 1987.

_____. *A knowledge management success story using Social Cybernetics".* In *Global Knowledge Economics,* Tartu University Press, 2006.

_____. Neuroeducación para el éxito. Puno (Perú): Universidad del Altiplano, 2019.

GREGORI, W. & SANT'ANNA, Sílvio (org.). *Proporcionalismo ou caos.* São Paulo: Lorosae, 2002.

GREGORI, W. & VOLPATO, E. Capital Intelectual – un manual de juegos de cooperación y competencia. Bogotá: MacGraw-Hill, 2002.

HORGAN, John. *El fin de la ciencia: los límites del conocimiento en el declive de la era científica.* Barcelona: Ediciones Paidós, 1998. Se refiere principalmente a los conocimientos de las ciencias (más) exactas, pues en ciencias sociales y neurociencias está todo por rehacer.

KANTOR, Iris; MACIEL, Débora A.; SIMÕES, Júlio Assis (org.). *A Escola Livre   de Sociologia e Política – Anos de formação.* São Paulo: Ed. Sociologia e Política, 2009.

KUHN, Thomas S. *La estructura de las revoluciones científicas.* Bogotá: Fondo de Cultura Económica, 1986. Estudia el cambio de paradigmas en las ciencias específicas, que es secundario o derivado, y no el cambio de paradigma monádico a diádico y a triádico, que es lo primordial al hablar de paradigmas.

LIMA, Lauro de Oliveira. *A construção do homem segundo Piaget: uma teoria da educação.* São Paulo: Summus, 1974.

LURIA, Alexander. *El cerebro humano y los procesos psíquicos: Análisis neuropsicológico de la actividad consciente*. Barcelona: Fontanella, 1979.

MacLEAN, Paul A. *The triune brain, emotion, and scientific bias*. New York: Schmitt Ed., 1970.

MARTÍNEZ, Alfredo. *La negociación con el modelo de la Cibernética Social – un paso más allá de Harvard*. Quito: Ed. Jurídica de Ecuador, 2014.

MAX-NEEF, Manfredo et al. *Desarrollo a escala humana*. Montevideo: Nordan Comunidad, 1986.

_____. *La economía descalza: señales desde el mundo invisible*. Montevideo: Nordan Comunidad, 1986.

MORENO, Jacobo A. *Fundamentos de la sociometría*. B. Aires, Paidós,1972.

MORIN, Edgar. *Introducción al pensamiento complejo*. Barcelona: Gedisa, 2009.

_____. *El paradigma perdido: De la naturaleza humana, ensayo de bioantropología*. Barcelona: Kairós, 1993.

_____. *Ciencia con conciencia*. Barcelona: Anthropos, 1984.

MÜLLER, A. R. *Sobre paradigmas em Antropologia Social*. In Revista Sociologia, vol. IX, n. 3, 1947.

_____. *Elementos basilares da organização humana*. São Paulo: Sociologia e Política, 1957.

_____. *Teoria da organização humana*. São Paulo: Ed. Sociologia e Política, 1958.

_____. *Componentes da Estrutura da Personalidade – Quadro complementar da Teoria da Organização Humana-TOH*. São Paulo: Edição avulsa,1964.

_____. *Aparelho Refaseador Universal do Gradiente Pedagógico – Cibenética Didática Operacional do Gradiente Pedagógico. Aditamento à Obra: Teoria da Organização Humana e seu complemento "Componentes da Estrutura da Personalidade"*. Indústria Gráfica Itu Ltda., 2ª ed., 1978.

MÜLLER, A. R. & Hiroshi Saito (org.). *Memórias do 1º painel nipo-brasileiro – estudos de comunidade no Brasil e no Japão*. São

Paulo: Sociologia e Política, 1956.

MYRDAL, Gunnar. *Objectivity in social research*. New York: Pantheon Books, 1967.

_____. *Aspetos políticos da teoria econômica*. São Paulo: Abril cultural, 1984.

OLIVEIRA, Colandi. *Educação infantil pelos três cérebros* (tese de doutorado). Brasília: Thesaurus, 2015.

OSBORN, Alex. *Imaginación aplicada*. Madrid: Ed. Velflex, 1960.

OSPINA OSPINA, Sigifredo. *La Especialización en Docencia Universitaria. Una mirada desde los docentes*. Bogotá: UCC, 2005.

PELIZZER, Hilário Ângelo & DENCKER, Ada de Freitas Maneti. *Desafios para a educação no século XXI - a instrução permanente em hospitalidade - o SIP como técnica de ensino aprendizagem*. Revista Brasileira de Docência, Ensino e Pesquisa em Turismo. Vol. 1, n. 1, p.172-191, maio/2009.

PEREIRA, Hamilton Carlos. *O Brasil dos opressores, oprimidos e indignados*. Brasília: Thesaurus, 2014.

PIAGET, Jean. *Génesis de las estructuras lógicas elementales: clasificaciones y seriaciones*. Buenos Aires: Guadalupe, 1967.

PIKETTY, Thomas. *El dinero en el siglo XXI*. Madrid: Fondo de Cultura Económica de España, 2014.

POPPER, Karl. *La lógica de la investigación científica*. Madrid: Ed. Tecnos, 1980.

SANTOS, Maria Cecília Loschiavo dos (org.). *Maria Antônia: uma rua na contramão*. São Paulo: Nobel, 1988.

SPERRY, Roger et al. *Interhemispheric relationships: the neocortical commissures; syndromes of hemisphere disconnection*. In *Handbook Clin. Neurol* 4: 273-290. Amsterdam: North-Holland Publishing Co., 1969.

UBALDI, Pietro. *La gran síntesis* (copiar y poner en Google): http://www.ubaldi.org.ve/archivos/cargas/ LA_GRAN_SINTESIS_ESPANOL.pdf

WALLERSTEIN, Immanuel. *El moderno sistema mundial*. México: Siglo XXI, 1979.

_____ (coord.). *Abrir las ciencias sociales – informe de la Comisión Gulbenkian para la restructuración de las*

ciencias sociales. México: Siglo XXI, 1996 (copiar y poner en Google):

https://teoriografia.wordpress.com/2016/04/30/para-abrir-as-ciencias-sociais/

_____. *Presentación del volumen* Open the Social Sciences, *en la Social Science Research Council de Nueva York,* en 1995 (copiar y poner en Google):

http://es.slideshare.net/didierprietorussi/abrir-las-ciencias-sociales

WIENER, Norbert. *Cibernética y sociedad.* Buenos Aires: Sudamericana, 1958.

WILSON, Edward O. *Consilience: la unidad del conocimiento.* Barcelona: Galaxia Gutenberg, 1999.

www.ingramcontent.com/pod-product-compliance
Lightning Source LLC
Chambersburg PA
CBHW051343280526
45784CB00007B/2788